中國學術思想

研究輯刊

八 編

林慶彰 主編

第26冊

朱子與戴震思想之比較研究

劉玉國 著

龔自珍學術思想研究

張壽安 著

花木蘭文化出版社

國家圖書館出版品預行編目資料

朱子與戴震思想之比較研究　劉玉國　著／龔自珍學術思想研究　張壽安　著──初版──台北縣永和市：花木蘭文化出版社，2010〔民99〕

目 2+74 面＋目 2+102 面；19×26 公分

（中國學術思想研究輯刊　八編；第 26 冊）

ISBN：978-986-254-210-1（精裝）

1.（宋）朱熹　2.（宋）戴震　3.（宋）龔自珍　4. 學術思想

5. 比較研究

125.5　　　　　　　　　　　　　　　　　　　99002460

ISBN - 978-986-2542-10-1

9 789862 542101

中國學術思想研究輯刊

八　編　第二六冊　　　　　　　ISBN：978-986-254-210-1

朱子與戴震思想之比較研究
龔自珍學術思想研究

作　　者　劉玉國／張壽安
主　　編　林慶彰
總 編 輯　杜潔祥
出　　版　花木蘭文化出版社
發 行 所　花木蘭文化出版社
發 行 人　高小娟
聯絡地址　台北縣永和市中正路五九五號七樓之三
　　　　　電話：02-2923-1455／傳眞：02-2923-1452
網　　址　http://www.huamulan.tw 信箱 sut81518@ms59.hinet.net
印　　刷　普羅文化出版廣告事業
封面設計　劉開工作室
初　　版　2010 年 3 月
定　　價　八編 35 冊（精裝）新台幣 58,000 元

朱子與戴震思想之比較研究

劉玉國　著

作者簡介

劉玉國，四川宜賓人。臺灣大學中文研究所碩士，香港大學中文研究所博士。曾任教聯合工專、臺北科技大學；現執教實踐大學、東吳大學。著有《嬰兒樹》、《語文表達及應用》（合著）、《掣經室集釋詞例釋》、〈焦循毛詩補疏及其訓詁方法綜述〉、〈楊慎訓詁觀及其訓詁方法探究〉、〈中庸著成年代探析〉、〈詩經「三星在罶」新解〉、〈楊慎毛詩說及其訓詁方法概述〉等。

提　　要

　　東原反朱是學術上的一件大事。東原義理之得係由訓詁考證入手。朱子的義理則重在自得、重在日常生活中內觀自省的體驗。朱子集北宋理學大成，其說以成德為宗，而成德之學關涉者有理氣、心性、實踐工夫等問題；對於這些問題，朱子皆以理為解說的核心，而東原每針對朱說而批駁之。

　　學術上的爭議，往往影響深遠；思想上的問題尤其不可輕忽，因為思想的取捨，對於整個社會風氣、社會價值、乃至民生福祉皆具有決定性的影響力，因此對於東原反朱這個公案，既不可人云亦云的盲目附和，亦不可拘門戶之見是其所是、非其所非，而應平情研讀二氏原書，確切嘗握兩家學說實義，方能得到較為平允的論斷，以作取捨之參考。

　　本論文即以《朱子語類》、《朱文公文集》、《四書集註》、《東原文集》、《孟子字義疏證》、《孟子私淑錄》、《原善》、《緒言》等為主要研讀對象，並參考有關之著作，以分析比較之方法探討由理欲善惡等觀念所引發之重要問題。文分五章，首章為緒言，說明寫作緣起、方法與目的。次章比較朱戴理氣說及討論東原對朱子「理氣說」的批評，第三章比較朱戴心性論及討論東原對朱子「性即理」說的批評，第四章比較朱戴道德論及討論東原對朱子「理欲說」的抨擊，第五章之結論則指出朱子的性即理說與嚴理欲之辨重在「教民」，東原的血氣心知之性說與主張達情遂欲則重在「養民」；而東原對於朱子的非斥則由於曲解了朱子之說、以及受到「唯由訓詁求得的義理才是聖人真義理」之不正確觀念的限制，而失去客觀性公允性。事實上在心的了解以及功夫論方面，東原之說仍不出朱子的範圍，而立說之深度方面則大不如朱子。

目次

第一章　緒　言 ………………………………………… 1

第二章　理氣說比較 …………………………………… 3

　第一節　朱子的理氣說 ……………………………… 3

　　壹、理氣的涵義及其性格 ………………………… 3

　　貳、理氣的關係 …………………………………… 5

　　參、太極與陰陽 …………………………………… 7

　　肆、理一分殊 ……………………………………… 10

　第二節　戴震的理氣說 ……………………………… 12

　　壹、氣化生物 ……………………………………… 12

　　貳、氣化之理 ……………………………………… 15

　第三節　二氏理氣說比較與東原反對朱子理氣說
　　　　　之討論 ……………………………………… 17

第三章　心性論比較 …………………………………… 21

　第一節　朱子的心性論 ……………………………… 21

　　壹、性即理 ………………………………………… 21

　　貳、天地之性與氣質之性 ………………………… 23

　　參、枯槁有性 ……………………………………… 24

　　肆、心性情才的關係 ……………………………… 25

　第二節　戴震的性論 ………………………………… 31

　　壹、性之定義 ……………………………………… 31

貳、性之內涵 ································ 32

參、性與命與才 ····························· 36

第三節　二氏心性論比較與東原反對朱子性論之
　　　　討論 ································ 36

第四章　道德論比較 ························· 45

第一節　朱子的道德論 ······················ 45

壹、道德的涵義 ····························· 45

貳、道德的形上依據及其實踐之樞紐 ·········· 46

參、人心與道心 ····························· 47

肆、天理與人欲 ····························· 49

伍、功夫論 ································· 52

第二節　戴震的道德論 ······················ 57

壹、道德的涵義 ····························· 57

貳、德（理）與欲 ·························· 60

參、善與惡 ································· 61

肆、功夫論 ································· 63

第三節　二氏道德論比較與東原反對朱子理欲說
　　　　之討論 ····························· 64

第五章　結　論 ··························· 69

參考書目 ································· 71

第一章 緒 言

　　戴東原（1723～1777）反對朱子（1130～1200）是學術上的一件大事。戴震乃乾嘉（1736～1795）學者，當時學風崇尚訓詁考據，東原雖有志聞道，但其義理之講求，仍然不能離開訓詁，〔註1〕所以東原之義理實爲訓詁上的義理。朱子雖也重訓詁，但朱子的義理重在自得、重在生活體驗。

　　朱子集北宋理學之大成，其說以成德爲宗。成德之學所關涉者有理氣、善惡、以及功夫實踐等問題；對於這些問題之解說，朱子皆以理爲其一貫之核心，而東原每反駁之。譬如朱子以「理爲生物之本、先物而有」，東原卻說「理只是物之條理、有物方有理」。朱子以「理爲性」，東原卻認「血氣心知爲性」。朱子主張「道德的法則來自性理」，東原則認爲「此則在物」。朱子要人「嚴理欲之辨」，東原卻強調「有欲方有理」，並抨擊朱子的理爲「意見」，爲「以理殺人」。

　　關於東原對朱子理學的詆斥，胡適（1891～1962）先生在所著《戴東原的哲學》書中曾大加稱揚，以爲戴說確乎擊中程朱理學「排斥人欲即是排斥生養之道」之大弊。〔註2〕熊十力（1885～1968）先生則於《讀經示要》中

〔註1〕　東原曰：「僕自十七歲時，有志聞道。謂非求之六經孔孟不得；非從事於字義、制度、名物、無由以通其語言。」（戴震撰：〈與段玉裁論理欲書〉，原刊《戴東原、戴子高手札眞蹟》〔臺北市：中華叢書委員會出版〕。）
　　　　　又曰：「經之至者道也，所以明道者其詞也，所以成詞者字也。由字以通其詞，由詞以通其道，必有漸。」（戴震撰：《戴震集·文集》〔臺北市：里仁書局〕卷九〈與是仲明論學書〉，以下簡稱《文集》。）
　　　　　又曰：「故訓明則古經明，古經明則賢人聖人之理義明」（《文集》卷十一〈題惠定宇先生授經圖〉）
〔註2〕　胡適曰：「宋儒說『人欲云者，正天理之反耳。』這樣絕對的二元論的結果便

指責東原，謂其根本不識程朱之理，徒然大放厥辭而已。〔註 3〕只可惜胡氏並未取朱子書做全盤比對以證東原之斥不誣；熊氏亦自稱「吾於此不及深論」，〔註 4〕不能有力地舉朱說以反駁。

　　學術上的爭議，往往都是影響深遠的大事；涉及思想的問題，更是不可掉以輕心。蓋思想的取舍，每每導引社會價值之取向、決定風氣之良窳，而爲國族命脈、黎民幸福之所繫。因此東原反朱此一學術公案，萬不可人云亦云，胡亂盲從；更不可以以門戶之見，是其所是、非其所非；而應平情研讀二氏原書，確實掌握兩家學說精義，方能得到較爲公允之評斷，以爲取舍之參考。

　　本論文之作，即以《朱子語類》、《朱文公文集》、《四書集註》，《東原文集》、《孟子字義疏證》、《原善》、《孟子私淑錄》、《緒言》等爲主要研讀對象，分別就理氣說、心性論、道德論三大綱目以分析比較的方法探討由理、欲、善、惡等概念所引發出的一些重要的問題。

是極端的排斥人欲。……東原是反抗這種排斥人欲的禮教的第一個人……他這樣擡高欲望的重要，在中國思想史上是很難得的。……排斥人欲，即是排斥生養之道，理欲之辨的流弊必至於此。」（胡適撰：《戴東原的哲學》〔臺北：臺灣商務印書館〕，頁 67～72。）又曰：「執意見以爲理……結果可以流毒天下。戴氏說：『尊者以理責卑，長者以理責幼，貴者以理責賤，雖失，謂之順……人死於法，猶有憐之者。死於理，其誰憐之！』這一段眞沈痛。宋明以來的理學先生們往往用理責人，而不知道他們所謂『理』往往只是幾千年因襲下來的成見與習慣。」（《戴東原的哲學》，頁 73～74。）

〔註 3〕　熊十力曰：「震拼命攻擊程朱者，根本不識一理字，……程子所理者乃本體之目，……本體原是萬理俱備，其始萬化、肇萬物、成萬物者，自是固有此理，……戴震不悟此，乃疑程朱以己意安立一個理，以爲人生行爲作規範，其所攻擊，與程朱本旨全不相干。」（熊十力撰：《讀經示要》〔臺北：洪氏出版社〕，頁 17。）

〔註 4〕　熊十力曰：「戴震本不識程朱所謂理，而以私見橫議，吾於此不及深論。」（《讀經示要》，頁 18。）

第二章　理氣說比較

第一節　朱子的理氣說

壹、理氣的涵義及其性格

朱子的形上學思想系統是以理氣說爲中心而開展架構的。理氣說所關涉所討論的，是宇宙萬物生成的問題。對於天地萬物的生成及其根源，在朱子的思想體系中，是以理氣這兩個重要的觀念加以描述、說明：

> 問：「昨謂未有天地之先，畢竟是先有理，如何？」曰：「未有天地之先，畢竟也只有理。有此理，便有此天地，若無此理，便亦無天地，無人無物，都無該載了。」（《朱子語類》卷一，以下簡稱《語類》）

> 徐問：「天地未判時，下面許多都已有否？」曰：「只是都有此理。」（《語類》卷一）

> 且如萬一山河大地都陷了，畢竟理卻只在這裡。（同上）

> 理也者，形而上之道也，生物之本也。（《朱文公文集》卷五十八〈答黃道夫二書〉之第一書，以下簡稱《文集》。）

從以上的敘述，可以使我們對朱子的理有一個初步的認識：

（一）理是超乎時空，先乎萬物的存有，萬物有成毀，形上之理卻無生滅。

（二）理是生發萬物的根源。

「理是生發萬物的根源」這個概念，很容易使我們聯想起上帝創造萬物；

但是理之生發能否真的等同於上帝創造？衡之以朱子的義理系統，這個答案是否定的。因為上帝與其所創造的萬物之間，所存在的是一種直接的因果關係，換言之，上帝以祂自己的力量從無中創造萬有，因此祂是萬物的第一因。〔註1〕但是朱子的理之於萬物，卻不是直接式的無中生有、憑空起現。這乃是因為理的基本性格上受到限制使然：

> 理卻無情意、無計度、無造作；理則是淨潔空闊底世界，無形迹，
> 他卻不會造作。（《語類》卷一）

「無情意、無計度、無造作」，說明了在理這個淨潔空闊底世界裡，感情、意志、主張、作為等活動根本就不存在，而這樣的規定，將理設定為一種靜態的存有，它雖然能彰顯出理的超越性，卻剝落了理的活動性和創發性。〔註2〕理既然不能如上帝般直接創造萬物，萬物又是如何生成的呢？關於這一點，朱子設定氣來輔助理完成創生之功：

> 天地之間，有理有氣，理也者，形而上之道也，生物之本也；氣也者，
> 形而下之器也，生物之具也，是以人物之生，必稟此理，然後有性；
> 必稟此氣，然後有形。（《文集》卷五十八〈答黃道夫〉二書之第一書）

此處所說之氣是指陰陽五行之氣，朱子將之安排於形下的層次，並賦予活動的屬性，以濟理之偏於靜態的存在，〔註3〕於是天地萬物便在氣的往來屈伸、相摩相盪、凝聚造作之下，各稟受了或清或濁，或厚或薄之氣而生成不齊的形質。〔註4〕雖然氣與萬物同質，共處形而下，而且彼此彷彿具有直接的因果關係，但嚴格說來，氣之於萬物，仍然不能以「創造」二字置於其間，以定其關係。因為氣的凝結生物，並非一種自主的活動，在朱子，氣之造作是

〔註1〕參見曾仰如先生編著《形上學》（臺北：臺灣商務印書館）第二章第五節〈論因果問題〉，頁253。

〔註2〕朱子曰：「形而上者是理，才有作用，便是形而下者。」（朱熹撰：《朱子語類》（臺北：漢京文化公司）卷七十五）即謂此理如果能活動、能作用、能創生，便失去了形上的地位。

〔註3〕朱子曰：「理則是淨潔空闊底世界，無形迹，他卻不會造化，氣則能醞釀、凝聚、生物也。」（《語類》卷一）

〔註4〕朱子曰：「天地初間只是陰陽之氣，這一個氣運行，磨來磨去磨得急了，便楦出了許多查滓，裏面無處出，便結成個地在中央，氣之清者便為天為日月為星辰。」（《語類》卷一）
又曰：「造化之運如磨，上面常轉而不止，萬物之生似磨中撒出，有粗有細，自是不齊。」（同上）
問：「生第一個人時如何？」曰：「以氣化二五之精合而成形。」（同上）

「依傍理行」，而且理參與每一物之生成並內化成爲其性。〔註5〕這樣的規定對朱子本身的義理系統是必要的，否則理與萬物之間便無從關聯而成爲一種睽離的隔絕；因此朱子雖然把活動義交給了氣，但是理卻擁有規範性，藉著這種「理內在於氣，氣依理行」的方式，一方面符合了「理無計度、無造作」形上性格的規定，一方面也保住了「理爲生物之本」的超越地位。這樣一來，理、氣、萬物之間就形成了很微妙的關係：就理爲生物之本來說，理應該是第一因，卻因不能活動造作，而僅僅成爲形式因，氣在系統裡，雖爲質料因，卻又在理的制約下行結聚生物之實，「因此理氣都未創造萬物，只是同質的氣依一形式的理凝聚而成具體的存在」，〔註6〕而「理爲生物之本」也只能解釋爲理是萬物存在的形上依據。

貳、理氣的關係

　　理與氣的關係，朱子有「理生氣」、「理先氣後」、「理氣不離不雜」、「氣強理弱」等說法。

　　有是理後生是氣。（《語類》卷一）

　　但有是理，則有是氣……氣之已散者，既化而無有矣，其根於理而日生者，則固浩浩而無窮也。（《文集》卷四十五〈答廖子晦〉十八書之第二書）

關於氣的來源問題，雖然朱子以「有是理後生是氣」加以說明，不過此處「理生氣」的「生」，衡之以朱子「理無活動義」以及「理氣形上形下決非一物」的規定，決不同於種子衍生花木、母生子的「直接創生」，而應以「然」與「所以然」的關係去理解，亦即是氣乃本諸理爲其存在之形上依據，故能「日生而不窮」。至於氣的直接來源，朱子並沒有做明白的交待；不過《語類》卷九十八有如下一段記載：

　　問：「橫渠云：『言有無，諸子之陋也。』」曰：「無者無物，卻有此理，有此理則有矣。老子乃云物生於有，有生於無。和理也無，便錯了。」

〔註5〕　朱子曰：「以意度之，則疑此氣是依傍這理行，及此氣之聚，則理亦在焉。」（《語類》卷一）
　　　　又云：「人物之生，必稟此理，然後有性。」（朱熹撰：《朱文公文集》〔商務印書館景印嘉靖本〕卷五十八〈答黃道夫〉二書之第一書）
〔註6〕　語見胡森永《朱子思想中道德與知識的關係》（臺灣大學中文研究所碩士論文），頁11。

由上述資料中「無者無物，卻有此理，有此理則有矣」推繹朱子的意思，我們或可爲氣的產生尋到如下的答案：「氣乃以理爲形上的根源，而無中生有、日生不窮者。」

　　理既是氣的形上依據、氣須依理而有，則依本質先於存在的存有秩序，必導出「理先氣後」的結論：

　　　　或問：「必有是理，然後有是氣，如何？」曰：「此本無先後之可言，
　　　　然必欲推其所從來，則說先有是理；然理又非別爲一物，即存乎是
　　　　氣之中，無是氣則理亦無搭掛處。(《語類》卷一)

　　　　所謂理與氣，此決是二物。但在物上看，則二物渾淪不可分開各在
　　　　一處，然不害二物之各爲一物也。若在理上看，則雖未有物，而已
　　　　有物之理。(《文集》卷四十六〈答劉叔文〉二書之第一書)

不過「理先氣後」的說法，只是就形而上的觀點，所謂「自理上看」所作的解析。就實際的存在來說，物物皆由理氣相合而成，氣凝聚爲形質時，理亦內存而成其性，氣是理的掛搭處，理無氣亦不能自存，因此理氣渾淪爲一，同時並存，實無先後之分。然而理雖然存於氣之中，卻並未混淆其形上形下的界限，此即朱子所說的「理與氣，此決是二物」，「性雖其方在氣中，然氣自氣，性自性，亦自不相夾雜。」〔註7〕因此理與氣可作如下觀：自存有論說時，是「理先氣後」，自實存界看時，則爲「不離不雜」。

　　雖然在來源上，朱子係設定理作爲氣存在的形上依據，然而氣既生以後，反而轉成氣強理弱、理拗不過氣的局面：

　　　　氣雖是理之所生，然既生出，則理管他不得，如這理寓於氣了，日
　　　　用間運用都由這個氣，只是氣強理弱。(《語類》卷四)

此處「理管不住氣」意謂理之於氣，只有應然的規範義，而無必然的約束義。之所以如此，實和前述朱子「理無計度、無造作」、「理無氣則無所湊泊」之規定有關。正因爲理只是以一種靜態的存有掛搭於氣，因此理之呈現、理之運用就完全操之於氣；而氣是有形之物，才是有形之物，便因交感變化而有昏明厚薄之不齊，〔註8〕而此氣之質性之不齊，便影響了理的呈現：

　　　　性譬之水，水本皆清也，以淨器盛之則清，以不淨之器盛之則臭，

〔註7〕語見《文集》卷四十六〈答劉叔文〉二書之第二書。
〔註8〕朱子曰：「人所稟之氣，雖皆是天地之正氣，但滾來滾去，便有昏明厚薄之異，
　　　　蓋氣是有形之物，才是有形之物，自有美有惡也。」(《語類》卷四)

以汙泥之器盛之則濁，本然之清未嘗不在。（《語類》卷四）

在「性譬之水」這個譬喻裡，所謂「清」、「臭」、「濁」等樣態，皆無與於水之本身（此處的水指的就是性，而性即是理，說詳後），實皆由所容之器之質性，所謂「淨」、「不淨」、「汙泥」有以致之。因此理是否能整全的被呈現，或其呈現究竟能達到怎樣的程度，理之本身實不能作任何主張，行任何營爲，其所依附之氣之昏明厚薄才是眞正的決定者。此即是朱子「氣強理弱」說之眞義。而這樣的設定對於朱子整個義理系統來說是十分重要的。既曰萬物同稟太極爲性，何以又有氣質之性之異？既曰理爲至善之源，人又稟此理爲性，何以又有不善或惡的發生？諸如此類的疑問，「氣強理弱，理管不住氣」的說法便可以提供一合理的解釋，而維持了朱子理論的圓融性。

參、太極與陰陽

前所述理氣的性格和關係，我們還可以透過朱子對太極陰陽的討論去加以印證，因爲朱子所稱的太極即是理，陰陽則是氣。〔註 9〕朱子的太極之理，在傳承上來說，和周濂溪的太極圖說有密切的關係，〔註 10〕儘管其對太極圖說之注解，並非出於一種相應的理解，〔註 11〕而與周子原說有實義上的歧出，然而對朱子來說以「太極」指稱「理」，確實能幫助凸顯「理」作爲萬物之本之究竟義、終極義：

　　且夫大傳之太極者何也？即兩儀、四象八卦之理，具於三者之先，
　　而蘊於三者之內者也，聖人之意，正以其究竟至，無名可名，故特
　　謂之太極。（《文集》卷三十六〈答陸子靜〉六書之第五書）

　　原極之所以得名，蓋取樞極之義。聖人謂之太極者，所以指夫天地
　　萬物之根也。（《語類》卷九十四）

　　太極非是別有一物，即陰陽而在陰陽；即萬物而在萬物，只是一個

〔註 9〕　朱子曰：「太極只是一個理。」（《語類》卷一）
　　　　　又曰：「太極只是天地萬物之理。」（同上）
　　　　　又曰：「所謂太極者，只二氣五行之理，非別有物爲太極也。」（《語類》卷九十四）
　　　　　又曰：「一陰一陽之謂道，陰陽是氣，不是道。」（《語類》卷七十四）
〔註 10〕朱子爲濂溪太極圖說作注，又和象山爭辯太極，均可說明朱子對周氏太極之說的重視。
〔註 11〕朱子雖爲太極圖說做注解，但往往出以己意，未必濂溪之本旨。可詳參牟宗三先生《心體與性體》（臺北：正中書局）冊一，頁 357～388 之疏解。

理而已，因其極至，故名曰太極。(《語類》卷九十四)

其注解「無極而太極」一語，亦可看出其用意正在於對此形上之理之加強描述：

> 易之有太極，如木之有根，浮圖之有頂。但木之根、浮圖之頂是有形之極。太極卻不是一物，無方所頓放，是無形之極。故周子曰：無極而太極。(《語類》卷七十五)

> 無極而太極，蓋恐人將太極做一個有形象底物看，故又說無極，言只是此理也。(《語類》卷九十四)

> 原極之所以得名……周子因之而又謂之無極者，所以著乎無聲無臭之妙也。然曰無極而太極，太極本無極，則非無極之後，別生太極，而太極之上先有無極也。(《文集》卷四十五〈答楊子直〉五書之第一書)

以上諸條之討論，均視「無極」為「理」之狀詞，非與「太極」並列為二，而「太極」之所以狀以「無極」，其旨則在強調此形上之太極之理，係屬一本體論之存有，它雖為根源性之終極實體，但絕不能以經驗界的觀念去認知去搜尋，故一再以「無形狀」、「無方所」、「無積漸」、「非一物」等詞語描述之，此與《語類》卷一謂理是「淨潔空闊底世界、無形迹」之說正可相互呼應。然則「無極」一詞的作用，對朱子來說，適足以貞定「太極」做為萬物之根的超越性。「無極」一詞既為「太極」而設，則二者單說其一時，在語義的表達上，便覺缺失。如只說太極不言無極、太極為生物之本的意義不易顯明；如只言無極不說太極，則「無極」一詞又容易被誤解為「空寂」，〔註12〕所以朱子認為「太極」(實理之指稱)、「無極」(狀性之虛詞)這兩個詞語，就表彰「理為萬化之根」此一意義下，分說則兩害，合言則雙利。這也就是朱子之所以盛讚周子「無極而太極」一語為「下語精密，微妙無窮」〔註13〕而「甚有功於聖門」〔註14〕的原因。

前面說過，朱子的理雖為萬化之終極根柢，但是卻是一種靜態的但理，本身不具活動義、創生義，必藉氣之運作而顯現。這樣的思路，在他論太極與陰陽之關係時表現的極為清晰：

> 蓋天地之間只有動靜兩端循環不已，更無餘事，此之謂易，而其動其

〔註12〕 朱子曰：「不言無極，則太極同於一物而不足為萬化之根，不言太極，則無極淪於空寂而不能為萬化之根。」(《文集》卷三十六〈答陸子美〉三書之第一書)

〔註13〕 語見《文集》卷三十六〈答陸子美〉三書之第一書。

〔註14〕 朱子曰：「周子曰無極而太極，是他說得有功處。」(《語類》卷七十五)

靜則必有所以動靜之理焉，是則所謂太極者也……熹向以太極爲體，
動靜爲用，其言固有病。後已改之曰：「太極者，本然之妙也，動靜
者，所乘之機也」。蓋謂太極函動靜則可（原註：以本體而言也），謂
太極有動靜則可（原註：以流行而言也），若謂太極便是動靜，則是
形而上下者不可分。（《文集》卷四十五〈答楊子直〉五書之第一書）

太極之有動靜是天命之流行也……動極而靜，靜極復動，一動一靜，
互爲其根，命之所以流行而不已也……蓋太極者，本然之妙也，動
靜者，所乘之機也。太極，形而上之道也。陰陽，形而下之器也。
是以自其著者而觀之，則動靜不同時，陰陽不同位，而太極無不在
焉；自其微者而觀之，則沖穆無朕，而動靜陰陽之理已悉具其中矣。

（《太極圖説・注》）

上引兩段資料所欲討論之問題，皆以「太極能否活動」爲其對象。朱子雖説
太極「有動靜」、太極「函動靜」，但此中所説的「有」與「函」，在朱子「太
極只是所以動靜之理」的規定下，只能解作「有動靜之理」、「函動靜之理」，
絕不能因此便謂「太極能動靜」。蓋太極若能動靜，則會產生即體即用的一元
關係，而混淆了形上形下之分際，這便乖違了朱子所自承「向以太極爲體，
動靜爲用，其言固有病；後已改之曰：『太極者，本然之妙也，動靜者，所乘
之機也。』」之説法。而我們把太極了解爲「只存有不活動」的理，在語類中
更可以找到確切的佐證。

問：「『動而生陽，靜而生陰』，注：『太極者本然之妙，動靜者所乘
之機』。太極只是理，理不可以動靜言，惟『動而生陽，靜而生陰』，
理寓于氣，不能無動靜。『所乘之機』，乘如乘載之乘。其動靜者，
乃乘載在氣上，不覺動了靜，靜了又動。」曰：「然。」（《語類》卷
九十四）

太極只是涵動靜之理，卻不可以動靜分體用。（同上）

陽動陰靜，非太極動靜，只是理有動靜。理不可見，因陰陽而後知，
理搭在陰陽上，如人跨馬相似。（同上）

問：「動靜者所乘之機。」

曰：「太極，理也；動靜，氣也。氣行則理亦行。二者常相依而未嘗
相離也。太極猶人，動靜猶馬。馬所以載人，人所以乘馬。馬之一

出一入，人亦與之一出一入。蓋一動一靜，而太極之妙未嘗不在焉。

此所謂『所乘之機』。」（同上）

以上所引，均明白指出：真正的動靜，只存在於形而下的陰陽之氣，太極的本身無所謂動靜的，太極只是涵具動靜之理，以所以然的身份制約陰陽的活動（然）。不過陰陽雖依太極而行，太極離卻了陰陽亦無處搭掛，太極必須藉陰陽而顯；換言之，太極與陰陽不能以即體即用的觀念概之，太極與陰陽之間所存在者，乃不離不雜的關係。〔註15〕正因為太極是既超越又內在於陰陽，故當陰陽因太極之理而動靜時，寓於陰陽中之太極也隨之起了動相或靜相，彷彿人騎馬一樣，馬之行進靜止受人約束；馬載人，馬動人亦動，馬止人亦止；然其動止皆馬之動止而非人也。同樣，動靜者只是氣，太極雖隨之動靜，終非太極自身之活動，太極只是所以動靜之理耳。〔註16〕

肆、理一分殊

朱子所言之理，除了上述作為生物之本的形上存有之太極之理外，很多的資料顯示，對於我們所處的這個現實世界中事事物物所存在的法則，朱子並沒有忽視：

一事一物莫不皆有一定之理。（《語類》卷十八）

堯卿問窮理……曰：「窮是窮在物之理。」（《語類》卷九）

花瓶便有花瓶的道理，書燈便有書燈的道理，水之潤下，火之炎上，金之從革，木之曲直，土宜稼穡，都有理。人若用之，順這理始得。

（《語類》卷九十六）

君臣有君臣之理，父子有父子之理。（《語類》卷六）

這裡所說的理，很顯然不同於前述之太極之理，而係存於事物的特殊法則，近於今所謂的事理、物理。事實上朱子非特沒有輕忽事物之理，其「格物致

〔註15〕朱子曰：「只從陰陽處看，則所謂太極者，便只是在陰陽裡，所謂陰陽者，便只是在太極裏。而今人說陰陽上面別有一個無形無影底物的太極，非也。」（《語類》卷九十五）

又曰：「蓋太極即在陰陽裡。如易有太極，是生兩儀，則是從實理處說。若論其生，則俱生，太極依舊在陰陽裏。但言其次序，須有這實理，方始有陰陽也。……雖然自見在事物而觀之，則陰陽函太極，推其本，則太極生陰陽。」（《語類》卷七十五）

以上說法仍是「理先氣後」（自根源處說）、「理氣不離不雜」（自存在處說）之意。

〔註16〕此意可詳參《心體與性體》冊一分論一：〈濂溪與橫渠〉。

知」主張中，即物所窮者，正是物理、事理。不過朱子窮格事物之理的終極目的是爲了體認太極之理，在他看來，事物之理與太極之理有其密不可分之關係，事物之有理，緣於太極之參與；而太極無形無極，太極的體認，只能經由實然界事物之理的窮格。積漸力久，一旦豁然貫通，此超越之理便能朗現於心。〔註 17〕至此我們不禁要問，事物之理各殊屬雜多，則太極莫非即爲統攝各種存在事物之法則之集合之理？此又不然，照朱子之意：

> 所以謂格得多後自能貫通者，只爲是一理。釋氏云：一月普現一切水，一切水月一月攝。這是釋氏也窺見得這些道理。（《語類》卷十八）

> 本只是一太極，而萬物各有稟受，又各自全具一太極爾。如月在天，只一而已，及散在江湖，則隨處可見，不可謂已分出也。（《語類》卷九十四）

> 不是割成片去，只如月印萬川相似。（《語類》卷九十四）

從上面朱子援用釋氏「月印萬川」的譬喻我們可以清楚的知道，雖然事事物物皆依循它們各自不同的法則去存在去發展，但是它們賴以爲據的終極根源卻同爲太極之理；而此做爲天下公共之理的太極又非眾理之總和，太極乃整全之理，太極是純一的，不能分割的，因此現象界萬殊之存在，皆此同一整全之理之參與，而非分受太極之部分，否則天地一太極、物物一太極〔註 18〕的說法就不能成立了。

　　萬物既以同一整全之太極爲其本質，何以所呈現者又爲萬殊之理？〔註 19〕對此似矛盾之疑問，朱子自有其一套疏解的說辭，此又與其宇宙創生論息息相關。在朱子，萬物係由理氣合而生成，未成之時，氣雖依理而行，既生之後，理卻賴氣而顯。氣有形質，因造作時之雜糅萬變，滾來滾去，因而有清濁、厚薄之利。〔註 20〕理之呈現，既受到氣的影響，〔註 21〕便因稟氣之不齊，而顯出

〔註 17〕朱子曰：「能於分殊中事事物物頭頭項項理會得其當然，方知理本一貫。」（《語類》卷二十七）

〔註 18〕朱子曰：「太極只是天地萬物之理，在天地言，則天地中有太極；在萬物言，則萬物中各有太極。」（《語類》卷一）

〔註 19〕朱子曰：「花瓶便有花瓶的道理，書燈便有書燈的道理，水之潤下，火之炎上，金之從革，木之曲直，土宜稼穡，都有理。人若用之，順這理始得。若把金來削作木用，木來鉻作金用，便無此理。」（《語類》卷九十六）

〔註 20〕或問：「氣稟有清濁不同。」曰：「氣稟之殊，其類不一，非但清濁二字而已。」（《語類》卷四）
又曰：「雖是駁雜，然畢竟不過只是一陰一陽二氣而已，如何會恁地不齊？」

了不同的樣相，此萬事萬物之所以有殊理也。朱子言「理同氣異、氣同理異」，便是與此相應的一種說法：

> 論萬物之一原，則理同而氣異；觀萬物之異體，則氣猶相近而理絕不同也。氣之異者，粹駁之不齊；理之異者，或偏全之或異。(《文集》卷四十六〈答黃商伯〉五書之第四書)

從萬物所以然的形上根源處來說，萬物皆秉受了同一純全之太極，此所謂理同，亦即是理一；及至受氣成形以後，因爲氣稟粹駁之異，此原本同一潛存之理在呈現的程度上，也就隨之殊別，好比寶珠入水，入清水、入濁水所呈現的相貌因著清濁的不同而自必相異，〔註22〕此所謂自物上看，理絕不同，亦即分殊之理。〔註23〕

綜上所述，我們可以把朱子理氣的性格和關係作如如下的一番歸納：若以邏輯推論方式分解而言，則理氣分居形上形下，理先氣後，理尊氣卑。理雖無計度，不能直接創生，氣雖能造作，凝聚生物，氣卻須依理而行，聽受其命。然自現象界實物著眼，則秉理爲性，受氣成質；理雖不雜於氣，超越於氣，終須內寓於氣，依氣而存，賴氣而顯，此時氣強理弱，理管不得氣，理拗不過氣，氣之質性，左右理之呈現；氣清者，理朗然全現；氣濁者，如烏雲掩月，所現者，或上弦，或下弦，或半月，或一隙之月，遂成萬殊之理相，然溯其根源，仍共此同一整全之太極。

第二節　戴震的理氣說

壹、氣化生物

關於萬物的生成，在東原，理固然是一項不可或缺者（此詳後），然而終

曰：「若只是兩個單底陰陽則無不濟，緣是他那物事，雜糅萬變，所以不能得他恰好。」(《語類》卷四)

〔註21〕朱子曰：「氣升降無時止息，理只附氣，惟氣有昏濁，理亦隨而間隔。」(《語類》卷四)

〔註22〕朱子曰：「理在氣中如一個明珠在水裡。理在清底氣中，如珠在那清底水裡面，透底都明；理在濁底氣中，如珠在那濁底水裡面，外面更不見光明處。」(《語類》卷四)

〔註23〕朱子理一分殊之說源出伊川，伊川此說所緼乃倫理性的旨趣，朱子一方面廣續此義，一方面也擴大及於其形上學的領域。說見陳榮捷先生《朱學論集》（臺北：學生書局），頁75。

極的實體、生物的根源，是氣，不是理：

> 就男女萬物言之，則陰陽五行乃其根柢，乃其生生之本，豈待別求
> 一物爲之根柢，而陰陽五行不足生生？（《孟子私淑錄》卷上）

> 天地間百物生生，無非推本陰陽。（同上）

> 謂之氣者，指其實體之名。（同上）

東原所稱的氣，指的是陰陽五行之氣，此二五之氣藉著彼此之間的相互雜糅、絪縕變化生發萬物。〔註24〕由於萬物的生成直接來自於氣化，所以二五之氣與萬物實存在於同一領域，而非異質的兩個層次，東原對《易・繫辭》「形而上、形而下」所作的解釋，可以幫助我們了解這一點：

> 《易》：「形而上者謂之道，形而下者謂之器」，本非爲道器言之，以
> 道器區別其形而上形而下耳。形，謂已成形質，形而上猶曰形以前，
> 形而下猶曰形以後。陰陽之未成形質，是謂形而上者也，非形而下
> 明矣。器言乎一成而不變，道言乎體物而不可遺。如五行水火木金
> 土，有質可見，固形而下也，器也；其五行之氣，人物咸稟受於此，
> 則形而上者也。（《孟子私淑錄》卷上）

由「形，謂已成形質，形而上猶曰形以前，形而下猶曰形以後」的話可以推知，東原所說的「形上、形下」實指同一世界──以氣爲主體的世界，「形上形下」不是界域的劃分，而是用來區別氣之變化前後不同方式、不同狀態的存在。「形而上」是指陰陽五行之氣尚未結聚成形以前的一片絪縕，東原以「道」稱之。「形而下」則是結聚成形以後森羅萬象的一一存在，東原名之爲「器」。關於此，我們或可以借用「捏麵」這種民俗來輔助說明東原「形而上下」的觀念：當麵揉成一團尚未捏形以前，這就是「形而上的道」，及依大小、形狀之需要，把這團麵分取而捏成一一不等之人物形狀後，則爲「形而下之器」。

至於形而下的物之所以成爲萬殊的類，東原以爲：

> 氣化生人生物以後，各以類孳生久矣。陰陽五行，雜糅萬變，是以
> 及其流行，不特氣化生人生物以後，各以類孳生久矣。陰陽五行，
> 雜糅萬變，是以及其流行，不特品類不同……人之生本於天道，陰
> 陽五行，天道之實體也……分於道者，分於陰陽五行也。一言乎分，

〔註24〕東原曰：「人物之初，何嘗非天之陰陽絪縕凝成。」（《緒言》卷下）

則其所受有偏全、厚薄、清濁、昏明之不濟，不特品類不同，而一

類之中又不復不同也。（《孟子私淑錄》卷中）

二五之氣間的相互雜糅賅具、〔註25〕絪縕變化，使得氣無法處於一種均勻的狀態，再加上萬物之生，係分得此二五之氣；一言乎分，則必有所限制，自然在稟受的氣之質性方面，有偏全、厚薄、清濁、昏明等差異。〔註26〕萬物既以氣爲生之所資，〔註27〕則氣化成形於現象界後，就成爲庶物品類之殊別。

在東原，陰陽五行之氣的流行不特生物成類，萬物既生以後的存續廢亡，依然受此本體之氣的影響，與之相通者生，與之相隔者亡：

物之離於生者，形存而氣與天地隔也。（《原善》卷中）

凡有生即不隔於天地之氣化。陰陽五行之運而不已，天地之氣化也。

（《孟子私淑錄》卷中）

氣可益氣……散之還天地，萃之成人物。與天地通者生，與天地隔

者死。以植物言，葉受風日雨露以通天氣，根接土壤肥沃以通地氣。

以動物言，呼吸通天氣，飲食通地氣。人物於天地，猶然合如一體

也。（《文卷》卷八〈答彭進士允初書〉）

由上引資料我們可以知道：陰陽五行之氣在東原的觀念裡是一種生氣，爲創生之本體，而此本體與現象界的品物又並非隔絕的分爲異質的兩層。也就是說，二五之氣並非一種超越的存有，它與萬物互相融通，凡有生之物皆無或間斷的受此生生之氣的流貫參與而賴以存生繁衍，〔註28〕雖然其間仍須受到條件的制約。〔註29〕

〔註25〕東原曰：「舉陰陽則賅五行，陰陽各具五行也；舉五行則賅陰陽，五行各有陰陽也。」（《孟子字義疏證》卷中）

〔註26〕東原曰：「譬天地於大樹，有華、有實、有葉之不同，而華實葉皆分於樹。形之鉅細、色臭之濃淡，味之厚薄，又華與華不同，實與實不同，葉與葉不同。一言乎分，則各限於所分。……水雖取諸一川，隨時與地，味殊而清濁亦異，由分於川，則各限於所分。」（《文集》卷八〈答彭進士允初書〉）

〔註27〕東原曰：「氣初生物，順而融之以成質。」（《孟子私淑錄》卷上）又曰：「鬼神之體物不可遺，即物之不離陰陽五行以成形質也。」（同上）

〔註28〕東原曰：「凡有生即不隔於天地之變化。」（《孟子私淑錄》卷中）又曰：「男女之生生不窮，以內之生氣通乎外之生氣，人在生氣之中，如魚在水中，其生也何莫非天？天之陰陽，父母之陰陽，同爲氣化自然而不可分也。」（《緒言》卷下）

〔註29〕東原以爲五行之氣之間存著相生相剋的關係，二五之氣雖能滋養萬物，然物物與之交通之外氣，必須和其本受之內在之氣相合，方得其利，否則必致傷

於二五之氣何以會產生感遇雜糅之流行變化，換言之，由氣之體而達氣之用的動力因為何？東原以為不假外求，仍須求之於氣：

> 況氣之流行既為生氣，則生氣之靈乃其主宰，如人之一身，心君乎耳目百體是也。豈待別求一物為陰陽五行之主宰樞紐。（《緒言》卷上）

而此作為主宰的「生氣之靈」，東原又以「神」名之：

> 就天地言之，化，其生生也；神，其主宰也，不可歧而分也。言化則賅神，言神亦賅化，由化以知神。（《孟子字義疏證》卷上）

由「化賅神、神賅化，不可歧而分」，可知「神」是「氣」所自具的一種特有的屬性，它能提供動能，使二五之氣運化不已，亦唯透過氣化之流行，方能逆知此特性，故曰「由化以知神」。

貳、氣化之理

理這個觀念在東原的哲學系統中乃因氣而有。如前所說，東原以為氣化流行，生發萬物；二五之氣的感遇生克雖雜糅萬變，然此氣化過程中，又絕非混亂無章，否則天地萬物非特不能秩然有序底各以其類存在，就連創生之功都將窒礙難行，〔註30〕故可推知此氣化之流行中，必存有一不可易之律則，此東原所謂理也：

> 陰陽流行，其自然也……通乎其必然不可易，所謂理也。（《孟子私淑錄》卷上）

至於萬物稟氣而生後，也就稟得此氣之理，東原稱之為「分理」，〔註31〕而成為物活動、發展或變化，所必須依循的法則：

> 以植物言，其理自根而達末，又別於幹為枝，綴於枝成葉，根接土壤肥沃以通地氣，葉受風日雨露以通天氣，地氣必上至乎葉，天氣

害。其言曰：「氣之自然潛運，飛潛動植皆同，此生生之機原於天地者也……所資以養者之氣，雖由外而入，大致以本受之氣召之。五行有生克，遇其克之者則傷，甚者死……本受之氣及所資以養者之氣，必相得而不相逆，斯外內為一。」（《孟子私淑錄》卷中）

〔註30〕東原曰：「一陰一陽流行不已，生生不息……其流行、生生也……失條理而能生生者，未之有也。故舉生生即賅條理，舉條理即賅生生。」（《孟子私淑錄》卷上）
又曰：「由其生生，有自然之條理，失條理，則生生之道絕。」（《孟子私淑錄》卷中）

〔註31〕東原曰：「蓋氣初生物，順而融之以成質，莫不具有分理。」（《孟子私淑錄》卷上）

> 必下返諸根，上下相貫，榮而不瘁者，循之於其理也。以動物言，
> 呼吸通天氣，飲食通地氣，皆循經脈散布，周漑一身，血氣之所循，
> 流轉不阻者，亦於其理也……虛以明夫不易之則曰理。（《孟子私淑
> 錄》卷上）

此處東原係以動植物二大類作例，其中說明動、植兩類生物均須與天地之氣相通的部份，正可與前所述「凡有生即不隔於天地之氣化」相呼應；而動、植物類與氣化交通的方式乃各循其理，則指出同類的物有其類同的理則，異類者則其則相異。事實上氣化生物不僅類與類不同，「一類之中又復不同」，〔註32〕甚至同一體之各小體皆復不同。分受的氣質既然不同，則其氣之理自必殊異。是以「分理」一詞在東原而言，實具有殊別性。對各該物而言，理固然意味著一種不能違逆的限制，而可與「命」之為義等同；〔註33〕然與他物相較時，則理便成為此物與彼物相區別的特質。〔註34〕

如前所述，理既為氣化時所呈現的規則，萬物又復分於氣化而生，則由此必導出「理在物」的結論：

> 虛以明夫不易之則曰理，所謂則者，匪自我為之，求諸其物而已矣。
> （《孟子私淑錄》卷上）

> 是故就事物言，非事物之外別有理義也。（《孟子字義疏證》卷上）

因為理是客觀的存在於物，捨物便無從得理，故求理必須從物上著手。《大學》「格物」一語，在東原看來，就是即物求理：

> 其曰「致知在格物」，何也？事物來乎前，雖以聖人當之，不審查，
> 無以盡其實也……「格」之云者，於情有得而無失，思之貫通，不
> 遺毫末。（《原善》卷下）

「盡其實」的實，「格物」的情，在此處來說就是「理」。東原以為，欲求物之理，即使是聖人，也都必須經過審慎察析的階段，作精微的分析，方能得

〔註32〕語見《孟子私淑錄》卷中。
〔註33〕東原曰：「凡言命者，受以為限制之稱……故理義以為之限制而不敢踰謂之命……古人言天之所定曰命，言乎經常不易曰理，一也。」（《孟子私淑錄》卷上）
〔註34〕東原曰：「理者，察之幾微必區以別之名也，是故謂之分理……許叔重《說文解字·序》曰：『知分理之可相別異也。』古人所謂理，未有如後儒之所謂理者也。」（《孟子字義疏證》卷上）
又曰：「分之，各有其不易之則名曰理，是故明理者，明其區分也。」（同上）

其有條不紊之物則：

> 理義在事情之條分縷析。（《孟子字義疏證》卷上）

> 理者，察之而幾微必區以別之名也。（同上）

> 舉理，以見心能區分……分之，各有其不易之則，名曰理。（同上）

心雖然具有「思」的能力，〔註35〕能以解析的方式知理，但東原認為人心往往有蔽，因此一人所知解者，必須經過眾心所同然，方為真正的理，而非個人之私見。〔註36〕

　　歸結上述，東原的理指的是存於事物的法則，它具有有條不紊的規律性（故又稱之為條理），不可以違逆的限制性，與足以代表該物特質的殊異性。

第三節　二氏理氣說比較與東原反對朱子理氣說之討論

　　對「形上、形下」主張的不同是二氏理氣說中最根本的差異。在朱子，「形上形下」是不同的兩個層次。「形而上」是超越的，作為生物之本的「理」的世界──超越界，「形而下」則為生物之具的「氣」以及由氣聚生的萬物的世界──實然界。「形上、形下」雖有區別，但是因為「天下未有無理之氣，亦未有無氣之理」、「理無氣亦無搭掛處」，所以「形上形下」實為一體，而非隔絕。東原也談「形上、形下」，卻不是超越界與實然界。事實上東原所稱的「形上形下」只有一界，以氣為主的實然界。「形上形下」只是用來區別氣化「成形以前」與「成形以後」，所以東原以「陰陽」為「形而上」，不同於朱子以「理」為「形而上」。又東原以為氣化生生而條理，條理乃氣化所呈現的規則，由是可知東原的理氣同處「形而上」，亦有別於朱子理氣之分居形上形下。

　　次就氣來說，朱子與戴震雖然同以二五之氣的氣化來解說萬物的生成，但是氣在二氏的義理系統中所扮演的角色和所居的地位卻有很大的差別。在朱子，氣生於理，氣的聚合造作必須依傍著理，受理的制約，無理便無所謂氣，更遑論氣之絪縕造作。而東原所主張的氣則自足圓滿、自為主宰，成為

〔註35〕東原曰：「思者，心之能也。」（《孟子字義疏證》卷上）

〔註36〕東原曰：「心之所同然始謂之理……未至於同然，存乎其人之意見，非理也。」（同上）

創生萬物的直接根源，亦爲理之所從出。

　　再就理來看，朱子所說的理，可以歸納爲兩類：一是作爲生物之本的太極之理──一種先驗的、越越的根源之理；一是事事物物所各具的法則──屬於後天經驗界的分殊之理。而後者和東原講的理並無二致。東原講「文理」、「條理」，朱子也說「理是有條理、有文路子；理是有條辯、理是那文理」、〔註37〕「理如一把線相似有條理……又如竹木之文理相似」。〔註38〕東原稱「天地、人物、事爲不聞無可言之理」，〔註39〕朱子也謂「天下之物莫不有理」，〔註40〕「一事一物莫不皆有一定之理」。〔註41〕東原強調「有物有則」（不易之則爲理），朱子也指出「理則就其事事物物各有其則言之」。〔註42〕東原認爲「理在事情之條分縷析」，〔註43〕朱子也主張「學問……須銖分毫析」，〔註44〕皆可證明上說。就現象界事物所呈現的理則這個範疇來看，二氏雖如上述有相同的認知，但當我們更深一層的探究時，將會發現此相同說法的背後，卻存在極大的差異。在朱子，其格物主張下，經由觀察、歸納、比較所得的第二類之事理物理，與第一類之太極之理，其間存著極密切的關係，而非截然不相涉的兩類。如前所說，在朱子的思想體系中，現象界事物之皆以太極爲其根源，亦即事物之理之所以存在，皆因同一太極之理之參與；物因稟氣不齊，事因對象不同，而使此純全之理受到限制，因而呈現出不同的樣相，形成萬殊之個別之理。因此以積漸的方式格物窮理到極至時，朱子以爲吾人所獲得的不再是差別相的一條條的法則，而是同一的根源之理：

　　　　器遠問格物……曰：「事事物物各自有理……只是才遇一事究竟其理，少間多了，自然會貫通。」（《語類》卷十八）

　　　　行夫問萬物各具一理，而萬理同出一源，此所以可推而無不通也。曰：「近而一身之中，遠而八荒之外，微而一草一木之衆，莫不各具此理……此所以可推而無不通也。所以謂格多後自能貫通者，只爲

〔註37〕語見《語類》卷六。
〔註38〕同上。
〔註39〕語見《孟子字義疏證》卷上。
〔註40〕語見《語類》卷十八。
〔註41〕同上。
〔註42〕語見《語類》卷五。
〔註43〕語見《孟子字義疏證》卷上。
〔註44〕語見《語類》卷八。

是一理。氏云：『一月普現一切水，一切水月一月攝。』這是那釋氏
也窺見得這些道理。」（《語類》卷十八）

以上的資料說明了事物之理在終極處均為同一的太極之理。亦唯有在這樣的
前提之下，用力日久、豁然貫通方能成為可能。即此我們可以說，由下學而
得的事物之理，在朱子來說，正是上達太極之理的階梯。〔註45〕而東原所主
張的理，顯然沒有這種理一分殊的曲折：

> 天地、人物、事為，不聞無可言之理者也，詩曰「有物有則」是也。
> 物者，指其實體實事之名；則者，稱其純粹中正之名。實體實事，
> 罔非自然，而歸於必然，天地、人物、事為之理得矣。……推而極
> 於不可易之為必然；乃語其至，非原其本。後儒從而過求，徒以語
> 其至者之意言思議視如有物，謂與氣渾淪而成，聞之者習焉不察，
> 莫知其異於六經、孔、孟之言也。舉凡天地、人物、事為、求其必
> 然不可易，理至明顯也。從而尊大之，不徒曰天地、人物、事為之
> 理，而轉其語曰「理無不在」，視之「如有物焉」，將使學者皓首茫
> 然，求其物不得。（《孟子字義疏證》卷上）

在東原看，理只是存在於實然界事事物物中不可易的規則，根本無所謂創生
事物的根源性、超越性；只要以心知之明條分縷析到絲毫不爽失，便掌握了
理的實情，所謂「理乃言其至，非原其本」。而朱子卻設定了一種根源性的理，
要人從窮格事物之理以上通太極之理，這只會徒然的耗人精力，終學者一生
也難窺見太極之貌，因為生發萬物的根源是陰陽五行之氣，朱子認太極為生
物之本，根本就是虛妄不實的說法。

關於東原以「六經孔孟之書不聞理氣之辨」為理由來攻擊朱子「理為生
物之本」之說是否合宜，我們可從下列兩點加以討論：

（一）就思想本身來看，由於人類的心智係隨著時日的遷移、環境事物
的演變，以及經驗的累積與運用而作由弱轉強，由昧趨明的成長，影響所及，
由心智活動所產生的思想，也就成為具有發展性的有機體，而非一成不變的
死物。因此後人的思想在有流有變的發展過程中，或承繼、或創新，而不必
亦不可能全同於前人，乃勢所當然。即以孔孟思想來說，孔子的仁說、孟子
的性善，即分別以其前有所承之思想為基礎、為導引而發展出新的學說。因

〔註45〕此意可詳參楊儒賓〈朱子的格物補傳所衍生的問題〉一文。文收《史學評論》
　　　　（臺北：華世出版社）第五期。

此東原謂朱子「理氣之辨不見於孔孟之書」，固然是一句如實的陳述，然而卻不能以此約束朱子作如斯之理論架構。事實上朱子之時代去孔孟甚遠，而「理」這個概念在孔孟之時雖然未受重視，但在孔孟之後即處於不斷的發展之中，且其在思想界的地位日益提高，在內涵方面也漸漸由實然界萬殊之規則之認知而趨向超越、統一、絕對之至理之體會。故朱子「以理爲生物之本」，實亦是受到了前所有思潮的刺激、啓發而創獲之新說。〔註46〕由此可知，東原以「六經孔孟之書不見理氣之辨」爲理由來抨擊朱子，實是昧於思想演變的實情而難以成立。更何況孔孟之書亦未見「以陰陽之氣氣化生物」的說法，如若上述東原攻朱的理由允當，則東原以二五之氣爲生物之本的說法豈不和朱子以理爲生物之本的主張同樣謬誤。再者，思想的演進，係由粗淺而愈趨精微；「氣化生物」的說法固然可以解釋實然界的形成，但當人們更進而追問：「氣化之氣又是從那來的」、「氣化生生又何以能條理不紊」、「萬事萬物又何以皆有不易之則」時，以氣爲根源的說法就不能滿足心智窮探力索特質的需求，而新的解釋必將醞釀而生。因此朱子以超越的統體之理爲生物之本較諸東原以氣爲萬物根柢，毋寧是思想更趨精微的發展。

（二）從東原所持爲反對理由的「孔孟傳承」本身來看，也會發現東原反朱的說法有其差失。東原但知理氣之說異於孔孟之言，卻未能深究理氣說的立論宗旨是否合於孔孟之道的眞精神。孔子的仁說、孟子的性善，其於儒學開出的根本方向是成德之教；而朱子的理氣說乍看之下似爲解釋萬物生成而設，實際上其眞正的意旨並非如西方哲學家一樣志在建立客觀的宇宙論，而係爲心性論奠基，藉著「性即理」的設定，在天曰理，在人爲性，以理來貫通天與人，爲性善論以及成德之學之所以可能，尋求一終極性、根源性的依據，庶幾乎以天道保證人道，人道闡明天道。因此東原批評朱子理氣說「合諸古聖賢之語牴牾不協」，只是從形式上去論合不合，卻忽略了朱子在內在精神上，依舊是孔孟成德之教之賡續與發揚。

〔註46〕有關「理」這個觀念之演變，可詳參陳榮捷先生〈新儒學理之思想之演進〉一文，文收《中國哲學資料書》（臺北：仰哲出版社）。

第三章　心性論比較

第一節　朱子的心性論

壹、性即理

朱子的性論是緊扣著他的宇宙論——理氣說之脈絡發展而成。在他的宇宙論裡，人物之生成源於理氣之不離不雜，氣成就了人物之形質，理則內在於此形質而成爲其性：

> 是以人物之生，必稟此理，然後有性；必稟此氣，然後有形。(《文集》卷五十八〈答黃道夫〉二書之第一書)

由「必稟此理，然後有性」這句話，我們可以確切的了解，朱子論性，係以「理」爲其實質內容；〔註 1〕不過以理爲性的說法並非出於朱子原創，而是前承於伊川，〔註 2〕然其間卻有其區別。蓋伊川「性即理」之說，乃就人生界著眼，旨在發揮孟子的性善說；朱子承用此語，則注入宇宙論的意義，也就是說，朱子是以他自己所體創出的理氣論來闡申伊川此語，而使「性即理」成爲他思想體系中的一環，也使宇宙界人生界一貫直下，形上形下，交融無間。〔註 3〕

既然性與理在本質上並無二致，何以又有二名之別？朱子在答「問人生

〔註 1〕　朱子曰：「性即理也，性只是此理。」(《語類》卷五)
〔註 2〕　朱子曾曰：「伊川性即理也，自孔孟後無人見得到此。」(《語類》卷五十九)
又曰：「性即理也一語，直自孔子後，惟伊川說得盡。這一句話便是千萬世說法之根基。」(《語類》卷九十三)
〔註 3〕　此意可參見錢穆先生《朱子學提綱》(臺北：東大圖書公司)，頁 45、46。

而靜以上不容說一段」時說:

> 人生而靜以上即是人物未生時,只可謂之理,說性未得。……纔謂
> 之性,便是人生以後,此理已墮在形氣之中……此所謂在人曰性也。
> 大抵人有此形氣,則此理始具於形氣之中而謂之性。(《語類》卷九
> 十五)

這樣的解說已經很清楚的指出:其中的差異,係以形上形下、生人生物前後
來區分。理與性雖然同此太極,〔註4〕但當天地未判時,做為萬物存有之最終
依據時名之為理;當萬物實然成就後,此太極之理內具於形質時則稱之為性,
故曰:「人物未生時,只可謂之理,人生以後,此理已墮在形氣之中……纔是
說性,便已涉乎有生而兼氣質。」〔註5〕「這個理……生物得來,方始名曰性。」
〔註6〕錢穆先生說:「理是天地公共底,性則是人物各別底。理屬先天,性屬
後天。由理降落為性,已是移了一層次。」〔註7〕正見此意。

　朱子如此解說明道「人生而靜以上不容說,才說性便已不是性」之語,雖
然差離了程子的原意,〔註8〕卻最足以將宇宙論與性論合為一貫,而強固了其
義理系統的周密性。也正因為他的性論仍是依循著理氣說的架構,所以當他說:

> 性只是理,萬理之總名。此理亦只是天地間公共之理。(《語類》卷
> 一一七)

> 天地間只是一個道理,性便是理。(《語類》卷四)

又說:

> 性是天生成許多道理。(《語類》卷五)

> 性是許多理,散在處為性。(《語類》卷五)

對於性理為一為多的問題,吾人便可沿用理氣說中「理一分殊」的解析方式
去了解。此即是:當說性只是一個道理,只是天地間公共之理時,係就太極
徧在萬物,超越地為萬物所以然之依據而著眼。當說「性是許多理」時,則
就此公共之理墮於形質之中,因受稟氣不同之限制,而呈現出不同樣態之理
而立說。如此一來,既曰「性是一理」、又曰「性是多理」的似予盾疑難,便

〔註4〕 朱子曰:「太極只是一個理字。」(《語類》卷一)
　　　　又曰:「性是太極渾然之體。」(《文集》卷五十八〈答陳器之〉二書之第二書)
〔註5〕 語見《語類》卷九十五。
〔註6〕 語見《語類》卷五。
〔註7〕 語見《朱子學提綱》,頁 46、47。
〔註8〕 此意請參見牟宗三先生《心體與性體》冊二,頁 160～169。

可迎刃而解了。

貳、天地之性與氣質之性

性即是理的內在化於形氣，性即是求之於人物既生以後，則理與氣不離不雜的關係，也就成為性與氣的關係，故朱子一再強調論性時二者必須兼顧，方稱周全：

> 論性不論氣不備，論氣不論性不明。二之則不是，須如此兼性與氣說方盡。（《語類》卷五十九）

在這樣的考量之下，朱子又有天地之性與氣質之性的說法：

> 論天地之性，則專指理言。（《語類》卷四）

> 天地之性是理也，才到有陰陽五行處，便有氣質之性。（《語類》卷九十四）

> 氣質之性只是此性墮在氣質之中，故隨氣質而自為一性，正周子所謂各一其性者。向使元無本然之性，則此氣質之性又從何處得來耶？
> （《文集》卷五十八〈答徐子融〉四書之第三書）

「氣質之性」與「天地之性」這兩個詞語依舊是前有所承而解以己意。〔註9〕從「天地之性只是理也」、「氣質之性只是此性墮在氣質之中，故隨氣質而自為一性」這些話，顯然可和前所述「性為一理」、「性為多理」的說法作相應的比照和理解，此仍從著眼點上去區分：當以解析的方式從越超的層面說時，此性之體便是那共源之太極之理，也就是本然之性或天地之性。至由實然界考量時，理墮於形氣之中，人得之為人性，物得之為物性；由於稟氣不齊的影響，那作為性之體的理在呈現上就未必如原體般的全純，而各隨各稟各一其相，這就形成了雜多的性理，朱子所謂的「氣質之性」便是，所以說：「氣質之性，則此全體墮在氣質之中耳，非別有一性也。」〔註10〕《語類》卷四中朱子有「椀盛水、隙受日」的比喻，很能幫助我們了解「本然之性」和「氣質之性」的區分和關係：

> 或說：人物性同。曰：人物性本同，只氣質異。如水無有不清，傾放白椀中是一般色，及放黑椀中又是一般色，放青椀中又是一般色。
> 又曰：性最難說，要說同亦得，要說異亦得。如隙中之日：隙之長

〔註9〕 此意請參見牟宗三先生《心體與性體》冊三，頁431～432之疏解。
〔註10〕 語見《文集》卷六十一〈答嚴時亨〉三書之第一書。

短大小自是不同，然卻只是此日。

這段資料中，水與日便代表本然之性，椀與隙則為氣質。椀與隙因為有顏色與長短大小之不齊，因此入椀之水與透隙之日便因所受、所照之物之差異，而形成特別之樣相，這是本然之性墮入氣質中因受其限制而成之氣質之性，然各椀與各隙中之水與日，仍是同一之水，同一之日，了無差別。故曰：「性最難說，要說同亦得，要說異亦得。」端看立說時的著眼點罷了。

參、枯槁有性

本然之性與氣質之性的說法到了朱子晚年更是堅定不移，這從他和余方叔、徐子融辯枯槁有性的資料中可見：

> 有性無性之說，殊不可曉。當時方叔於此，本自不曾理會……然既有此話頭，又不容不結束。今試更為諸君言之……伊川先生言性即理也……心則知覺之在人而具此理者也……蓋天之生物，其理固無差別。但人物所稟形氣不同，故其心有明暗之殊，而性有全不全之異耳。若所謂仁，則是性中四德之首……然惟人心至靈，故能全此四德，而發為四端，物則氣偏駁，而心昏蔽，固有所不能全矣。……然不可謂無是性也。若生物之無覺者，則其形氣偏中之偏者。故理之在是物者，亦隨其氣形而自為一物之理。雖若不復可論仁義禮智之彷彿，然而不可謂無是性也。……又謂枯槁之物只有氣質之性，而無本然之性，此語尤可笑。若果如此，則是物只有一性，而人卻有兩性矣！此語非常醜差，蓋由不知氣質之性只是此性墮在氣質之中，故隨氣質而自為一性……向使元無本然之性，則此氣質之性又從何處得來耶？（《文集》卷五十八〈答徐子融〉四書之第三書）

在這封信中，朱子所貞定不移，所特別強調的，就是氣質之性係由本然之性墮入氣質中所形成，因此凡有氣質之性，就必有本然之性。在朱子出之以存有論的解析，由然推證其所以然以為性的前提下，現象界中之物，皆可推求其所以然之性，即令枯槁無知之物亦不例外。就以朱子所提過的附子、大黃為例：「附子熱、大黃寒，大黃不可為附子，附子不可為大黃。」，〔註11〕即表示大黃、附子必有其不可易的分殊之理，這就是大黃附子的性。但這性在朱子看來，是受了大黃附子本身氣稟影響後的性——所謂氣質之性，在根源

〔註11〕語見《語類》卷四。

處，大黃與附子的性和人和其他之物並無差別，都是同此太極之理——所謂本然之性。在此本然之性中，仁義禮智道德之理全具無缺，〔註12〕但因氣稟有所不同，理之表現上便有了差異：

> 二氣五行交感萬變，故人物之生有精粗之不同。自一氣而言之，則人物皆受是氣而生。自精粗而言，則人得其氣之正且通者，物得其氣之偏且塞者。惟人得其正，故是理通而無所塞。物得其偏，故是理塞而無所知。……物之間有知者，不過只通得一路，如烏之知孝，獺之知祭，犬但能守禦，牛但能耕。（《語類》卷四）

人因秉氣正且通，所以人心最靈，故能通知仁義禮智之理，全此四德。物則其氣偏塞，其心昏蔽，故理塞而無所知。至於大麻附子這種稟氣偏中之偏的枯槁物，其於四德之理之蔽隔就更深更厚，而只能表現出或寒或熱的氣質之性，但卻並不表示枯槁之物沒有本然之性。基於這樣的考量和堅持，朱子自然無心再去深究余、徐二人所理解的性究竟何所指，遂逕指「枯槁之物並無以仁為統體的道德之性而只有氣質之性」的說法為可笑、為醜差。〔註13〕

　　歸結來說，朱子所稱之性是從存有論的思路中體認的性，是太極之理的內在化與主觀化。從「理一」來說是為本然之性，論「分殊」時，則為氣質之性。前者係理氣分論，後者則理氣合說。

肆、心性情才的關係

　　要了解朱子心性情才的關係，仍必須透過理氣的關係去說明，因為朱子是以宇宙論的架構套在心性論上，而維持了義理系統的一貫性。

　　前面說過，朱子的性是太極之理的內在化與主觀化，太極既然被設定為無計度、不能造作的但理，則性理自不能活動自顯。在朱子性理的呈現繫乎心；心在朱子的義理系統中雖屬形下之氣，卻是比較特殊的氣：

> 心者，氣之精爽。（《語類》卷五）

> 問：「靈處是心抑是性？」曰：「靈處只是心，不是性。性只是理。」（《語類》卷五）

> 虛靈只是心之本體……耳目之視聽，所以視聽者即其心也。（《語類》卷五）

〔註12〕朱子曰：「性是實理，仁義理智皆具。」（《語類》卷五）
〔註13〕此意可參牟宗三先生《心體與性體》冊三，頁486～491。

因為心具有精爽或虛靈的屬性，因此就表現出一種知覺的能力，〔註14〕而心所知覺的對象，在朱子來說，即是性理：

> 所知覺者是理。理不離知覺、知覺不離理。（《語類》卷五）

> 所覺者心之理也，能覺者氣之靈也。（《語類》卷五）

心與理之間所設定的這種能知與所知的關係，正是性賴心呈的基礎，也是理氣不離不雜關係的對應說法。〔註15〕而心之所以能知覺，依朱子，是先有知覺之理（理的本身不能表現知覺，否則就喪失了形上的超越性），與心氣相合後，方能展現知覺的功能、〔註16〕成就心的靈明，使之成為攝具性理的憑依。〔註17〕由於這種關係形成了心性之間「一而二、二而一」「捨心則無以見性，捨性又無以見心」的關係，因此性又可說成為「心所有之理」，而心「便是理之所會之地」〔註18〕或者「心是神明之舍，性便是許多道理，得之於天而具於心者。」〔註19〕基於上述，我們可以知道，朱子雖然有時視性為體，視心為用，但這種體用關係須另作一番說解，而不是一般所說的體直接化為用、或即體即用、體用一如：

> 心以性為體，心將性做餡子模樣，蓋心之所以具是理者，以有性故也。（《語類》卷五）

> 邵堯夫說：「性者道之形體，心者性之郭郭。」此說甚好……須是有個心，便收拾得這性，發用出來。（《語類》卷四）

很顯然的，此處性為心之體指的是心具性理，性無心則無所該載安頓；心為用則說的是心現性理、或心運用理、依理而行。〔註20〕同樣底，當朱子講「心與性本來貫通」時，〔註21〕這種貫通也只是心性不離關係下的能知與所知；

〔註14〕問：「心之發處是氣否？」曰：「也只是知覺。」（《語類》卷五）
〔註15〕朱子曰：「性猶太極也，心猶陰陽也。太極只在陰陽之中，非能離陰陽也。然至論太極自是太極，陰陽自是陰陽；惟性與心亦然，所謂一而二，二而一也。」（《語類》卷五）
〔註16〕問：「知覺是心之靈，固如此，抑氣為之邪？」曰：「不專是氣，是先有知覺之理，理未知覺。氣聚成形，理與氣合，便能知覺。」（《語類》卷五）
〔註17〕朱子曰：「心之知覺即所以具此理而行此情者也。」（《文集》卷五十五〈答潘謙之〉三書之第一書）
〔註18〕語見《語類》卷五。
〔註19〕同上。
〔註20〕或問：「心之神明妙眾理而宰萬物。」……曰：「理是定在這裡，心便是運用這理底。」（《語類》卷十七）
〔註21〕問：「心是知覺，性是理，心與理如何貫通為一？」曰：「不須去貫通，本來

心與性雖然看似渾淪爲一，實際上並未因此而混淆了形上、形下的此疆彼界，
這和象山、陽明「心即理」根本爲一物的貫通是截然相異的。

　　至於性（理）與心（氣）的地位，若就未成物以前說時，理是萬物之所
以存在的終極依據，理先氣後，理對氣有規範之義，彷彿理爲氣的主宰，故
理的地位重於氣；然落實於人生界後，太極內化爲性，性爲但理，心爲精爽
之氣；性不能造作，唯賴心現，轉成性輕心重。朱子之所以盛讚橫渠「心能
檢性、非性檢心」的說法，〔註22〕其意在此。而心之現理，依朱子之意，可
從兩方面來說：〔註23〕當事物未來，思慮未萌，心處於靜態，如鏡明水止時，
性理之體段便因著心之虛靈不昧而呈現，此時心所知覺到的理是全一之渾然
之理。〔註24〕當事物之來，心爲之應、爲之感，發而爲實然的迹象時，朱子
稱之爲「情」：

> 心譬水也。性，水之理也。……情所以行乎水之動。（《語類》卷五）
>
> 性者，心之理。情者，心之動……情是遇物而發，路陌曲折，恁地
> 去底。（《語類》卷五）
>
> 情是這裡（原注：以手指心）發出，有個路脈曲折，隨物恁地去。（《語
> 類》卷五十九）

因爲情是已發（如惻隱、羞惡、辭讓之類），是可以經驗的實然，則依朱子由
然以逆推所以然的義理架構，情便成了逆溯性理的階梯：

> 有這性，便發出這情。因這情，便見得這性。因今日有這情，便見
> 得本來有這性。（《語類》卷五）
>
> 蓋是理之可驗，乃依然就他發處驗得。凡物必有本根，性之理雖無

〔註22〕　貫通。」「如何本來貫通？」曰：「理無心則無著處。」（《語類》卷五）
〔註22〕　朱子曰：「橫渠說心能檢其性，人能弘道也。性不知檢其心，非道弘人也。此
　　　　意卻好。」（《語類》卷六十）
〔註23〕　蓋心爲形下之氣，兼具動靜二態，所謂已發未發是也，因此心之呈現性理，
　　　　可由心或爲動或爲靜二面去說。又朱子謂心具動靜二態的主張，係承繼伊川
　　　　「心一也，有指體而言者，寂然不動是也。有指用而言者，感而遂通天下之
　　　　故是也」之說法。此意見牟宗三先生《心體與性體》冊三，頁144之疏解。
〔註24〕　朱子曰：「按文集、遺書諸說，似皆以思慮未萌，事物未至之時，爲喜怒哀樂
　　　　之未發。當此之時，卻是此心寂然不動之體，而天命之性當體具焉。」（《文
　　　　集》卷六十四〈與湖南諸公論中和第一書〉）
　　　　又曰：「人之一身，知覺運用莫非心之所爲……然方其靜也，事物未至，思慮
　　　　未萌，而一性渾然，道義全具。」（《文集》卷三十二〈答張欽夫〉十八書之
　　　　第十八書）

形，而端的之發最可驗，故由其惻隱，所以必知其有仁，由其羞惡，所以必知其有義，由其恭敬，所以必知其有禮，由其是非，所以必知其有智。使其本無是理於內，則何以有是端於外？由其有是端於外，所以必知有是理於內，而不可誣也。(《文集》卷五十八〈答陳器之二書〉之第二書)

由於心發用為情時，係對應於不同的事物、情境，故緣情之察識所逆知之理便為分殊之理：如見溺所發之惻隱之情，見尊長所發之恭敬之情，溯其源則分別為仁之理、禮之理。這是從心活動的一面去看心之現理。

緣情既可溯性，則性與情的關係，似又可以根與芽、源與流來說明：性是根，情是那芽子。(《語類》卷一百一十九)

性不可言，所以言性善者，只看他惻隱辭遜四端之善，則可以見性之善。如見水流之清，則知源頭必清。四端情也，性則理也。(《語類》卷五)

不過這樣的說法，極易予人一種錯覺，彷彿情為性之同體之發用，事實上朱子也確曾說過「情是性之所發」的話，[註25] 這樣一來，形下的氣(情)和形上的理(性)豈不成了即體即用的體用一如，而違背了朱子理氣異質，絕不互相混淆的基本設定，同時也和前述所述「情為心之動」的說法相牴牾。實際上這種似予盾的產生，只是肇因於朱子立說的觀點不一，當說「情為心之動」時，這是從實然的層面著眼，蓋心能活動，心與情皆屬同質的氣，所以真正的體用一如是存在於心與情之間。至於朱子說「情者，性之所發」時，則是一種存有論的說法，係從超越面立說，說明情(然)之所以存在，係以性(所以然)為它超越的依據。[註26] 性本身雖然內在於形氣，但其超越的性格並未剝喪；性理既然被設定為靜態的、不能造作的但理，則必然不能如心一樣有「發用」的活動，因此當說「情者，性之所發」時，「性之發」只是一種虛說，真正「發」的是心而非性。[註27] 只因心攝具理、該載理、心動時，彷彿性理也隨之有了動之樣相，復加上由情可以逆溯性理，因此方便的說、簡省的說，便可以說成「情者，性之所發。」

〔註25〕朱子曰：「情者，性之所發。」(《語類》卷五十九)
　　　　又曰：「仁是性，惻隱是情。惻隱是仁發出來底端芽。」(《語類》卷五十九)
〔註26〕朱子曰：「性是心之道……四端便是情，是心之發見處。四者之萌皆出於心，而其所以然者，則是此性之理所在也。」(《語類》卷五)
〔註27〕朱子曰：「性是理，心是包含該載敷施發用底。」(《語類》卷五)

從上面的敘述我們可以知道：心在朱子的哲學體系中實居樞紐的地位。心的靈明知覺理、呈現理；心的發用落實爲情，情之察識則可上溯性理，因此性與情是在心之居中爲介而建構了彼此之間似根芽的關係。基於這樣的考量，張橫渠《性理拾遺》一書中「心統性情」之語便頗爲朱子所激賞而吸納成爲其思想體系中重要的觀點；〔註28〕但是橫渠對於心性的了解並不同於朱子，因此朱子對於橫渠此語的推崇並非出於義理上的契合，〔註29〕而是字面上的借用頗能幫助朱子說明他自己的心情情三分的義理脈絡，〔註30〕進而從這樣的描述中，彰顯出心的主宰義：

> 性者，心之理。理者，性之初。心者，性情之主。（《語類》卷五）
>
> 性，本體也。其用，情也。心則統性情、該動靜而爲之主宰也。（同上）
>
> 心有體用。未發之前，是心之體；已發之，乃心之用……蓋主宰運用底便是心，性便是會恁地做底理。性則一定在這裡，到主宰運用，卻在心。情只是幾個路子，隨這路子恁地做去底卻又是心。（同上）

如前所述，性是靜態的但理，情則氣之造作結聚後實然的形跡，兩者均不能自主活動，惟心之爲氣不特具有活動義，且以其虛靈不昧之知覺，將性理呈現於經驗界，並依理馭情，使情合理。〔註31〕對於這樣的關係，朱子曾舉了一個「官人斷事」的譬喻加以說明：

> 天命之謂性……性便是合當做底職事，如主簿銷注，縣尉巡捕。心便是官人，氣質便是官人所習尚、或寬或猛。情便是當廳處斷事，如縣尉捉得賊；情便是發用處。（《語類》卷四）

在上面的資料中，朱子把「心、性、情」三者分別比爲「官人、職事、斷事」；官之所以爲官，雖然以其職有所司（心氣之所以存在，以其有性理），但事

〔註28〕朱子曰：「橫渠『心統性情』語極好。」（《語類》卷五）
　　　　又曰：「橫渠『心統性情』一句乃不易之論。」（《語類》卷一百）
　　　　又曰：「惟心無對，心統性情，二程卻無一句似此切。」（《語類》卷九十八）
〔註29〕在橫渠，「性體之全體呈現謂心，心體之全體挺立謂性……心性完全是一。」（語見《心體與性體》冊一，頁531）和朱子心性的關係不同。
〔註30〕朱子曰：「性是未動，情是已動，心包得已動未動，蓋心之未動則爲性，已動則爲情，所謂心統性情也。」（《語類》卷五）
〔註31〕朱子曰：「心之知覺又是那氣之虛靈底，聰明視聽作爲運用，皆是有這知覺方運用得這道理。」（《語類》卷六十）又《孟子·盡心篇·注》：「心者人之神明，所以具萬理而應萬事。」

在人爲，職業的本身不能自我完成（性理無計度、無造作，不克自顯），唯有官人才能運籌帷幄，才能把天子所交付的使命職事去處斷去完成（心爲活動的氣，能以其明覺呈現性理，並依理而發爲實然的情）。至於官人斷事時的寬猛（心發爲情時的強弱度），就由氣稟的質性（如厚薄等）去決定了。

至於心之發用爲情，其間憑賴著一種動力，這種動力或能力，朱子稱之爲才，並且以水爲喻而加以說明：

> 舜功問：「才是能如此者，如今人曰才能？」曰：「然。」（《語類》卷五十九）

> 惻隱、羞惡是心也，能惻隱羞惡者才也。（同上）

才既是心的功能，則在朱子的義理系統中自必會將才隨心歸於形而下之氣，而以性理爲其存之形上依據。〔註32〕一旦關連到氣稟，便會有不齊的現象：

> 才者，水之氣力所以能流者，其流有急有緩，則是才之不同。（《語類》卷五）

> 才是能主張運用做事底。同這一事，有人會發揮得，有人不會發揮得。同這一物，有人會做得，有人不會做得，此可見其才。（《語類》卷五十九）

才氣既然是心之力，則稟受的才氣一有不齊，影響所及，便是心力的不齊，因此當心發用爲情之實迹時，自然會因才力的強弱而顯現差別相，前所引「同這一物，有人會做得，有人不會做得，此可見其才」，便是此意。朱子論才又有所謂善不善的問題：

> 才本是善，但爲氣所染，故有善不善。（《語類》卷五十九）

> 才之初亦無不善，緣他氣稟有善惡，故其才亦有善惡。（同上）

此處須特別注意的是，衡之以朱子對才的解說，才既是一種能力，則應屬中性，實無所謂善或不善。說才善或不善、乃是虛說，其眞正的實義則在討論心之發爲情有善與不善，只緣才是心之力，所以當心能如理而行、發而中節，表現爲善情時，才拜心之賜，就成了「善才」；當心溺於物、昧於理、發爲過與不及之情時，才受心之累，就背上「惡才」之名，故才之善惡取決於心之向理或縱欲，尅就才之本身來說，實無從決定善惡。而心屬氣，心之如理

〔註32〕朱子曰：「伊川謂性稟於天，才稟於氣是也。只有性是一定，情與心與才便合著氣了。」（《語類》卷五）

而行，或昧理而亂，則與所稟受者有關；朱子有時所稱之「氣稟有善惡」，其惡善二字並非價值意義之善惡，而係指稱氣稟有清濁、厚薄、醇駁等差異。〔註33〕稟氣清、厚、醇者，其心靈明，能如理而行爲善；稟氣清、薄、雜者，其心昏昧，易爲物蔽而爲惡。因此氣稟的或美或惡，影響了心之發用爲善或不善，才既隨心之向而趨而用，則亦可說成「氣稟有善惡，故其才亦有善惡」。《語類》卷五十九朱子曰：「情既發，則有善有不善，在人如何耳。才則可爲善者也，今乃至於爲不善，是非才如此，乃自家使得才如此。故曰非才之罪。」《孟子集注》中亦云：「才猶材質，人之能也……人之爲不善乃物欲陷溺而然，非其才之罪也。」實可作爲以上論述之佐證。

第二節　戴震的性論

壹、性之定義

　　東原對性的理解也是緊扣著他的形上學說而發展。如前所述，東原的宇宙論系統中，二五之氣爲人物共本之終極根源、最後原質。由於氣化生物過程中諸氣之雜糅萬變與分受成質，遂成爲現象界萬殊的個別存在。針對此一一實然個體之不同稟受，東原即稱之爲性，因此我們可以說：氣是萬物未成形前的共源，而性則指氣化成物以後殊別個體的特質：

> 人物之性，咸分於道，成其各殊者而已矣。（《孟子字義疏證》卷中）
>
> 分於道者，分於陰陽五行也。一言乎分，則其限之於始，有偏全、厚薄、清濁、昏明之不齊，各隨所分而形於一，各成其性也。（同上）
>
> 人物咸本於天道而成性不同，由分於道不能齊也。以限於所分，故曰天命。從而名其稟受之殊曰性。（《孟子私淑錄》卷中）

因爲性是殊異的稟受，既曰殊異，因此具有一種可區別的屬性，這是東原論性時所特別強調的。〔註34〕他之所以反對告子「生之爲性」的說法，就是認

〔註33〕朱子曰：「人所稟之氣雖皆是天地之正氣，但衰來衰去，便有昏明厚薄之異，蓋氣是有形之物……自有美有惡。」（《語類》卷四）
　　　　又曰：「氣稟之殊，其類不一，非但清濁二字而已，今人氣消，所爲未必皆中於理，則是其氣不醇也。」（同上）
〔註34〕東原曰：「性者……人物莫不區以別焉是也。」（《孟子字義疏證》卷中）

爲告子之說忽略了這種區別性，而無法彰顯人獸之差異。〔註35〕

如前所述，東原以爲生成的萬物可區分以類，且以類孳生，則同類者，其稟受於天之形質，必有相當程度的相同或近似而與他類相殊。性既然用來指稱人物分於氣化後的稟受，則性的區分就可用「類」來判別，異類的，其性必不同。類的區別、也就意味著性的區別。〔註36〕

貳、性之內涵

性既是指分於陰陽五行後成於一之實然存在之特質，則此存在物之稟賦以及其在現象界之一切活動，自必不能外乎性之轄屬而自作主張，此即構成東原所主張之「性」之實質內涵：

> 性者……舉凡誕生以後所有之事，所具之能，所全之德，咸以是爲其根本。(《孟子字義疏證》卷中)

> 性者，分於陰陽五行，品物區以別焉，各爲之本始，統其所有之事，所具之能，所全之德而名之。(《孟子私淑錄》卷下)

生生不已乃天地之大德、天地之契機，〔註37〕萬物既源於天地之化，自必稟承天地創生之機而以生生不息爲其依歸；以是，「凡血氣之屬，皆知懷生畏死，因而趨利避害」，〔註38〕此即所謂生之欲、性之欲。〔註39〕由此生生之欲所施發之一切營生的舉措與活動，即東原所稱之「性之事」。〔註40〕而形體賴之以爲生養之所需，均可取之於天地之間，東原籠統的將它們歸爲四類。〔註41〕

〔註35〕東原曰：「徒曰生而已矣，適同人於犬牛而不察其殊。」(《孟子字義疏證》中)
〔註36〕東原曰：「性之不同，大致以類爲之區別。」(《孟子字義疏證》卷中)
又曰：「人物之性……其不同類者各殊也。其同類者，相似也。」(《孟子私淑錄》卷中)
〔註37〕東原曰：「易曰：『天地之大德曰生。』氣化之於品物，可以一言盡也，生生之謂歟。」(《原善》卷上)
〔註38〕語見《孟子字義疏證》卷中。
〔註39〕東原曰：「耳目百體之所欲，血氣之資以養者，所謂性之欲也，原於天地之化者也。」(《緒言》卷上)
〔註40〕東原曰：「資以養者存乎事。」(《原善》卷上)
又曰：「人與物同有欲，欲也者，性之事也。」(《原善》卷上)
〔註41〕東原曰：「盈天地間，有聲也、有色也、有臭也、有味也；舉聲色臭味，則盈天地間者無或遺矣。」(《緒言》卷上)
又曰：「有血氣，所資以養其血氣者，聲、色、臭、味是也。」(《孟子字義疏證》卷中)
又曰：「給於欲者，聲色臭味也。」(《孟子字義疏證》卷下)

爲達到攝取的目的，氣化生物時，不期然而然的做了安排，賦予了生物各種器官，使各具其能，各有職司，〔註 42〕不相紊亂、不相取代。〔註 43〕其中以心官之能最強，心官之職最爲重要：

> 蓋耳之能聽，目之能視，鼻之能臭，口之能味，魄之爲也，所謂靈也，陰主受者也。心之志慮，不窮於用，魂之爲也，所謂神也，陽主施者也。孟子曰：「耳目之官不思，心之官則思。」是思者，心之能也……魄屬陰之精氣，魂屬陽之精氣。（《緒言》卷中）

> 耳目百體者，氣融而靈，心者，氣通而神；氣通而神，是以能思。（《孟子私淑錄》卷下）

東原之意，耳目鼻口心官雖然同爲精秀之氣所成而具知覺之功能，〔註 44〕但是因爲前四者屬陰之精氣，而後者則爲陽之精氣，所以「百體皆能覺，而心之知覺爲大」，〔註 45〕耳目百體之覺僅能及於「靈」的地步，而心之覺則能進而爲「神」、成爲「耳目百體之靈之所會歸也」。〔註 46〕因爲心官屬陽能思，具有裁斷的能力，所以屬陰之耳目鼻口之覺必須聽命於心官之思，譬如臣之服從於君。〔註 47〕事實上，這樣的關係對於生養之欲，也就是性之事是絕對必須的：

> 夫耳目百體之所欲，血氣之資以養者，生道也。縱欲而不知制之，
> 其不趨於死也幾希。（《緒言》卷上）

百體之欲雖然是營生活動的動力，百體之覺是達此目的的能力，但是尅就欲的本身而言，欲深谿壑，欲無止境；百體之覺但知爲滿足此生之欲而效力，但不

〔註 42〕 東原曰：「人物受形於天地……盈天地之間，有聲也、有色也、有臭也、有味也……血氣各資以養，而開竅於耳目鼻口以通之，既於是通，故各成其能而分職司之。」（《孟子私淑錄》卷中）
　　　　 又曰：「天地間，有陰陽斯有人物……於其分用爲耳目百體，於其合一則爲心，生物之自然也。」（《孟子私淑錄》卷下）
〔註 43〕 東原曰：「心能使耳目鼻口，不能代耳目鼻口之能，彼其能者自具也，故不能相爲。」（《孟子私淑錄》卷中）
〔註 44〕 東原曰：「知覺者，其精氣之秀也。」（《孟子私淑錄》卷下）
〔註 45〕 語見《孟子私淑錄》卷中。
〔註 46〕 語見《緒言》卷中。
〔註 47〕 東原曰：「陰主受者也……陽主施者也。主施者斷，主受者聽。」（《緒言》卷中）
　　　　 又曰：「耳目鼻口之官，臣道也；心之官，君道也，臣效其能，而君正其可否。」（《孟子私淑錄》卷中）

能思悟凡事皆有其則，欲之爲物，亦不例外，〔註48〕而「則」乃「生」之充要條件，〔註49〕縱欲的結果，必致破壞此則，故「不趨於死也幾乎」。而心之官不特能思能斷，且其所思以憑以爲斷者正此生生所必具之條理。〔註50〕心之官以其所認知的不易之則來裁斷來規範，百體之欲才能循正途而免於濫流；〔註51〕而心官與百體之覺間這種「臣效其能、君正可否」的關係不特能保障生養之道——即性之事的正常運作，同時也架構成東原的價值觀，東原稱之爲性之德：

> 人與物同有欲，欲也者，性之事也；人與物同有覺，覺也者，性之能也。欲不失之私，則仁；覺不失之蔽，則智；仁且智，非有所加於事能也，性之德也。（《原善》卷上）

> 欲也者，性之事也……覺也者，性之能也。事能無有失，則協於天地之德，協於天地之德，理至正也。理也者，性之德也。（《文集》卷八〈讀易繫辭論性〉）

性之德的根源，東原以爲與天德一脈相承，〔註52〕何謂天德？氣化生生由自然歸於必然之無憾而條理秩然、截然也。〔註53〕人與物雖然同源於天地之變化，但因稟氣之清明濁塞不同、成性各殊、心之精爽有別，〔註54〕影響所及，物但知遂其自然，而人則能以其心知之神明，通知天德，從而節制自然，使歸於必然，成就性之德。〔註55〕本乎此，東原提出了他的性善論：

> 人能全乎理義，故曰性善。（《孟子私淑錄》卷中）

> 善者，稱其純粹中正之名，性者，指其實體實事之名……成性雖殊

〔註48〕東原曰：「聲色臭味之欲，察其可否，皆有不易之則……所謂有物必有則。」（《孟子私淑錄》卷中）

〔註49〕東原曰：「失條理，則生生之道絕。」（《孟子私淑錄》卷中）條理即則也。

〔註50〕東原曰：「耳目鼻口之官接於物，而心通其則。」（《文集》卷八〈讀孟子論性〉）又曰：「心之神明，於事物咸足以知其不易之則。」（《孟子字義疏證》卷上）

〔註51〕東原曰：「欲，譬則水之流也，窮人欲譬則洪水橫流。」（《孟子字義疏證》卷上）

〔註52〕東原曰：「仁義之心，原於天地之中者也。故在天爲天德，在人爲性之德，然而非有二也。」（《孟子私淑錄》卷中）

〔註53〕東原曰：「就天地之化而語於無憾曰天地之中。」（《孟子私淑錄》卷中）又曰：「言乎天地之化曰天道，言乎天地之中曰天德。」（同上）

〔註54〕東原曰：「人物以類區分，而人所稟受，其氣清明，異於禽獸之不可開通。」（《孟子字義疏證》卷上）又曰：「凡血氣之屬，皆有精爽，其心之精爽，鉅細不同……人之異於禽獸者，雖同有精爽，而人能進於神明也。」（同上）

〔註55〕東原曰：「物不足以知天地之中正，是故無節於內，各遂其自然斯已矣。人有天德之知，能踐乎中正……有節於內之謂善也。」（〈讀孟子論性〉）

而其善也則一。善，其必然也，性，其自然也；歸於必然，適完其
自然，此之謂自然之極致。(《孟子字義疏證》卷下)

性者，飛潛動植之通名，性善者，論人之性也。(《孟子字義疏證》
卷中)

孟子言「人無有不善」，以人之心知異於禽獸，能不惑乎所行之爲善。
(《孟子字義疏證》卷中)

人以有禮義異於禽獸，實人之知覺大遠乎物則然，此孟子所謂「性
善」。(同上)

由上引前兩則之資料可知，東原所說的性善係指「性的一切活動皆能合宜無
失」，也就是「情欲(自然)的遂達皆能合於理則(必然)之規範」。後三條則
說明唯人之性方有性善可說，蓋人心最靈，其知覺大遠乎物之塞不可通，因此
物僅能遂其自然，而人則能明乎事物之則，以爲百體之欲遂達之依準，〔註56〕
如此方能合乎理義，既遂自然，復歸必然。由此可見，「心知之明」實爲東原「性
善說」的基礎。而這種由心知之明去論性善，東原以爲即是孟子「道性善」的
方式；衡之以孟子書中有關的論述，孟子的性善實由心善說起，而此心爲仁義
禮智所根之「道德本心」(說見後)，絕非東原所說的「認知之心」，資料中東原
對孟子「性善」所作的解釋，不過是他自己的主張罷了。

綜上所論，東原所謂性之內涵——性之事、性之能、性之德，實包含人
物既生以後一切生理與心理的活動；而這些活動具體來說，即源於氣化成形
後的血氣與心知(相當於今人所謂的肉體與心靈)。〔註57〕換言之，東原論性，
實著重於以血氣心知爲中心及由此所輻湊的一切現象、事爲，所謂血氣心知
之性也。〔註58〕然則東原的血氣心知之性之說雖然可溯源於樂記的「民有血
氣心知之性」，然而所涵攝的意義，實已由原說所指稱之原始自然質性擴大及

〔註56〕東原曰：「理義之得於心也，耳目百體之欲之所受裁也。」(《原善》卷中)
〔註57〕東原曰：「本陰陽五行以爲血氣心知……血氣者，天地之化；心知者，天地之
神。」(《原善》卷上)
又曰：「凡有血氣心知，於是乎有欲……性之徵於欲、聲色臭味而愛畏分，既
有欲矣，於是乎有情……喜怒哀樂而慘舒分；既有欲有情矣，於是乎有巧與
智……美惡是非而好惡分。生養之道，存乎欲者也，感通之道，存乎情者也……
盡美惡之極致，存乎巧者也……盡是非之極致，存乎智者也，賢聖之德由斯
而備。」(《原善》卷上)
〔註58〕東原曰：「血氣心知，性之實體也。」(《孟子字義疏證》卷中)

於道德層面，套句東原的話，即是由自然而進於必然。

參、性與命與才

東原論性，每每又兼命與才合言：

> 才者，人與百物各如其性以爲形質，而知能遂區以別焉……氣化生
> 人生物，據其限於所分而言謂之命，據其爲人物之本始而言謂之性，
> 據其體質而言謂之才。由成性各殊，故才質亦殊，才質者，性之所
> 呈也，舍才質安覩所謂性哉！（《孟子字義疏證》卷下）

前面說過，性是用來指稱人物的特質，而爲人物據以發展的本始；但是從「分
於氣化」這個角度去看時，既然是「分得」，就不是整全，那麼性的本身就
一定受著「限制」，〔註59〕而這種限制是莫可奈何的，它是一種先天的註定，
物根本無從選擇它自己喜欲的氣質來構成自己。這種限制，東原稱之爲命。
〔註60〕所以就東原來說，性與命實是同一情狀不同觀照下的異稱。而無論性
或命，都只是一種潛態的存在，必須藉著實體的展現和比較，方能見出其殊
別和限制，此實體之體質，東原稱之爲才。以植物爲例，桃核之仁與杏核之
仁實已分別含藏了桃之性、杏之性；然而單從桃杏之核是無法測知其性之究
竟，唯待核破出芽，生枝長葉，開花結實，桃不會結杏之實，杏不能開桃之
花，方識桃有桃之性，杏有杏之命。〔註61〕因此性決定了才，命限制了才，
才則呈顯了性與命；前二者是後者存在之所由，後者則爲前二者認知之所依。

第三節　二氏心性論比較與東原反對朱子性論之討論

由上述二節之解析，我們可以得知，在心性論這個範疇中，朱子與東原
對於心的體認，就下列幾點來說，其看法是一致的：

〔註59〕東原曰：「譬天地於大樹，有華、有實、有葉之不同，而華、實、葉皆分於樹。
　　　　形之鉅細，色臭之濃淡，味之厚薄，又華與華不同，實與實不同，葉與葉不
　　　　同。一言乎分，則各限於所分。」（《文集》卷八〈答彭進士允初書〉）

〔註60〕東原曰：「凡言命者，受以爲限制之稱，如命之東則不得而西……氣數以爲之
　　　　限制不能踰，亦謂之命。」（《緒言》卷上）

〔註61〕東原曰：「其稟受之全，則性也；其體質之全，則才也。稟受之全，無可據以
　　　　爲言，如桃杏之性，全於核中之白，形色臭味，無一弗具，而無可見，及萌
　　　　芽甲坼，根幹枝葉，桃與杏各殊；由是爲華爲實，形色臭味無不區以別者，
　　　　雖性則然，皆據才見之耳。」（《孟子字義疏證》卷下）

（一）心的本質爲氣，而且是靈明之氣。朱子謂心是「氣之精爽」，東原則說心爲「陽之精氣」。

（二）因爲心氣靈明，所以特具敏銳的知覺之能，也就是說他們所體認的皆是實然的認知之心。

（三）能知必有所知的對象，朱子「格物致知」之教中，心所知的對象就是事物之理，這和東原「耳目鼻口之官接於物而心通其則」的「則」是一樣的。

不過上述同中亦復有其差異之處：

（一）二氏所言之心雖然同具靈明之知覺，然知覺能力的來源卻不相同。在朱子，心之所以能知覺，乃由於「知覺之理」，而東原的義理系統中則不假外求，心之精氣的本身便自具了知覺之能。

（二）前面我們雖然說，朱子格物之教中心知所對者爲事物之理與東原「心通事物之則」相同，但在東原，其心所求知者僅僅止於客觀界事事物物的殊異之理，而朱子所求知者並不以此實然界之殊則爲足，且如前所述，朱子之求知此現象界之理只是一種手段，其終極的目的是要證明那超越的、統一的極本窮源之理，這就是語類中所說的「能覺者，氣之靈；所覺者，心之理」。（這裡須要說明的是：朱所謂的「心之理」並非「心自身之理」，因爲在朱子的義理系統中心屬氣，而理是理、氣是氣，「理氣此決是二物」；此處的「心之理」指的是爲生物之本、道德之源的太極之理，此理因爲必須搭掛於氣（心），以雖不相雜亦不相離的方式攝具於心，所以方便的說，可說成「心之理」。）

在性論方面，二氏之說則有下列兩點顧著之差異：

（一）性的內涵不同：在朱子，是以生物之本、至善之源的太極內化於形氣而爲性，所以性的內涵爲理。而東原則以分於氣化所成之實體形質爲性——所謂血氣心知之性，所以性的內涵爲氣。由於太極不具活動義，而血氣之軀可由小長大，心知之明可由弱轉強，所以朱子「性即理」的性爲一種靜態的存有，而東原血氣心知之性則爲一動態的發展。

（二）對「性善」的體認不同：朱子說「性善」，是因爲「性即理」，而「太極是個極好至善底道理」，〔註62〕理無不善，所以「性則純是善底」。〔註63〕東原論「性善」，則謂血氣心知之性因心知有知覺事物之則的能力，能不惑乎所行

〔註62〕語見《語類》卷九十四。
〔註63〕語見《語類》卷五。

而爲善，換言之，東原並不像朱子那樣認爲「性的本身即是善」，而係「性中有創造善的能力」，故曰「性善」。由於這種看法上的歧異，所以在朱子的義理系統中，物性亦有「性善」可說（此係就人物同稟太極之理爲本然之性處說，若就實然界人物之氣質之性看時，人之氣稟正且通，故能表現此本然之善性；物則因爲稟氣偏塞，本然之善性就永無呈現之可能），而在東原，就唯獨人類方有「性善」可說（蓋物之稟受，閉塞而不可開通，根本缺乏通知理則的能力，故但遂自然，無從進於必然——東原所謂「善」也）。

東原在性論方面攻擊朱子所持的依據，基本上也和理氣說之反對一樣，以爲朱子「性即理」以及「天地之性、氣質之性」的說法不合於孔孟之說，而他所主張的「血氣心知」之性，方是孔孟性論的眞傳。〔註64〕因此想要在這方面討論東原對朱子的評斷是否公允，正確地掌握住孔孟論性的眞義，將是最關鍵的課題。

《論語》中孔子直接說到「性」的，只有〈陽貨篇〉「性相近、習相遠」一句，假如我們只是孤立的來看，實在很難判定其中「性」字之內涵究竟何所指；因此必須就原書比觀其他相關的言論，才能推繹出較爲相應的疏解。

研讀《論語》我們將會發現，「循循善誘、因材施教」是孔子一貫的教學方式。不同個性、不同悟力的學生，夫子雖然予以不同的指點，然其施教的最終目的則一，那就是成就守禮、行義、依仁的道德生命，進而建立的和諧秩序的社會。「仁、禮、義」三者遂成爲孔子立說行教的主脈，其中「禮」以「義」爲根柢，「義」則歸其本於「仁」；〔註65〕而仁德的特予提出，仁論的建立，實爲孔子最偉大的貢獻，他開啓了內在的人格世界，彰顯了人之所以爲人的價值，更爲儒家哲學奠定了發展的基向。而此經由夫子「下學而上達」內省自覺所體認出之「仁」究竟具有那些特質？

（一）子曰：「仁遠乎哉？我欲仁，斯仁至矣。」〔註66〕說明了仁不但具有普遍性，而且內在於人的生命當中，唯其內在，才能「我欲斯至」，突破先

〔註64〕東原曰：「《易》、《論語》、《孟子》之書，其言性也，咸就其分於陰陽五行以成性爲言。」（《孟子字義疏證》卷中）又曰：「孟子曰：『如使口之於味也，其性與人殊，若犬馬之與我不同類也。則天下何嘗皆從易牙之於味也。』又言『動心忍性』，是孟子矢口言之，無非血氣心知之性，孟子言性，曷嘗自歧爲二哉！二之者，宋儒也。」

〔註65〕見勞思光先生《中國哲學史》（香港：中文大學崇基學院出版）第一卷〈論孔子之學說〉，頁39～52。

〔註66〕語見《論語‧述而篇》。

天的形軀生理以及外在環境——所謂命的限制，而凸顯出人的意志自由以及對自我的主宰性。

（二）子曰：「苟志於仁也，無惡矣。」〔註67〕說明了仁是眾善之源，價值判斷的依準；以仁居心，表現於外便能盡去私累、行事得宜、廓然大公，便是義，〔註68〕故曰：「惟仁者能好人，能惡人。」〔註69〕

（三）子曰：「志士仁人無求生以害仁，有殺身以成仁。」〔註70〕又曰：「富與貴是人之所欲也，不以其道，得之不處也。貧與賤是人之所惡也，不以其道，得之不去也。君子去仁，惡乎成名。君子無終食之間違仁，造次必於是，顛沛必於是。」〔註71〕說明了仁之為德，方是人之為人最尊貴的秉賦，遠遠超越自然生命的欲求，亦即前項所說，行為價值的真正衡權之標準在「仁」。為了完成生命的真義，當面對緊要關頭，形軀的存活尚且都可以棄而不顧，更遑論生理的欲求？因此徇欲而貪圖口體之養的人，是很難體現這種德性之美。孔子謂申棖多慾，「焉得剛」，〔註72〕以及盛讚其心「三月不違仁」的顏淵「在陋巷、人不堪其憂，回也不改其樂」，〔註73〕均足以佐證夫子所重於人的是「謀道」、「懷德」，而非「謀食」、「憂貧」。〔註74〕

（四）或曰：「雍也，仁而不佞。」子曰：「焉用佞……不知其仁，焉用佞。」〔註75〕孟武伯問「子路仁乎？」……子曰：「由也，千乘之國可使治其賦也，不知其仁也。」「求也何如？」子曰：「求也，千室之邑，百乘之家，可使為之宰也，不知其仁也。」「赤也何如？」子曰：「赤也束帶立於朝，可使與賓客言之，不知其仁也。」〔註76〕說明了「仁」乃自足完滿，不受才性

〔註67〕語見《論語・里仁篇》。

〔註68〕勞思光先生曰：「義指正當性，而人之所以能求正當，則在於人能立公心……立公心是『仁』，循理是『義』，蓋『仁』是自覺之境界，『義』則是此自覺之發用……『仁』是『義』的基礎，『義』是『仁』的顯現。」（《中國哲學史》第一卷〈論孔子之學說〉，頁50）

〔註69〕語見《論語・里仁篇》。

〔註70〕語見《論語・衛靈公篇》。

〔註71〕語見《論語・里仁篇》。

〔註72〕語見《論語・公冶長篇》。

〔註73〕語見《論語・雍也篇》。

〔註74〕子曰：「君子懷德，小人懷土。」（《論語・里仁篇》）
又曰：「君子謀道不謀食……憂道不憂貧。」（《論語・衛靈公篇》）

〔註75〕語見《論語・公冶長篇》。

〔註76〕同上。

的制約，無論天生才幹之類別爲何，大小強烈爲何，均不足以作爲衡量仁德的依準。

由上第一項仁之既普遍又內在以及「天生德於予」，〔註77〕我們可以說仁乃人之性；由第二項則可以進一步說此性爲善；第三第四項則指出此種道德性不同於形體之生理之性，且超越的居於高層次，成爲價值的來源。

孟子時，一般之人多從生理的秉賦如飢食渴飲、男女情欲等去說性，所謂生之謂性，食色之性。基本上孟子並不否認這些形軀的自然欲求被視之爲性；但是生命當中還有比這食色之性更高層次的特質存在，前者人有，動物亦有，後者則人之所獨專，這就是仁義禮智道德之性：

人之所以異於禽獸者幾希。庶民去之，君子存之；舜明於庶物，察於人倫，由仁義行，非行仁義也。（《孟子·離婁篇》下）

仁者也，人也。（《孟子·盡心篇》下）

仁義禮智非由外鑠也，我固有之也。（《孟子·告子篇》上）

因此眞正能突破形軀本能，經由內觀自省而體察到「仁義禮智我固有之」的君子，不會以食色爲人之眞性所在；也就是說人之眞性不能求之於人禽之同，而必別之於人禽之異。唯其當人體悟到仁之爲性，生命的價值以及不受命限的主體自由才得以展現而彰顯人之尊貴。於是與此天爵相較，人爵就變得微不足道，〔註78〕乃至於形軀生命之大事──生與死，在面臨緊要關頭時，爲了顧全道德生命的存廢，亦皆可以斷然割捨，〔註79〕而成就大丈夫的風範。〔註80〕故曰：「口之於味也，目之於色也，耳之於聲也，鼻之於臭也。四肢之於安逸也，性也，有命焉，君子不謂性也。」「君子所性，雖大行不加焉，雖窮居不損焉，分定故也。君子所性，仁義禮智根於心。」〔註81〕

〔註77〕語見《論語·述而篇》。

〔註78〕孟子曰：「人人有貴於己者，弗思耳。」（《孟子·告子篇》上）
又曰：「有天爵者，有人爵者。仁義忠信，樂善不倦，此天爵也；公卿大夫，此人爵也。古之人，修其天爵，而人爵從之。今之人……既得人爵，而棄其天爵，則惑之甚者也，終亦必亡而已矣。」（同上）

〔註79〕孟子曰：「生，亦我所欲也；義，亦我所欲也；二者不可得兼，舍生而取義者也。生亦我所欲，所欲有甚於生者，故不爲苟得也。死亦我所惡，所惡有甚於死者，故患有所不辟也。」（《孟子·告子篇》上）

〔註80〕孟子曰：「富貴不能淫，貧賤不能移，威武不能屈，此之謂大丈夫！」（《孟子·滕文公篇》下）」

〔註81〕語見《孟子·盡心篇》。

何以說人皆有善良的天性？在孟子，人之性善係由心善證成：

> 孟子曰：「人皆有不忍人之心……今人乍見孺子將入於井，皆有怵惕
> 惻隱之心，非所以內交於孺子之父母也，非所以要譽於鄉黨朋友也，
> 非惡其聲而然也。由是觀之，無惻隱之心，非人也；無羞惡之心，非
> 人也；無辭讓之心，非人也；無是非之心，非人也。惻隱之心，仁之
> 端也；羞惡之心，義之端也；辭讓之心，禮之端也；是非之心，智之
> 端也。人之有是端也，猶其有四體也。」（《孟子·公孫丑篇》上）

此處所說的惻隱羞惡之心，顯然有其新義。當時世俗所了解的心，多是關連
著生理的情欲，此即是口體之欲通過心的知覺而表達，亦藉著心知的營運安
排去設法滿足。而孟子卻從生活的體驗反省中察覺到，在某些時候、某些情
況之下，心竟能擺脫生理的糾結，超越了平素但以「形軀利害」為依歸的樊
籬，而當下呈現出另一種有別於汲汲營求生理之欲之滿足的風貌，發出如惻
隱、羞惡等高尚的情操，雖然只是冒出些微的端芽，在孟子看來，這卻是真
正的心之本體獨立自主的活動。倘若我們能把持住這乍現的靈光，並持續的
存養之、擴充之，將如火之始然、泉之始達，終能悟見此作為眾善之源之心
全貌──所謂「本心」。亦唯有經由此種內省自觀、躬身實踐的盡心功夫，說
人有異於禽獸的天賦性分，方能免於臆測妄言而貞定落實。〔註82〕

　　根據上面的疏解，我們可以很肯定的知道，就「生而有之謂性」這個觀
點看時，《孟子》一書中所論及的性，實觸及到兩個層面，一是生理上食色的
欲求，一是道德上實踐的本能──良知良能；〔註83〕前者之滿足有待於外，
物與人同；後者的完成則操之在我，惟人獨然。觀孟子屢詰告子「生之為性」、
「食色為性」，己則「道性善，言必稱堯舜」，〔註84〕足證孟子言性，不取血
氣形軀之性，但就仁義論性、道德論性。〔註85〕而孟子之說乃上承孔子，則

〔註82〕此意可詳參徐復觀先生《中國人性論·先秦篇》第六章〈從性到心〉──〈孟
　　　　子以心善言性善〉，頁170～174之疏解。
〔註83〕錢穆先生曾於〈論東原思想之淵源〉一章中謂孟子言性「明以耳目口鼻四肢
　　　　與仁義禮智分說」，而係「分說兩種境界」。（見氏著《中國近三百年學術史》
　　　　〔臺北：臺灣商務印書館〕上冊，頁361～363。）
　　　　牟宗三先生亦曰：「孟子力駁『生之謂性』，並謂『口之于味』等等雖『性也，
　　　　有命焉，君子不謂性也』，此明示人之性有兩層面可說。」（見氏著《心體與
　　　　性體》冊三，頁491。）
〔註84〕語見《孟子·滕文公篇》上。
〔註85〕唐君毅先生曰：「孟子之言性，乃即心而言性，而非即自然生命之欲以言性。」

前述仁德之特質，必於孟子仁義禮智之爲性之說有莫大的啓發，因此前所述
《論語》中「性相近」的性，應指以「仁」爲內涵的道德之善性，方較能切
合夫子「天生德於予」，以德爲教的宗旨。〔註86〕

　　至於朱子「性即理」之說，若就人生界來講，其所關心的仍是性善的問題、
人之成德問題。性即理的理指的是仁義禮智之理，此理爲眾善之源，理無不善，
故性無不善；人之所以有道德行爲，實乃性分中之本有，此即朱子所稱之天地
之性或本然之性。然而現實生活當中，人之表現又有善有不善，朱子以爲此乃
緣於氣稟之不齊。稟氣的清濁厚薄影響了本然之性的呈現；氣清者，性理之呈
現周全，能以道心爲主，所發無不如理，故爲善；氣濁者，性理之呈現偏蔽，
道心隱微人、心當令，故汩於私欲而爲惡；而此受氣稟影響後之性理朱子稱之
爲氣質之性。故天地之性與氣質之性實一性之二說，〔註87〕前者專就理言，爲
道德行爲置定形上的根源；後者則兼氣質而論，以顧及現實生活中行爲表現之
實情。而主敬窮理以變化氣質，便是由氣質之性趨向恢復到本然之性，便是功
夫的實踐。因此朱子「性即理」、「本然之性」、「氣質之性」的說法雖然不見於

　　　　（《中國哲學原論・原性篇》〔香港：新亞研究所出版〕，頁22。）
　　　　又曰：「孟子言性善，即本於其言心。其心乃一涵惻隱、羞惡、辭讓、是非之
　　　　情，而爲仁義禮智之德性所根之心……亦即爲人之德行或德行之原，故又可
　　　　名爲德性心。」（《中國哲學原論・導論篇》，頁75。）
　　　　牟宗三先生亦曰：「孟子力斥『生之謂性』……明示人之性有兩層面可說，而
　　　　欲明人之所以爲人之眞性則唯有自人之內在道德性之性以言之，而不能自動
　　　　物性乃至氣性才性以言之也。」（見氏著《心體與性體》冊三，頁491。）
〔註86〕　徐復觀先生在《中國人性論史・先秦篇》第四章中曾專文討論《論語》中兩個
　　　　性字的問題，以爲《論語》中的兩個性字，實際只有一種意義，那就是以仁爲
　　　　內容的善性。「在孔子，善的究極便是仁，則亦必實際上認定仁是對於人之所
　　　　以爲人的最根本規定，亦即認爲仁是作爲生命根源的人性。」而「孟子是以心
　　　　善言性善，所以當孟子說『仁，人心也』（《孟子・告子篇》上）的話時，實等
　　　　於說『仁，人性也』。這正是繼承孔子人性論的發展。」（見頁77～100之疏解）
　　　　唐君毅先生亦曰：「孔子謂人之生也直，我欲仁而仁至，而仁者能中心安仁，
　　　　此仁在心，更宜即視爲此心之善性所在。其所謂相近亦當涵蓋孟子所謂『同
　　　　類相似』、『聖人與我同類』而性皆善之義。」（見氏著《中國哲學原論・原性
　　　　篇》，頁13。）
〔註87〕　牟宗三先生曰：「朱子視性只爲一性，視氣質之性爲只是一性的那本然的義理
　　　　之性之在氣質裡面濾過，氣質之性者只是氣質裡面的義理之性也……如是，
　　　　性只是一，並不就氣質之殊說一種性，只說氣質，不說氣質之殊是一種性……
　　　　如是，氣質之性與義理之性兩詞只成一性之兩面觀，自其自身而觀之曰本然
　　　　之性（義理之性），自其雜在氣質裡面而觀之，便爲非本然的性，此便曰『氣
　　　　質之性』（意即氣質裡面的性）。」（見氏著《心體與性體》冊三，頁431～432。）

孔孟，然其所涉的內容及立說的宗旨、精神方向，仍是孔孟成德思想的一脈相承。〔註88〕

　　而東原於上述孔孟論性之實義以及與朱子性論之異同，皆未作客觀之辨析，但引孔子「性相近」一語，不取《論語》中其他相關資料比證，便逕謂孔子所主之性爲分於陰陽五行、稟受各殊，大致以類爲別之氣性。〔註89〕其解《孟子》，亦多以斷章的方式，截取《孟子》書中似同於己之語句以傅合己意，如引孟子「凡同類者舉相似也，何獨至於人而疑之，聖人與我同類者」，以及「如使口之於味也，其性與人殊，若犬馬之與我不同類也，則天下何耆從易牙之於味也」，便謂孟子所言者正爲其所主張之血氣心知之性，而以類爲其區分。〔註90〕殊不知吾人如將此兩段被東原孤立援引的資料回復到孟子致辯告子的全盤論述中，並比對前述孟子論性的有關資料，將不難發現孟子此數語的眞正旨意，並非如東原所言在論血氣心知氣類之性，而係在其以心善體證到人之具體生命中，除生理之性外，尚有更高層次的善性（道德性）之領悟下，借彼喻此，說明同類之人既然在生理之欲求上相似，則在天賦之道德上，庶人與同類的聖人自亦無所差別，只要能擴充善端，人人可爲聖人。所謂「舜何人也，予何人也，有爲者亦若是。」，〔註91〕這才是「聖人與我同類」一語之眞意。再如將〈盡心篇〉「口之於味也，目之於色也，耳之於聲也，鼻之於臭也，四肢之於安佚也，性也，有命焉；君子不謂性也」中「不謂性」解爲「不藉口於性以遂其欲」、「不謂性非不謂之性」，〔註92〕完全置孟子「仁之於父子也，義之於君臣也，禮之於賓主也，智之於賢者也……命也，有性

〔註88〕唐君毅先生曰：「程朱所以言人仁義禮智之性即是理，大率一方由其恒與私欲相對反而見，一方由其爲普遍大公而見。此是由孟子之言性，再轉折一層而引生之論……而爲孟子所倡性善論之更進一步之發展成新形態之表現。」（見氏著《中國哲學原論・導論篇》，頁75～76。）

〔註89〕東原曰：「性雖不同，大致以類爲之區別，《論語》曰：『性相近也』，此就人與人相近言之也……《論語》、《孟子》之書言性者，咸就其分於陰陽五行以成性爲言。」（《孟子私淑錄》卷中）

〔註90〕東原曰：「性雖不同，大致以類爲之區別……孟子曰：『凡同類者舉相似也，何獨至於人而疑之？聖人與我同類者。』言同類之相似……。」（同上）
　　　　又曰：「孟子曰：『如使口之於味，其性與人殊，若犬馬之與我不同類也，則天下何耆皆從易牙之於味也！』又言『動心忍性』，是孟子矢口言之，無非血氣心知之性。」（《孟子字義疏證》卷中）

〔註91〕語見《孟子・滕文公篇》上。

〔註92〕語見《孟子字義疏證》卷中。

焉，君子不謂命也」、「君子所性，仁義禮智根於心」等論性重要資料於不顧，而遽然斷定「孟子之所謂性，即口之於味、目之於色、耳之於聲、鼻之於臭、四肢之於安佚之爲性」，〔註 93〕更是明顯的違逆了孟子即道德心以言性的大旨。〔註 94〕東原援以爲據之論證既然謬誤，則於朱子「性即理」之說所發之詰難，自然就難以成立了。

〔註93〕同〔註92〕。
〔註94〕孟子即道德心言性之意可參見〔註85〕之說明。

第四章　道德論比較

第一節　朱子的道德論

壹、道德的涵義

　　道德生活乃人之異於禽獸最重要的分野。所謂道德，朱子做了如下的解說：

> 道者，人之所共由，如臣之忠、子之孝，只是統舉理而言。德者，己之所獨得，如能忠、能孝、則是就做處言也。(《語類》卷三十四〈志於道章〉)

> 所謂道者，只是日用當然之理。事親必要孝，事君必要忠，以至事兄而弟，與朋友交而信，皆是道也。(同上)

> 孝於親、忠於君、信於朋友之類便是道。及其行之盡於孝、盡於忠、盡於信，有以自得於己，則是孝之德、忠之德、信之德。(同上)

就上述話語來看，道與德顯然有其分別。前者指的是人生當然之理之總名，也就是吾人處於不同的情境、扮演不同的角色時，所應分別共同遵行的法則。譬如為人子所當遵行的有孝之理，為人臣所當遵行的有忠之理。至於後者則是這些人生法則的落實於云為動靜，藉著盡忠盡孝之具體實踐而將斯道彰顯於行、了然於心。所以道與理連用，德與行並稱；分別言之，道是抽象之理，德是具體之行；合起來說，道德之義，就是道理的實踐。〔註1〕

〔註1〕　朱子曰：「德是道之實。」(《語類》卷三十四)

貳、道德的形上依據及其實踐之樞紐

　　了解了道德的涵義後，我們接著要問：人何以會有道德行為？吾人實踐道德的樞紐（憑依）又是什麼？關於第一個問題，朱子所提出的說解與他的理氣說有密切的關聯。前面我們曾經說過，朱子以為萬物生成歸因於理氣不離不雜之和合，理為其性，氣為其質；而此理為整全統一之理，既不是雜多，也不可以分割，朱子稱之為太極。因此萬物雖因氣化時之雜揉萬變而秉氣不一，形成殊異之質，然而秉之為性者卻同此太極之理。而太極之理在朱子說來，不僅是萬物之所以存在的共同依據，它本身也是至善的根源：

　　　　或問太極，曰：「太極只是個極好至善底道理，人人有一太極，物物
　　　　有一太極，周子所謂太極是天地人物萬善至好的表德。」（《語類》
　　　　卷九十四）

太極既然是至善至好的表德，而人物皆秉太極以為性，則人性中自然便天生含具了道德之理，而以仁義禮智為四大總綱：

　　　　性是太極渾然之體，本不可以名字言，但其中含具萬理，而綱理之
　　　　大者有四，故命之曰仁義禮智。（《文集》卷五十八〈答陳器之〉二
　　　　書之第二書）

就是因為性分中所本具的仁義禮智之理之隨事感應創發了道德行為，才使得道德與人生成為必然的關連，而非偶然的相涉。

　　這裡尚須說明的是，仁義禮智四理從字面的敘述看來，彷彿是不同的理，在根源處卻是同一太極之理，因對應著不同的情景，而界劃出不同的稱謂，也就是「理一分殊」的分殊之理。譬如遇稚子將入於井，此時與之相應而成為惻隱之情所自出之根源之太極便稱之為仁理；遇過廟退朝之事，與之相應而成為恭敬之情所自出之根源之太極便稱之為禮之理。徵諸語類中一些例證，這樣的說解應該是合於朱子的義理系統。〔註2〕

　　前面我們說過，朱子所設定的太極，只是居於形上界、有超越性而缺乏活動義的但理，對形下界而言，它只是靜態的作為一切物事存有的共同依據，卻

〔註2〕 朱子曰：「大抵天地間只一理，隨其到處分許多名字出來。」（《語類》卷六）
　　　　又曰：「理只是一個理，理舉著全無欠闕，且如言著仁則都在仁上，言著誠則都
　　　　在誠上，言著忠信則在忠信上，只為只是這個道理，自然血脈貫通。」（同上）
　　　　問仁義禮智四者皆一理，舉仁則義禮智在其中，舉義與禮則亦然……故知理
　　　　只是一理……曰：「理固是一貫，謂之一理則又不必疑其多。自一理散為萬物，
　　　　則燦然有條而不可亂，逐事自有一理……各有攸當。」（同上）

不能體用一如的創發；因此惻隱、羞惡等道德活動，雖然溯其源為仁理、義理〔註3〕，但是仁義等道德之理卻不能直接的生發惻隱、羞惡之道德行為；這中間尚須心的介入。心是靈明之氣，因其靈明，故能知覺性理、呈現性理，並依理而行；〔註4〕因其為氣，故能活動、能創發。惻隱、羞惡之情便是心依仁理、義理而創生的實迹。因此性理只是道德行為之所以存有的形上依據，真正創生道德活動的樞紐不是理，是心。〔註5〕《文集》卷五十八〈答陳器之〉第二書中「赤子入井之事感，則仁理便應，而惻隱之心於是乎形，過廟退朝之事感，則禮之理便應，而恭敬之心于是乎形」，所指稱的便是這樣的關係。其中「仁理便應、義理便應」的應，只是一種虛說，真正感物而應的是心，不是理。〔註6〕

參、人心與道心

人心與道心是朱子以茲討論道論活動中善與惡的重要論題。如前所述，心以其虛靈不昧，中介於性情之間，具現性理、發為中節之情，便是善德。換句換說，善就是如理的表現。但這只是一種應然的說法，在實然的生活當中，心雖然是道德實踐的樞紐，但並不能保證心之活動必然如理。朱子說：「心有善惡。」〔註7〕便己指出心之發用或為善，或為不善。〔註8〕在解說「心有善惡」之前，我們有必要先介紹一下朱子對於善惡之源的看法。關於此，朱子是從性理和氣稟方面加以解釋：

> 天地間只是一個道理，性便是理。人之所以有善有不善，只緣氣質之稟，各有清濁。（《語類》卷四）

> 理只附氣，惟氣有昏濁，理亦隨而間隔。（同上）

〔註3〕　朱子曰：「因其惻隱知其有仁，因其羞惡知其有義。」（《語類》卷六）

〔註4〕　此處乃專就人心而言。《文集》卷五十八〈答徐子融四書〉之第三書朱子有云：「蓋天之生物，其理固無差別，但人物所稟形氣不同，故其心有明暗之殊，而性有全不全之異耳。若所謂仁，則是性中四德之首……然惟人心最靈，故能全此四德，而發為四端，物則氣偏駁，而心昏蔽，固有所不能全矣。」因為物心昏蔽，所以物雖具太極之理，卻無道德行為之產生。

〔註5〕　朱子曰：「性是心之道理，心是主宰於身者，四端便是情，是心之發見處。四者之萌皆出於心，而其所以然者，則是此性之理在也。」（《語類》卷五）

〔註6〕　朱子曰：「心者人之神明，所以具眾理而應萬事者也。」（《孟子‧盡心篇‧注》）

〔註7〕　語見《語類》卷五。

〔註8〕　問：「心之為物，眾理具足，所發之善固出於心，至所發不善，皆氣稟物欲之私，亦出於心否？」曰：「……亦是出於心也。」（《語類》卷五）
朱子曰：「凡事莫非心之所為，雖放僻邪侈，亦是此心。」（《語類》卷五）

先生言氣質之性曰：「性譬之水，本皆清也，以淨器盛之則清，以不
潔之器盛之則臭，以污泥之器盛之則濁，本然之性未嘗不在。」（同
上）

依朱子，理只附氣。且賴氣顯（在人，此氣指的便是心），而氣稟有清濁厚薄
之分，於是氣之顯理，或全、或偏、甚或蔽隔，朱子以器盛水的譬喻，其意
在此；影響所及，善與不善於焉判分。所以善源出於理，不善則是氣稟有以
致之。歸結說來，便是「性無不善，若論氣質之性，亦有不善。」〔註9〕

　　以上是朱子從存有論的觀點來討論善惡。若從經驗界立說，則人物之
生，稟理爲性，受氣爲質，故實然之一身，實兼具性理與形質。心既主於一
身，〔註10〕除以其虛靈知覺理，成爲眾理所會之處外，另一方面，對於形體
所本具的耳目之欲亦不能無干涉，〔註11〕於是同此一心遂有二向，朱子分別
以道心、人心稱之：

　　或問人心道心之別，曰：「只是這一個心。知覺從耳目之欲上去便是
　　人心。知覺從義理上去便是道心。」（《語類》卷七十八）
　　道心是知覺得道理底，人心是知覺得聲色臭味底。（同上）

有人、便有形體，有形體，飢便欲食、渴便欲飲，此乃自然之趨，雖聖人亦
不能免，〔註12〕因此朱子極不贊成全盤否定人心的說法：

　　人心是知覺得聲色臭味底。人心不全是不好，若人心是全不好底，
　　不應只下個危字。蓋爲人心易得走從惡處去，所以下個危字；若全
　　不好，則是都倒了，何止於危。（《語類》卷七十八）

按朱子之意，人心有好、不好之分；說人心好，是因爲人心是形體賴以存活的
關鍵——飢時知食，渴時知飲；說人心不好，則因爲人心缺乏穩定性，極易由
好轉成不好，導生惡行，因此下個「危」字來形容。〔註13〕人心何以會由好變

〔註9〕　語見《語類》卷五。
〔註10〕　朱子曰：「心者，心之知覺主于身而應事物者也。」（《文集》卷六十五《尚書·
　　　　大禹謨·注》）
〔註11〕　問：「形體之動與心相關否？」曰：「豈不相關！自是心使他動。」（《語類》
　　　　卷五）
〔註12〕　朱子曰：「如飢飽寒暖之類，皆生于吾身血氣形體。」（《語類》卷六十二）
　　　　又曰：「人心是人身上發出來底，雖聖人不能無，人心如飢食渴飲之類。」（《語
　　　　類》卷七十八）
〔註13〕　朱子曰：「人心亦不是全不好底，故不言凶咎，只言危。蓋從形體上去，泛泛
　　　　而無定的，或是或非不可知，故言其危。」（《語類》卷七十八）

成不好？依朱子的義理系統，形下之心雖然具有知覺的能力，但在心自身卻沒有「自我節制」的特性，一旦此心專向於欲，但知有欲，便會在欲深谿壑、永難滿足的情況下陷溺，失卻其應有的主宰地位而為外物所役。〔註14〕至若規範性、制約性則只存在於理，〔註15〕但因理只是靜態的存有，自身不能計度、不能造作，必須依附於氣，藉氣的作用，方能落實規範性與制約性；因此必須心知向理，使此心充滿理，然後心體才能獲得貞定，不致四處走作，並將此規範、制約之功作用於欲，使此不能或缺之欲既得遂且不濫。心向理就是道心，以道心為主，才能如理而行、發而為善；心向欲則為人心，人心當令，便易背理而馳，流而為惡：

> 季通以書問《中庸・序》所云人心形氣。先生曰：「形氣非皆不善，只是靠不得。季通云形氣亦皆有善，不知形氣之有善，皆自道心出。由道心則形氣善，不由道心，一付於形氣則為惡。形氣猶船也，道心猶柁也；船無柁，縱之行，有時入於波濤，有時入於安流，不可一定，惟有一柁以運之，則雖入波濤無害。」（《語類》卷六十二）

朱子這一番因季通之問，而以船、舵作譬的說解，頗能將人心道心孰應為主、孰應為從的關係作簡明的剖析。人心但知向欲、不能自節，欲小時尚能自安，不足為患，欲強時則制於外物、陷溺為惡，一如船之無舵，雖然行卻不能自主而制於水，風平浪靜時任流漂盪，無翻覆之虞，波濤洶湧時則難以自保而聽浪吞噬。唯其船之有舵，方能自主航向，雖遇濤浪，亦能避其鋒而遠其害。亦惟道心作主，滿心天理以為規範，〔註16〕雖有人心、而無過與不及之患，所發莫不為善。故聖人與小人的分野，並非小人沒有道心、聖人缺乏人心，而繫於小人行事但依人心而動，聖人雖不免於人心之生，然事事取道心以為依準。一主於此、一主於彼，遂致天壤有別、惡善異途。

肆、天理與人欲

天理人欲是與人心道心相應以解釋善惡產生的另一種說法，兩組命題名

〔註14〕問：「人心……。」曰：「如喜怒，人心也，然無故而喜，喜至於過而不能禁；無故而怒，怒至於甚而不能過，是皆為人心所使也。」（《語類》卷九十七）此中所稱的「無故」、「不能禁」、「不能過」都說明了人心的缺乏規範性與節制性。

〔註15〕朱子曰：「性是此理。性是合當底。」（《語類》卷五）合當二字說明了理之具有規範性。

〔註16〕朱子曰：「道心者，天理也。」（《語類》卷七十八）

雖相異，所指實同，〔註 17〕且彼此之間有其密不可分的關係：天理是道心所知覺、所呈現的實質內涵，指的是形上仁義禮智之性理；〔註 18〕人欲則爲陷溺的人心，屬形下之氣邊事：

> 人欲者，此心之疾疢，循之則其心私而且邪。(《文集》卷十三〈辛丑延和奏扎〉二)

依朱子，心之知覺有二向，一知覺理、一知覺欲，所謂道心人心也。道心滿是仁義禮智之理，而理爲純善，故道心絕無疾疢可言；而人心向欲，一旦超越了常軌而放縱，便會因爲徵逐外物而陷溺，心之陷溺便是心之疾疢：

> 蓋人心不全是人欲，若全是人欲，則直是喪亂，豈止危而已哉。(《語類》卷一百一十八)

> 問：「飲食之間，孰爲天理？孰爲人欲？」曰：「飲食者，天理也；要求美味，人欲也。」(《語類》卷十三)

「人心不全是人欲」一句，雖然否定了逕指人心便是人欲的說法，但卻難以抹煞「人欲」與「人心」兩間必然存在的密切關係，換句話說，某種狀況下的人心就人欲。前引第二條資料「飲食者，天理也；要求美味，人欲也」，便爲我們提供了答案。渴欲飲，飢欲食，這是人心，是好的人心，因此是合於天理的。〔註 19〕但是「要求美味」就有問題了，要滿足「求美味」不像「飢求飽」那樣比較有一定的尺度，今日認爲是美味者，明日可能便成雞肋，於是掏空心思、不擇手段於此難以饜足欲望之追求上；久而久之便會縱欲無度、喪亂己心，而心生疾疢。因此我們以「陷溺的人心」或「縱欲的人心」來指稱「人欲」，證諸

〔註17〕 錢穆先生曰：「人心道心，與天理人欲，幾乎是異名而同指。」(見氏著《朱子學提綱》，頁 93。)

〔註18〕 朱子曰：「所謂天理，復是何物？仁、義、禮、智豈不是天理？」(《文集》卷五十九〈答吳斗南〉四書之第三書)
又曰：「天理只是仁、義、禮、智之總名。」(《文集》卷四十〈答何叔京〉三十二書之第二十八書)

〔註19〕 此處所謂「飲食者，天理也」，只是朱子用語的不嚴格，衡之以朱子的義理系統，「飲食」屬行爲是形而下的氣邊事，天理則屬形而上。理氣雖不離，但絕不容相雜，因此飲食這種行爲絕不可能就是天理。「飲食者，天理也」，只能解爲「飲食這件事是合於天理的行爲」。《語類》卷九十六有云：「知得這孝弟之理，便是盡性至命也……須是從孝弟上推將去，方始知得性命。如孝弟爲仁之本，不成孝弟便是仁了？但是爲仁自孝弟始。」朱子很清楚的指出，從孝弟的行爲可以表現可以推溯所以孝弟之理——即仁，但「孝弟的行爲」絕不能等同於「仁」，也就是絕不能視「氣」爲「理」，可證上述說明。

朱子「人心……徇情欲底是人欲」的話，應該是合乎朱子的本意。

　　討論了天理與人欲的涵義後，朱子又有「人欲便也是天理裡面做出來」的說法。〔註20〕由於用言的欠嚴格，頗易啓人疑寶，以爲天理中含攝了人欲。關於這個問題，我們可從兩方面來說：從存有論的觀點看時，這句話只在說明人欲與天理之間具有「然」與「所以然」的關係，也就是說，人欲作爲萬有之一，也像其他的存在事物一樣，是以理爲其存有的形上依據。至於從實然的層面解說時，則必須配合下面的資料，方能得其立說之眞義：

　　　　有個天理，便有個人欲。蓋緣這個天理須有個安頓處。才安頓得不
　　　　恰好，便有人欲出來。（《語類》卷十三）

天理的安頓處在心，心在理想狀況時當以理爲據、如理而行以呈現天理；現實中，心有不向理時。心不知覺理，心但向欲，天理便失卻了安頓；才安頓得不恰好，人欲就產生了。因此「人欲便也是天理裡面做出來」一語，絕不能視爲「人欲與天理同爲一體」，也就是說，人欲的產生並非直接出於理，而由於心之捨本（理）逐末（欲），否則形上的理便與形下的氣混雜，而完全乖違了朱子的義理系統。〔註21〕

　　天理既然指的是仁義禮智之總名，人欲既然是放縱於情欲，那麼依循前者所表現者，便是合乎規範、有節制的行爲，便是善；依順後者，失去了規範、失去了節制，便會放僻邪侈，便生惡。而依乎天理，或放失爲人欲，在朱子，絕非不相涉之二物，而全然一心之所爲；〔註22〕因此天理人欲，其間幾微，〔註23〕影響所及，善惡遂如手之反覆，〔註24〕雖非相離，亦不相雜。

　　總之，善惡的關鍵在理，而理之或或現則操存於心，如何使此心貞定，如何使此理朗現，就成爲朱子修養論中最重要的課題。

〔註20〕語見《語類》卷十三。
〔註21〕朱子曰：「體中只有天理，無人欲。」（《語類》卷一百〇一）
　　　　又曰：「如何天理人欲同體得？如此，卻是性可以爲善，亦可以爲惡，卻是一
　　　　個人欲窠子，將什麼做體？」（同上）
〔註22〕朱子曰：「感於物者心也……心爲之宰，則其動也無不中節矣，何人欲之有。
　　　　惟心不宰而情自動，是以流於人欲而每不得其正也。然則天理人欲之判，中
　　　　節不中節之分，特在乎心之宰與不宰，亦已明矣。」（《文集》卷三十二〈答
　　　　張敬夫〉十八書之第六書）
〔註23〕朱子曰：「天理人欲，幾微之間。」（《語類》卷十三）
〔註24〕朱子曰：「善惡但如反覆手，翻一轉，便是惡，只安頓不著，亦便是不善。」
　　　　（《語類》卷十三）

伍、功夫論

如何成德是儒學研究中終極關心的課題。在這一方面，朱子曾歷經曲折而費力的探索，最後才獲致引以為要的貞定結論。

朱子年輕時因受家庭師友的感染，游心釋老多年，〔註25〕及至從學延平李愿中後，因李先生之教，始次第棄二氏而專心儒書。〔註26〕然而由於朱子強探力索、特重解析的個性與李先生簡重拙訥的個性迥異，〔註27〕以及折節聖學覺禪為非後所形成的忌諱，使得延平所教「默坐澄心、體認大本」的成德功夫，始終在朱子的心中處於一種猶豫不安的狀態，甚至晚年對此由龜山一脈相傳的治心之道不無微辭，以為偏近於禪。〔註28〕就為了這種內心的不踏實，迫使朱子在延平去世後多方苦索，就中和問題的參究上數度更弦易轍，而有所謂中和舊說與新說的階程。中和舊說是在延平逝後與湖湘派學者張欽人論辯所產生的主張。從紹興癸酉年初見延平至隆興癸未延平作古的這一段期間，由於性格的差異，朱子始終未能契心於延平之教，而對於己之體認，又未必真能自信；延平一死，這種求聖功夫何去何從的惶惑感日烈一日，〔註29〕與南軒論學便是

〔註25〕 朱子《文集》卷八十四〈書先吏部與淨悟書後〉曾云：「先君子少日喜與物外高人往還。」《宋元學案》卷三十九〈劉胡諸儒學案〉也曾述及朱子早年的三位老師「白水、籍溪、屏山三先生……三家之學略同，然似皆不能不雜於禪。」是朱子之游心釋老與其家庭師承應有相當之關係。此意亦可參劉述先先生《朱子哲學思想的發展與完成》（臺北：學生書局），頁4～5。

〔註26〕 朱子曰：「熹於釋氏之說，蓋嘗師其人，尊其道，求之亦切至矣。然未能有得。其後以先生君子之教，校夫先後緩急之序，於是暫置其說，而從事於吾學。其始蓋未嘗一日不往來於心。以為俟卒究吾說而後求之，未為甚晚耳，非敢遽絀絕之也。而一二年來，心獨有所自安。雖未能即有諸己，然欲復求之外學，以遂其初心，不可得矣。」（《文集》卷三十〈答汪尚書十一書〉之第二書）

〔註27〕 朱子曰：「李延平不著書，不作文，頹然若一田夫野老。」（《語類》卷一○三）又曰：「李先生為人簡重，卻不甚會說。」（《語類》卷一○四）

〔註28〕 問：「先生所作李先生行狀云：『終日危坐以驗夫喜怒哀樂未發之前氣象為如何，而求所謂中者。』」曰：「這處是舊日下得語太重……其下功夫處亦是有些子偏……今終日危坐，只是且收斂在此，勝如奔馳，若一向如此，又似坐禪入定。」（《語類》卷一○三）

〔註29〕 朱子曰：「熹少而魯鈍，百事不及人。獨幸稍知有意於古人為己之學，而求之不得其要。晚親有道，粗得其緒餘之一二，方幸有所向而為之焉，則又未及卒業，而遽有山頹梁壞之歎，倀倀然如瞽之無目，擿埴索途，終日而莫知所適。」（《文集》卷四十，〈答何叔京三十二書〉之第一書）又曰：「李先生教人，大抵令於靜中體認大本未發時氣象分明……然當時親炙之時……不得盡心於此，至今若存若亡，無一的實見處。」（《文集》卷四十〈答何叔京三十二書〉之第二書）

在這種企求定向的心理下有以促成。

　　湖湘派的功夫入路是「先察識後涵養」，與延平「默坐澄心」先於喜怒哀樂未發時做靜態體驗的方法有異，反而和朱子自己所體認的做功夫宜由動察著手之主張相近；於是幾經往返，終於決定放開延平「先涵養」之教，採行自認爲與湖湘派相合的就已發之日用事爲察識之方式。〔註30〕

　　事實上，中和舊說時期中，朱子與南軒論功夫入路的相合只是一表面上的相合，在義理型態的本質方面卻有極大的差異。胡五峰一脈的湖湘派學者雖以察識爲先，然其心性如一，〔註31〕若從心之發用處察識而掌握住心體，也就同時掌握了做爲道德根源的性體；但是朱子所理解的心卻是實然的心，不是那做爲超越大本的終極源頭。以湖湘派來做先察識的功夫，自不會產生疑問，但在朱子做來，終究「只是儱侗地見得個大本達道底影像」。〔註32〕因爲在中和舊說成立後一年，與蔡季通論已發未發時，朱子便查覺出其中有病，體會到單是就已發之心察識，不但不能得一安身立命之宅，反致躁迫浮露、無復沈潛純一之味，而其所以會生病痛，乃在所見有偏而「缺卻平日涵養一段工夫」。〔註33〕

〔註30〕　朱子曰：「人自有生，即有知識。事物交來，應接不暇。念念遷革，以至於死。其間初無頃刻停息。舉世皆然也。然聖賢之言，則有所謂未發之中，寂然不動者。夫豈以日用流行者爲已發，而指夫暫而休息，不與事接之際，爲未發時耶？嘗試以此求之，則泯然無覺之中，邪暗鬱塞，似非虛明應物之體。而幾微之際，一有覺焉，則又便爲已發，而非寂然之謂。蓋愈求而愈不可見。於是退而驗之於日用之間，則凡感之而通，觸之而覺，蓋有渾然全體應物而不窮者，是乃天命流行，生生不已之機，雖一日之間，萬起萬滅，而其寂然之本體，則未嘗不寂然也。所謂未發，如是而已……然則天理本眞，隨處發見，不少停息者，其體用固如是，而豈物欲之私所能壅遏而梏亡之哉？故雖汨於物欲流蕩之中，而其良心萌蘖亦未嘗不因事而發見，學者於是致察而操存之，則庶乎可以貫乎大本達道之全體而復其初矣。」（《文集》卷三十〈與張欽夫〉十書之第三書）

〔註31〕　此意可參見《心體與性體》冊三，頁87之疏解。

〔註32〕　朱子曰：「……大抵日前所見，累書所陳者，只是儱侗地見得個大本達道底影像……日間但覺爲大化所驅，如在洪濤巨浪之中，不容少頃停泊。……」（《文集》卷三十二〈答張敬夫〉十八書之第三書）
　　　　上引之書，王懋竑斷定其與朱子自注之中和舊說二書撰於同時。

〔註33〕　朱子曰：「……向來講論思索，直以心爲已發，而所謂致知格物亦以察識端倪爲初下手處，以故缺卻平日涵養一段工夫。其日用意趣常偏於動，無復深潛純一之味，而其發之言語事爲之間，亦常躁迫浮露，無古聖賢氣象，由所見之偏而然爾。……」（《文集》卷六十七〈已發未發說〉）
　　　　〈已發未發說〉代表朱子中和新說時期之思想。上引之文係朱子反省檢討舊說時之非是。

既然延平所教與五峰一派各有缺失，〔註34〕朱子就不能不另覓他途，於是重讀伊川遺書，終覺大會於心，而推翻了舊說時期目心爲已發、性爲未發、心性具有體用一如關係的說法，以爲已發未發皆應就心之體用爲說。心爲一身之主，周流貫澈於動靜之間，當思慮未萌、事物未至，即是心體寂然未發之時（但此處所說之心體，只是那實然的形氣之心針對其動時之發用而言體，不具超越的形上意義，眞正形而上的本體是天命之性），此時思慮情變尚未發用，心處於一種靜寂的狀態，無過與不及，不偏不倚，稱之爲「中」。當心體處於中的狀態時，性之體段便攝具於心，因係未發只是渾然，因此無從探索，只能涵養此心，使「中」之氣象常存而不受私欲之擾。唯其心體鏡明水止，性理才能呈現；心有性理的規範，才能保障發用時的中節。〔註35〕及至思慮起，情變生，已有形迹可循，此時便可施察識之功，以檢證所發是否合理。然因心性爲二，心不即是理，心必須先以其靈明知覺理，以爲檢證的憑依。未發時涵養的功夫爲「敬」，已發後察識的先決基礎則在「格物致知」（說見後），而格物致知亦離不開敬，〔註36〕也就是說，持敬之功夫，對應著心之兼賅動靜，實亦應兼施於已發未發，〔註37〕因此成爲進德最本質的功夫：

> 敬字工夫乃聖門第一義，徹頭微尾，不可頃刻間斷。（《語類》卷十
> 二）

〔註34〕此處所謂的缺失，實是朱子未能眞切體驗二派眞義之主觀認定。「五峰一脈所謂先察識後涵養之察識實爲明道『識仁』之『識』，但朱子卻將其轉義爲『動察』之『察』。延平的涵養自更不是空頭的涵養，所以根本不妨害其在日用間下工夫，更與禪無涉。」（劉述先著朱子哲學思想的發展與完成，頁100〜101）

〔註35〕朱子曰：「所引『人生而靜』，不知如何看靜字？恐此亦指未感物而言耳。蓋當此之時，此渾然天理全具。所謂中者，狀性之體，正於此見之……未感物時，若無主宰，則亦不能安其靜，只此便自昏了天性，不待交物之引，然後惡也……既無以致乎所謂中，而其發必乖，又無以致乎所謂和。……」（《文集》卷四十三〈答林擇之〉三十三書之第二十書）

〔註36〕朱子曰：「未有心不定而能進學者，人心萬事之主，走東走西，如何了得。」（《語類》卷十二）

又曰：「一心具萬理，能存心而後可以窮理。」（《語類》卷九）

欲使此心存而貞定不移，在朱子即必須施以敬的功夫，所謂「只敬則心便一」（《語類》卷十二），因此「學莫要於敬」（同上）。

〔註37〕朱子曰：「……大抵心體通有無，該動靜，故工夫亦通有無，該動靜，方無滲漏。……」（《文集》卷四十三〈答林擇之〉三十三書之第二十二書）

又曰：「……敬字通貫動靜，但未發時，則渾然是敬之體……既發，則隨事省察，而敬之用行焉。……」（《文集》卷四十三〈答林擇之〉三十三書之第二十一書）

> 日用之間以敬爲主，不論感與未感，平日常是如此涵養，則善端之發自然明著，少有間斷，而察識存養擴而充之，皆不難乎爲力矣。（《語類》卷十二）

> 人能存得敬則吾心湛然，天理粲然。（同上）

持敬的工夫在朱子說來，並非塊然兀然的靜坐，而是戰戰兢兢、戒愼恐懼的自持。在外貌上，「必以整齊嚴肅、正衣冠、尊瞻視爲先」，〔註38〕在內心則有所畏謹，不敢放縱，使心氣凝聚，精神專一，〔註39〕如此則於未發時，能使心體貞定，不偏不倚，利於性體之呈現；既發之後，則令此心自作主宰，不爲物誘，以確保其靈明，〔註40〕以助成察識之功。

　　由於朱子所理解的心是靈明的氣，只有知覺之能，本身並不具道德規範的實義，只有將心知擴充到極致，才能與所知之性體合而爲一，萬理粲然，以行節情制欲之功；心與理合一，萬理朗現於心，朱子稱之爲明德；「明」是剋就心之靈明不昧以具理性而言，「德」則指仁義理智之理之得於心，〔註41〕心以理爲主，心成爲義理之心，所發才能如理中節，因此明德就成爲道德活動的根源。〔註42〕然而心具現眾理成爲明德，只是理想地說、終極地說；就人生界來說，人雖然皆秉天賦明德，由於心屬形下的氣，往往易受同質形氣之混擾拘蔽，因而未必時常靈明以現性理，然心之精爽並未因此而喪失，但須施以復明的功夫，則其功能如初。〔註43〕心知靈明的恢復，在朱子即稱爲「致知」，也就是「因其明處下功夫，一向明將去」，使「吾心無所不知」。〔註44〕因爲朱子所說的是心是實然的認知之心，因此「因其明處一向明將去」實際指的是「認知能力的擴

〔註38〕語見《文集》卷四十三〈答林擇之〉三十三書之第九書。

〔註39〕朱子曰：「敬只是隨事專一，謹畏不放逸耳。」（《語類》卷十二）

〔註40〕朱子曰：「敬只是此心自作主宰處。」（《語類》卷十二）
　　　又曰：「敬則萬理具在。」（同上）
　　　又曰：「敬則天理常明，自然人欲懲窒消治。」（同上）

〔註41〕或問：「明德便是仁義禮智之性否？」曰：「便是。」（《語類》卷十四）
　　　或曰：「所謂仁義禮智是性，明德是主於心而言？」曰：「這個道理在心裡光明照澈，無一毫不明。」（同上）

〔註42〕朱子曰：「明德者，人之所得乎天，而虛靈不昧，以具眾理而應萬事者也。」（《大學·明明德·注》）

〔註43〕朱子曰：「明德者……但爲氣稟所拘，人欲所蔽，則有時而昏，然其本體之明，有未嘗息者，故學者當因其所發而遂明之，以復其初也。」（《大學·明明德·注》）

〔註44〕語見《語類》卷十四。

充」；而心認知的對象為理，在實然界理存於事物之中，故欲推致心知至極使無所不知，必從即物窮理開始。及至窮理盡、心知擴充至極（也就是恢復到天賦之初之靈明），則這時心所知者，已不再是一一殊別之理，而係越入到整全的太極之理，這時仁義禮智道德之理朗現於心，心以茲為據，云為動靜方真正有所依循而真實不妄。〔註45〕

至於即物窮理的物，理論上指的是天地萬物，天地萬物皆有其理：

> 剡伯問格物致知。曰：「格物是物物上窮其至理。」（《語類》卷四）

> 上而無極太極，下而至於一草一木一昆蟲之微，亦各有理。一書不讀，則闕了一書道理；一事不窮，則闕了一事道理；一物不格，則闕了一物道理，遂著逐一件與他理會過。（《語類》卷十五）

在上引第二則資料朱子所說的「上而無極太極」一語，指的是格物窮理的終極對象，而這終極的對象因為是統體之理、超越的形上之理，想要直接對之掌握，在朱子說來，根本就無從著手，必須就實然之物理一一格去（因為實然的物理源於太極的內化），方是太極之理朗現的正途。〔註46〕然而現實上人卻是有限的存在，以有限的生命要去格盡無窮的萬事萬物之理，事實上是不可能的；而朱子欲人即物窮理的真旨所在，亦非為了建立客觀的知識體系，而實關乎成德之學，因此在事物之理窮格的次序上，便作了輕重緩急的分判：

> 格物之論，伊川意雖謂眼前無非是物，然其格之也，亦須有緩急先後之序，豈遽以為存心於一草木器用之間，而忽然懸悟也哉？且如今為此學而不窮天理，明人倫，講聖言，通世故，乃兀然存心於一草木一器用之間，此是何學問？如此而望有所得，是炊沙而欲其成飯也。」（《文集》卷三十九〈答陳齊仲〉）

> 文振問：物者，理之所在，人所必有而不能無者，何者為切？曰：君臣、父子、兄弟、夫婦、朋友，皆人所不能無者。但學者須要窮格得盡，事父母則當盡其孝。處兄弟，則當盡其友。如此之類，須

〔註45〕朱子曰：「物理皆盡，則吾之知識，廓然貫通，無有蔽礙，而意無不誠，心無不正矣。」（《文集》卷四十四〈答江德功〉十三書之第二書）

〔註46〕朱子曰：「聖人未嘗言理一，多只言分殊，能於分殊中事事物物頭頭項項理會得其當然，方知理本一貫；不知萬殊各有一理，而徒言理一，不知理一在何處。」（《語類》卷二十七）
又云：「不去理會那萬理，只管去理會那一理，只是空想像。」（《語類》卷一百一十七）

是要見得盡。若有一毫不盡，便是窮格不至也。(《語類》卷十五)

由此可知，人倫日用當行之理之窮格在朱子看來，其重要性，當務性實高於其他一切事物之理。其於〈答陳器之問玉山講義書〉中謂：「性是渾然太極之體，其中含具萬理，而綱理之大者有四，故命之曰仁義禮智。」，﹝註47﹞將仁義禮智道德之理列爲四大綱理而置其他分殊之理於其下，正可與此相互發明。人若不能於人倫當行之理處著力，而但馳心於草木器用之間，必致捨本逐末，故朱子斥之爲「炒沙而欲成飯」。

歸結說來，「涵養用敬」與「致知格物」在朱子的成德功夫中，雖以爲學次第言有涵養居先、致知在後的區別，﹝註48﹞實則相輔相成，相互穿透，涵養，非爲空頭的涵養，但涵養窮格之理；格物時，以敬收心，俾成致知之功。二者如車之兩輪、鳥之雙翼，但須兼施並行，不可分割偏廢。﹝註49﹞

第二節　戴震的道德論

壹、道德的涵義

東原對於道德的體認，基本上仍是緊緊縝連著「氣化說」的宇宙論：

一陰一陽，流行不已，生生不息。主其流行言，則曰道，主其生生言，則曰德。(《緒言》上)

此處所說者爲天道天德。東原以爲道以陰陽五行爲體，﹝註50﹞其字義又訓爲「行」，故天道即是陰陽二氣的氣化流行。而氣之流行，正所以化生萬物，生之又生，生生不已。生物不已，便是天德。因此可以說：東原的天道天德皆

﹝註47﹞見《文集》卷五十八，〈答陳器之二書〉之第二書。

﹝註48﹞朱子曰：「涵養、致知、力行三者便是以涵養做頭，致知次之，力行次之，不涵養則無主宰……既涵養，又須致知。既致知，又須力行。……」(《語類》卷一百一十五)

又曰：「古人直自小學中涵養成就，所以大學之道只從格物做起。今人從前無此工夫，但見大學以格物爲先，便欲只以思慮知識求之，更不於操存處用力，縱使窺測得十分，亦無實地可據，大抵敬字是徹上徹下之意，格物致知乃其關節次進步處耳。」(《文集》卷四十三〈答林擇之〉三十三書之第十九書)

﹝註49﹞朱子曰：「涵養中自有窮理工夫，窮其所養之理；窮理中自有涵養工夫，養其所窮之理。兩項都不相離，纔見成兩處便不得。」(《語類》卷九)

擇之問：「且涵養去，久之自明。」曰：「亦須窮理。涵養窮索二者不可廢一，如車兩輪，如鳥兩翼。如溫公只恁行將去，無致知一段。」(同上)

﹝註50﹞東原曰：「舉陰陽則賅五行，陰陽五行，道之實體也。」(《孟子字義疏證》卷中)

剋就陰陽五行爲說，道是氣體之行，德爲氣行之用（之無差失），故天德必因天道而顯。又生生之所以爲德，其間有不可或缺之要件，東原稱之爲條理或天理，因此東原認爲天理與天德之間實具有一而二、二而一的關係。〔註51〕

至於陰陽五行化生萬物以後，天道天德亦隨之降賦，實然界飛潛植皆各循不同的途徑以維生傳生的事實，便是天道生生不已之具體呈現。剋就人而言，既生之後，由飲食男女之欲、喜怒哀樂之情爲動力所營爲的種種活動，東原稱之爲人道：

> 人道，人倫日用身之所行皆是也。（《孟子字義疏證》卷下）

> 凡日用事爲，皆性爲之本，而所謂人道也。上之原於陰陽五行，所謂天道也。（《孟子私淑錄》卷中）

> 道者，居處飲食言動，自身而周於身之所親，無不該焉。（《孟子字義疏證》卷下）

由上可知，東原所稱的人道，實以「血氣心知之性」爲根本而創發之種種求生存、求延續，以及緣此而交織的人際互動活動——小至個人的居處飲食，大至君臣、父子、朋友、夫妻等之關係，皆包含在人道的範圍之內。〔註52〕

依東原，天德雖然即道而存，不經「察」的功夫，實不能體知，而萬物之中，惟人具有此察知的能力：

> 人物以類區分，而人所稟受，其氣清明，異於禽獸之不可開通。（《孟子字義疏證》卷上）

> 人之生也，稟天地之氣，即併天地之德有之，而其氣清明，能通乎天地之德。物之得於天者，亦非專稟氣而生，遺天地之德也；然由其氣濁，是以錮塞不能開通……而清者開通，則能知性知天，因行其所知，底於無失，斯所以還於天地之德而已矣。（《緒言》卷上）

由上引資料可知，物既然與人一樣同稟氣化而生，則天德亦必存於萬物之營生活動中，只因物之氣稟濁塞，遂於此一無所知。人則因爲稟受了清明之氣，

〔註51〕東原曰：「陰陽五行，以氣化言也，精言之，期於無憾，是謂理義，是謂天地之德。」（《緒言》卷上）

又曰：「尋而求之，語大極於至鉅，語小極於至細，莫不各呈其條理，失條理而能生生者，未之有也。故舉生生即賅條理，舉條理即賅生生。信而可徵曰德，徵而可辨曰理，一也。」（同上）

〔註52〕東原曰：「爲君而行君一事，爲臣而行臣之事，爲父爲子而行父之事子之事，皆所謂道也……豈出人倫日用之外哉？」（《孟子字義疏證》卷下）

且得陽氣之精凝而爲心，含具天地全能，故能以其心知體察天道生生不已之
創生過程中有其不可易之條理，並彰顯之，宏揚之，使之成爲日用事爲的依
準，〔註53〕俾利人道的運作皆能條理秩然，無或爽失，此即成就了人德，故
天德與人德實上下一貫，毫無睽隔。〔註54〕

　　至於天德的德目，東原係用仁、禮、義三者指稱之：

　　　　是故謂之天德者三：曰仁、曰禮、曰義，至善之目也，行之所節中
　　　　也。（《原善》卷下）

如前所述，東原係以氣化之生生而條理指稱天德，因此仁、禮、義三者的內涵
仍以此基本觀念爲依歸。仁就是生生之德，禮義爲生生不已之過程所呈現的條
理：就條理之秩然有序著眼時爲禮，強調條理之截然不可亂時爲義。〔註55〕而
此生生之天德之仁下貫至人生界時，則爲人心之仁，〔註56〕亦即遂己生亦遂人
之生之德。〔註57〕生生條理之禮義則表現爲人倫尊卑上下之分際，以及日用行
事當守之準則，〔註58〕能踐履禮義，便能確保人倫之秩然有序，各如其分，而
行爲皆能得宜，截然無亂。〔註59〕至此，我們若衡之以東原所稱的自然與必然，
則仁爲自然，禮義爲必然，而自然與必然實二而一、一而二。若無自然，必然
無所存依；必然有差失，自然亦難稱周備，〔註60〕而其間的關鍵則存乎智。蓋

〔註53〕　東原曰：「人之異於物者，人能明於必然，百物之生遂其自然也。」（《孟子私
　　　　淑錄》卷下）
　　　　又曰：「儀文度數亦聖人見於天地之條理，定之以爲天下萬世法。」（《孟子字
　　　　義疏證》卷下）
〔註54〕　東原曰：「仁義之心，原於天地之中者也，故在天爲天德，在人曰性之德，然
　　　　而非有二也。就天地之化而語於無憾曰天地之中，就日用事爲而語於無失曰
　　　　仁義。」（《孟子私淑錄》卷中）
〔註55〕　東原曰：「生生者，仁乎！生生而條理者，禮與義乎！何謂禮？條理之秩然有
　　　　序，其著也；何謂義？條理之截然不可亂，其著也。」（《原善》卷上）
〔註56〕　東原曰：「在天爲氣化之生生，在人爲其生生之心，是乃仁之爲德也。」（《孟
　　　　子字義疏證》卷下）
〔註57〕　東原曰：「一人遂其生，推之而與天下共遂其生，仁也。」（《孟子字義疏證》卷
　　　　下）
〔註58〕　東原曰：「仁以生萬物，禮以定萬品，義以正萬類，求其故，天地之德也，人
　　　　道所由立也。」（《原善》卷上）
　　　　又曰：「義者，人道之宜，裁萬類而與天下共覩……禮者，天則之所止，行之
　　　　乎人倫庶物而天下共安，於分無不盡。」（《原善》卷下）
〔註59〕　東原曰：「禮得則親疏上下之分盡，義得則百事正。」（《原善》卷上）
〔註60〕　東原曰：「生生不息，仁也。由其生生，有自然之條理，觀於條理之秩然有序，
　　　　可以知禮矣；觀於條理之截然不可亂，可以知義矣。」（《孟子字義疏證》卷下）

智之爲德，乃剋就心知之通知條理以爲說。〔註61〕因此禮義之爲德，乃因仁而有，因智而顯。於此意義下，仁智二德遂可視爲道德之源。〔註62〕

貳、德（理）與欲

由於人道人德源於天道天德，而天德必求見之於天道，相應之下，人德亦不能自外於人道而獨立。在東原，人道指的是人倫日用，〔註63〕而人倫日用根於性，〔註64〕性如種子，種子賴以萌生的動力在情欲：

> 凡有血氣心知，於是乎有欲，性之徵於欲，聲色臭味而愛畏分；既有欲矣，於是乎有情，性之徵於情，喜怒哀樂而慘舒分；既有欲有情矣，於是乎有巧與智，性之徵於巧與智，美惡是非而好惡分。生養之道，存乎欲者也；感通之道，存乎情者也；二者自然之符，天下之事舉矣。（《原善》卷上）
>
> 凡事爲皆有於欲，無欲則無爲矣。（《孟子字義疏證》卷下）

情欲既然爲生養之道，感通之道的根基，則離絕了情欲，人倫日用的活動均將隨之停息，更遑論人德的存在，此所以東原以爲論理不能離乎情欲，〔註65〕而欲求人德，必從達情遂欲做起：

> 聖人之道，使天下無不達之情，求遂其欲而天下活。（《文集》卷九〈與某書〉）
>
> 己知懷生而畏死，故怵於孺子之危，惻隱於孺子之死，使無懷生畏死之心，又焉有怵惕惻隱之心，推之羞惡、辭讓、是非亦然。使飲食男女與夫感於物而動者脫然無之，以歸於靜，歸於一，又焉有羞惡？有辭讓？有是非？（《孟子字義疏證》卷中）

又曰：「言仁可以賅義，使親愛長養不協於正大之情，則義有未盡，亦即爲仁有未至。言仁可以賅禮，使無親疏上下之辨，則禮失而仁亦未爲得。」（《孟子字義疏證》卷下）

〔註61〕東原曰：「在天爲氣化推行之條理，在人爲其心知之通乎條理而不紊，是乃智之爲德也。」（《孟子字義疏證》卷下）

〔註62〕東原曰：「得乎生生者謂之仁，得乎條理者謂之智，至仁必易，大智必簡，仁智而道義出於斯矣。」（《原善》卷上）

〔註63〕東原曰：「人道……人倫日用身之所行皆是也。」（《孟子字義疏證》卷下）

〔註64〕東原曰：「凡日用事爲，皆性爲之本，而所謂人道也。」（《孟子私淑錄》卷中）

〔註65〕東原曰：「天下必無舍生養之道而得存者……有欲而後有爲，有爲而歸於至當不可易之謂理，無欲無爲又焉有理？」（《孟子字義疏證》卷下）

又曰：「古之言理也，就人之情欲求之，使人無疵之爲理。」（同上）

> 飲食男女，生養之道也……遂己之欲，亦思遂人之欲，而仁不可勝
> 用矣。（《原善》卷下）

然而達情遂欲只是人德之肇始，不可逕視爲人德之完成，蓋欲之爲物，譬若水流：

> 性，譬則水也；欲，譬則水之流也。節而不過，則爲依乎天理……
> 窮人欲而至於有悖逆詐僞之心，有淫佚作亂之事，譬則洪水橫流……
> 天理者，節其欲而不窮人欲也。（《孟子字義疏證》卷上）

水流若無適當的宣導，必致濫流成災，欲復如是，縱欲的結果，每每致人於亡，〔註66〕因此東原強調欲不可窮、不可無節；也就是說，遂欲必須適度，而適度的標準就是依乎天理，就是合於禮義之德，〔註67〕惟有在依乎天理的遂欲下，方能成就人德；亦惟有在既遂自然（情欲），又得必然（條理）的情況下，日用飲食之爲道，方能眞正圓滿。〔註68〕

參、善與惡

　　東原論善惡基本上仍是緊扣著「自然與必然」這個中心觀念而發：

> 善，曰仁、曰禮、曰義，斯三者，天下之大本也。（《原善》卷上）

在這裡東原並沒有給善下一個直接的定義，不過從善就是仁禮義之德，而仁爲生生之自然，禮義爲條理之必然可以推知：由自然而語於無失以歸於必然就是善，亦即協於條理的事爲就是善。以天言之，天之事爲在生生，生生而條理，這是天之善；以人言之，人之事爲不離乎人倫日用，人倫日用無或爽失，這是人之善。而人倫日用不離乎達情遂欲，則達情遂欲而無失方是善。

　　依東原，人物原皆繼天之善而不隔，〔註69〕何以唯人能爲善而物不能？其間關鍵存於心，蓋人稟氣清明，其心知能進於神明而通乎必然，異於物心之閉塞不能開通。〔註70〕心知能明於必然，於情欲之遂達，便能以其則正其

〔註66〕東原曰：「縱欲而不知制也，其不趨於死也幾希。」（《緒言》卷上）

〔註67〕東原曰：「道之貴諸身……必協乎仁、協乎義、協乎禮，然後於道無憾。」（《孟子私淑錄》卷上）

〔註68〕東原曰：「人倫日用，固道之實事，行之而得，無非仁義也。行之而失，猶謂之道，不可也。古人言道恆賅理，言理必要於中正不失。」（同上）

〔註69〕東原曰：「《易》言天道，而下及人物，不徒曰『成之者性』，而先曰『繼之者善』，繼謂人物於天地，其善固繼承不隔也。」（《孟子字義疏證》卷下）

〔註70〕東原曰：「孟子言：人無有不善，以人之心知異於禽獸，能不惑乎所行之爲善。」（《孟子字義疏證》卷中）

物，〔註71〕使從心所欲不踰矩，由自然歸於必然，而成就中正純粹之行，所謂善也。〔註72〕

　　然而在現實生活中，卻未必事事皆善，而有不善或惡的存在，此又何故？在東原，善既求於欲之節，〔註73〕而節又繫乎心之知理；則不善之產生，亦必與情欲、心知息息相關：

　　　　天下古今之人，其大患私與蔽二端而已。私生於欲之失，蔽生於智之失。（《孟子字義疏證》卷上）

欲之失就是欲之縱，縱欲的結果必致為非作亂；〔註74〕智之失則緣於心知昏昧，心知不明，則闇於物理。〔註75〕遂欲至放縱（私），而心又不能知理以為防閑撙節之據（蔽），必致言行偏失而違德，〔註76〕違德就是惡。〔註77〕因此若衡之以東原「自然、必然」之說，則惡之為物，雖以自然始，終因無節失理，而違乎必然轉喪自然。〔註78〕

　　　　又曰：「人所稟受，其氣清明，遠於物之不可開通，禮義者，心之所通也……惟人性開通，能不失其條理，則生生之德因之至盛。」（《孟子私淑錄》卷中）

〔註71〕東原曰：「聲色臭味之欲，皆有不易之則。」（《孟子私淑錄》卷中）
　　　　又曰：「心之神明，於事物咸足以知其不易之則……以其則正其物，如是而已矣。」（《孟子字義疏證》卷上）

〔註72〕東原曰：「從心所欲者，自然也；不踰矩者，歸於必然也。」（《孟子私淑錄》卷中）
　　　　又曰：「善者，稱其純粹中正之名……善，其必然也，性，其自然也；歸於必然，適完其自然，此之謂自然之極致。」（《孟子字義疏證》卷下）

〔註73〕東原曰：「天理者，節其欲而不窮人欲也。」（《孟子字義疏證》卷上）
　　　　又曰：「孟子道性善，察乎人之材質所自然，有節於內之謂善也。」（《文集》卷八〈讀孟子論性〉）

〔註74〕東原曰：「常人之欲，縱之至於邪僻，至於爭奪作亂。」（《孟子字義疏證》卷上）

〔註75〕東原曰：「事至而應者心也，心有所蔽，安能得理。」（《孟子字義疏證》卷下）

〔註76〕東原曰：「私也者，其生於心為溺，發於政為黨，成於行為慝，見於事為悖、為欺，其究為私己。蔽也者，其生於心為惑，鑿者其失為詐，愚者其失為固……悖者，在事為寇虐，在心為不畏天明；欺者，在事為詭隨，在心為無良。」（《原善》卷下）

〔註77〕東原曰：「人之材質良，其本然之德違焉而後不良。」（《文集》卷八《讀孟子論性》）

〔註78〕東原曰：「自然之與必然，非二事也。就其自然，明之盡而無幾微之失焉，是其必然也……若任其自然而流於失，轉喪其自然，而非自然也。」（《孟子字義疏證》卷上）

肆、功夫論

前面說過，惡是由於心知對於理義的了解產生了蔽隔，因此不能運用理則以作達情遂欲的指引，以致情欲橫流、泛濫成災。有鑑於此，東原論成德的功夫，就著眼在欲之失與智之失的對治上：

去私莫如強恕，解蔽莫如學。（《原善》卷下）

私之生緣於知己而不知人、重己而輕人，因此去私必須克己，〔註79〕克己之要則存乎恕。恕之為道在將心比心、反躬自省：設若他人因縱欲而生悖道詐偽心、行淫佚忤亂之事於己，而傷損己之欲求之實現，則己心將生何種體受？以此可推知：己欲生，人亦欲生，己欲達情遂欲，人亦欲達情遂欲，從而作自我的節制；〔註80〕然而情欲之節又必須協乎天理以為標準，而天德之知、條理之得，繫乎心知；心知之能之強弱又有天賦之不齊，譬若火光，光強者，燭物明，光弱者，照物昏。燭物明者得理多，照物昏者失理多。不過心知之強弱又非一成不變，東原以為並特別強調透過學的功夫，可以改變我們的心知，弱者可使強，昧者可使明，〔註81〕當然這種學必須是融會貫通之學，而非僅僅出以記憶之記問之學，方能真正達成擴充心知之功。〔註82〕

自我的修養如能兼循此二途，以恕道待人，進而己立立人，己達達人；以學擴充心知至乎極至，使吾心無所不明，舉措無不協於理義，如此便能臻於東原修養論最高的境界——所謂聖人的地步了。〔註83〕

〔註79〕東原曰：「獨而不成之謂己，以己蔽之者隔於善，故君子克己之為貴也。」（《原善》卷下）

〔註80〕東原曰：「一人之欲，天下人之同欲也……好惡既形，遂己之好惡，忘人之好惡，往往賊人以逞欲，反躬者，以人之逞其欲，思身受之情也。情得其平，是為好惡之節，是依乎天理。」（《孟子字義疏證》卷上）

〔註81〕東原曰：「心之精爽，鉅細不同，如火光之照物，光小者，其照也近……其光大者，其照也遠，得理多而失理少。且不特遠近也，光之及又有明闇，故於物有察有不察，察者盡其實，不察斯疑謬承之，疑謬之謂失理。失理者，限於質之昧，所謂愚也。惟學可以增益其不足而進於智，益之不已，至乎其極，如日月有明，容光必照，則聖人矣。」（《孟子字義疏證》卷上）

〔註82〕東原曰：「人之問學猶飲食，則貴其化，不貴其不化。記問之學，食而不化也……至於無取乎記憶，問學所得，非心受之而已，乃化而為我之心知，我之心知，極而至乎聖人之神明矣。」（《緒言》卷下）

〔註83〕東原曰：「聖人亦人也，以盡乎人之理，群共推為聖智，盡乎人之理非他，人倫日用盡乎其必然而已矣。」（《孟子字義疏證》卷上）

第三節　二氏道德論比較與東原反對朱子理欲說之討論

　　由前述二節之解析，我們可以了解，心、理、欲三者是構成二氏道德論的主要觀念。心為道德實踐的樞紐，以心知理以為情欲活動的指導，使動靜云為合乎理則，方能成就道德行為，是二氏共同之體認。唯在行為所當遵循的道德法則（理）之來源問題、以及對於欲所抱持的態度上則有相當的差異。在朱子，作為道德法則的理，源自得於天而具於心的性。東原則認為該項法則非出自於心而係客觀的存在於事物，唯須藉著心知的條分縷析加以正確的掌握而已。至於欲，朱子的著眼點重在欲之陷溺人之心、障蔽心之向理者——亦即妨礙道德實踐者。因此力主「去人欲、存天理」之提撕猛省於心，不可稍存僥倖怠忽；否則彼進此退，滋一分人欲，消一分天理，終致人心當令，道心隱微，放僻邪侈，無所不為。而東原所強調者則為血氣心知所資以生養之欲。在他看來，「欲為物，理為則」，〔註84〕「有欲而後有為，有為而歸於至當不可易之謂理」，〔註85〕因此理存於欲，無欲則無理；而朱子卻要人「存天理，去人欲」，因此引起東原強烈的抨擊：

> 宋儒程子朱子……其所謂理，依然「如有物焉宅於心」。於是辨乎理欲之分，謂「不出於理則出於欲，不出於欲則出於理」，雖視人之飢寒號呼，男女哀怨，以至垂死冀生，無非人欲；空指一絕情欲之感者為天理之本然，存之於心。及其應事……執其意見，方自信天理非人欲……凡以為「理宅於心」、「不出於欲則出於理」者，未有不以意見為理而禍天下者也。（《孟子字義疏證》卷上）

欲評斷上述資料的是非曲直，關鍵之處在於朱子的「天理」是否即是東原所稱的「以意見為理」、「絕情欲之感」；「人欲」一詞是否即為「飲食男女、垂死冀生之欲」？

　　首先我們必須說明的是，東原謂朱子以理為「如有物焉，得於天而具於心」，實就語類「理無心則無著處」、「理在人心，是謂之性，心是神明之舍，為一身之主宰，性便是許多道理得之天而具於心者」歸納而說，〔註86〕今欲討論其中所說的理是否為意見，單從字面上來看是不夠的，必須將之置於朱子理氣說、

〔註84〕語見《孟子字義疏證》卷上。
〔註85〕語見《孟子字義疏證》卷下。
〔註86〕見《孟子字義疏證》卷上。

心性論的義理架構中方能得到平允不妄的了解。如前所述，朱子是以理氣來解釋萬物的生成（理爲生物之本，氣爲生物之具），理氣之間雖然形上形下的界域不雜，然亦不離；氣爲理的掛搭處，無氣則理失該載。就成物而言，氣聚爲質，理便寓乎其中而成爲性。而心在朱子的義理系統中屬形下之氣；不過心氣靈明，異於他體之氣，獨能知覺理。故「理寓於氣」的基本設定落到人生界說時，便成爲「性便是心之所有之理，心便是理之所會之地」，而「理無心則無著處」。〔註87〕因此，所謂「理如有物焉，得於天而具於心」，不過是「理氣不離不雜」的另一種說法，就朱子本身的義理系統來看，也是不得不然的說法。次就理的內涵來看，朱子所言之理是理一分殊之理，論理一時，指的是普徧法則，爲生物之本的太極之理。它不僅具有超越的性格，而且是人人一太極、物物一太極的徧在萬物。論分殊時，則指此理因受形質氣稟不齊的影響而成爲事事物物所各自依循的殊別法則。而剋就道德活動來說，此得於天而具於心的性理，便是萬善根源之仁義禮智之理。皆有其客觀性與普遍性，而非私心臆造可得。〔註88〕再就以心現理來論，雖然朱子以心爲理之所具之處，卻並未遽言心所發者必爲（合）理。蓋心之具理，只是一種潛隱的具，必須心之知覺能力擴充到極致，所具之理才能昭然呈現，此時的心才真正成爲萬理所會之地，〔註89〕而所發無不如理中節。朱子之教，所以要人敬義夾持，即物窮理，正是鑒於現實生活中，此心極易爲外物所誘而泊於私欲，因此不能不隨時提撕警醒，格物致知；亦正爲求此心之廓然大公，因此極言虛其心以求真知、辨是非之重要；〔註90〕而私見之害心蔽理，務須徹底根除，亦再三致意，殷殷告誡。〔註91〕東原謂朱子「以

〔註87〕語見《語類》卷五。
〔註88〕朱子曰：「至於身之所接……又至草木鳥獸一事一物莫不皆有一定之理。」（《語類》卷十八）
又曰：「人生天地間都有許多道理，不是自家硬把與它，又不是自家鑿開它肚腸白放在裡面。」（《語類》卷九）
〔註89〕朱子曰：「心之全體，湛然虛明，萬理具足。」（《語類》卷五）
〔註90〕朱子曰：「窮理以虛心靜慮爲本。」（《語類》卷九）
又曰：「致知所求求爲真知，真知是要徹骨都見得透。」（《語類》卷十五）
問：「致知莫只致察否？」曰：「如讀書而求其義，處事而求其當，接物存心察其是非、邪正皆是也。」（《語類》卷十五）
〔註91〕朱子曰：「以書觀書，以物觀物，不可先立己見。」（《語類》卷十一）
又曰：「今人只憑一己私意，瞥見孔子說話，便立個主張，硬要去說，便要聖賢從我言語話頭去，如何會有益？」（《語類》卷八）
又曰：「讀書若有所見，未必便是，不可便執著，且放在一邊，益更讀書，以

意見爲理」，衡諸上述，豈非厚誣前賢。

至於「人欲」一詞的實質內涵，證諸前所述，明爲「要求美味人欲也」，「徇情欲底是人欲」；足見朱子所說的「人欲」，非特不是東原所稱的「飢寒號呼、男女哀怨，以至垂死翼生」等人之欲，反而和東原所謂的「欲之縱」、「欲之失」無二致。而朱子嘗言「飲食者、天理也」，又曰：「饑能不飲食乎？寒能不假衣乎？能令無生人之所欲乎？雖欲滅之，終不可得而滅也。」〔註92〕其中所稱終不可得而滅的生人之欲，豈不正與東原所重視的「欲者，有生則願遂其生而備其休嘉者也」同義。〔註93〕而下面所引語類中的一段資料，將更容易幫助我們了解朱子「人欲」一詞和「人之欲」之間的區別：

> 問：「飲食、渴飲、冬裘、夏葛，何以謂之天職？」
>
> 曰：「這是天教我如此，飢便食，渴便飲，只得順他。窮口腹之欲便
>
> 不是；蓋天只教我飢則食，渴則飲，何曾教我窮口腹之欲？」（《語
>
> 類》卷九十六）

朱子很清楚的指出「飢食」、「渴飲」、「冬裘」、「夏葛」等，是天所賦予的「天職」，也就是前所引「終不可得而滅的生人之欲」，常人如此，聖人亦然；〔註94〕而「只得順他」一語，實隱含了東原「欲者，血氣之自然」之意。〔註95〕「窮口腹之欲」就不一樣了，原本好的欲，合當如此的欲，一旦窮之、徇之，便背離了常範，轉成爲不好的欲，合不當如此的欲，〔註96〕而造成〈克齋記〉中所說的「非禮而視，人欲之害仁也，非禮而聽，人欲之害仁也，非禮而言且動焉，人欲之害仁」之情形。〔註97〕因此朱子論欲，實兼善惡兩樣。〔註98〕譬如前所說飲食之欲，它是維持生命、延續生命所不可或缺者；再

來新見，若執著一見，則此心便被此見遮蔽了。」（《語類》卷十一）

〔註92〕語見《語類》卷六十二。

〔註93〕語見《文集》卷八〈答彭進士允初書〉。

〔註94〕朱子曰：「口之於味，目之於色，耳之於聲，鼻之於臭，四肢之於安佚，聖人與常人皆如此，是同行也。」（《語類》卷一百○一）

〔註95〕語見《孟子字義疏證》卷上。

〔註96〕朱子曰：「心如水……欲則水之波瀾，但波瀾有好底，有不好底。欲之好底，如我欲仁之類；不好底則一向奔馳出去，若波濤翻浪。大段不好底欲，則滅卻天理，如水之壅決，無所不害。」（《語類》卷五）

又曰：「此寡欲，則是合不當如此者，如私欲之類。若是飢而欲食，渴而欲飲，則此欲亦豈能無？但亦是合當如此者。」（《語類》卷九十四）

〔註97〕語見朱子《文集》卷七十七〈克齋記〉。

〔註98〕朱一新曰：「古書凡言欲者，有善有惡，程朱語錄亦然。」（朱一新撰：《無邪

如論語「我欲仁」之欲，因為仁是人之所以為人、人之所以異於禽獸的特質，也是懿則規範的根源，有了「欲仁」之欲，就會激發追求理想、追求真理的熱情；如此便事事以規範為準，念念以懿行為慮，而人之道德生命逐於焉彰顯，社會的倫常秩序亦賴茲建立。諸如此類的欲，無論於人之形質生命或精神生命，皆具有正面積極的意義，故為善。至若聲色犬馬所謂窮口腹之欲，因為只訴諸於官能快感之滿足，而以享樂為其唯一追求之目標，故往往在食髓知味的誘惑下，驅迫人為達目的不擇手段。此等之欲，就生理來說，則因過度的尋求刺激而導致體力的透支、健康的戕害；其於精神方面，則因行為的乖謬失當，而造成規範的破壞、人格的淪喪，故為惡。而朱子「人欲」一詞既如〈克齋記〉所言為「非禮」之欲，為「害仁」之欲，則其為欲之惡者，實無庸置疑。又朱子論人欲與天理的消長情形有云：

> 天理存則人欲亡，人欲勝則天理滅。(《語類》卷十三)

同樣的意思在《語類》卷四十一則說成：

> 天理纔勝，私欲便消；私欲纔長，天理便被遮了。

其注《論語‧顏淵篇》「克己復禮為仁」一章亦曰：

> 仁者，本心之全德……己，謂身之私欲也……蓋心之全德莫非天理，
> 而亦不能不壞於人欲。故為仁者，必有以勝私欲而復於禮，則事皆
> 天理而本心之德復全於我矣。

由朱子或以「人欲」與「天理」對言，或以「私欲」與「天理」對言，足見「人欲」實即「私欲」。而東原論欲雖盛讚其為「生道之所資」，然亦有「欲，不患其不及而患其過，過者，狃於私而忘乎人……欲不流於私則仁」之說，〔註99〕然則朱子「人欲」一詞，豈不正與東原「欲之過，欲之私」者同指。

至於朱子言「天理人欲」之關係，亦非如東原所稱的「理欲截然對立」。蓋朱子義理系統中「人欲」的產生和「天理」有密切的關係，此即取決於天理在心中的安頓是否穩妥：當心知靈明，朗現天理時，口腹之欲，無非天理；當天理在心中失去了應有的安頓，此時人心背理徇欲，人欲遂滋，天理遂隱，〔註100〕因此「人欲便也是天理裡面做出來」，〔註101〕天理人欲同出一心，〔註102〕實相

堂答問》〔臺北：廣文書局〕卷一)
〔註99〕語見戴震《文集》卷八〈答彭進士允初書〉。
〔註100〕朱子曰：「天理……才安頓得不恰好，便有人欲出來。」(《語類》卷十三)
〔註101〕語見《語類》卷十三。
〔註102〕朱子曰：「人之一心，天理存則人欲亡，人欲勝則天理滅。」(同上)

—67—

依存，而非截然相對。〔註103〕

　　歸結來說，朱子之所以要人存天理，去人欲，亦不過因爲「天理」代表了「公」與「是」，人欲代表了「私」與「非」；〔註104〕因此要人在日常生活中時時以天理存心，以作動靜云爲時之依準，〔註105〕俾使情欲之發，既能隨心，又不踰矩。天理既得到妥適的安頓，人欲（私欲）自然無從產生。因此東原「遂情達欲又不及於失（私）」的主張，在朱子「存天理去人欲」之論述中，早就作了精闢的闡發。然則東原批駁朱子「理欲之辨，適成忍而殘殺之具」，顯然是犯了指鹿爲馬的毛病，硬將朱子明言爲惡欲私欲之「人欲」，指爲維生不可缺的「人之欲」；明言爲公爲是之「天理」，說成私心所造之「意見」。熊十力先生謂東原之攻訐，與朱子本旨全不相干，洵非虛言。〔註106〕

　　又曰：「天理人欲之判……特在乎心之宰與不宰……亦已明矣。」（《文集》卷三十二〈答張敬夫〉十八書之第六書）
〔註103〕錢穆先生曾徵引朱子「人欲隱於天理中，其幾甚微」、「有個天理，便有個人欲」、「人欲便也是天理裡面做出來，雖是人欲，人欲中自有天理」之言，因斷曰：「朱子論陽不與陰對，善不與惡對，天理亦不與人欲對。」（見氏著《朱子學提綱》，頁87。）
〔註104〕朱子曰：「凡一事便有兩端，是底即天理之公，非底乃人欲私。」（《語類》卷十三）
〔註105〕朱子曰：「天理在人，終有明處……須從明處漸漸推將去，窮到是處吾心亦自有準則。」（《語類》卷十五）
　　　　又曰：「格物窮理，有一物便有一理，窮得到後，遇事觸物皆撞著這道理，事君便遇忠，事親便遇孝，居處便恭，執事便敬，與人便忠，以至參前倚衡，無往而不見這個道理。」（同上）
〔註106〕見第一章之〔註3〕。

第五章 結 論

綜合以上第二、第三、第四章的分析，筆者推衍出下列五點結論，以爲本論文的結束：

（一）東原改用訓詁的方法去分析朱子所講的道字、理字等概念之意義，所得的結論必然與朱子由實際生活中內觀自省所體驗者不同。

（二）東原的義理重在「養民」，所以重視自然生命中欲的遂達。朱子的義理重在「教民」，所以極言人欲（私欲）之戕害道德生命，必嚴理欲之辨，要人「存天理、去人欲」。而前者所言的情欲爲欲之善者，後者所說的人欲爲欲之惡者。

（三）東原批評朱子「理得於天而具於心」的理是出於心的意見；既是出於私意，免不了迫使許多人屈服在「理」的權威之下有冤難辯；而歷史上這種實例又不勝枚舉，所以東原才認爲以「意見爲理」最後必然走上「以理殺人」而嚴於以法殺人。實際上朱子所講的理並非意見，是東原曲解了朱子「理」的涵義。而所謂「理具於心」的「具」字實兼有兩層意義：就心處於靜態時爲「攝具」，就心爲發用時爲「呈現」。朱子雖主張「性即理」，日用教人仍重在「格物窮理」，是朱子但說「理在事（物）上」，卻不曾說「理在心上」；說「心即理」、「理在心上」的是陸王學派的學者，[註1] 就這一點來看，東原攻朱、眞是攻錯了對象，其要攻擊的眞正對象，實爲王陽明、陸象山所

〔註1〕 陸象山曰：「人皆是有心，心皆具是理，心即理也。」（陸象山撰：《陸九淵集》〔臺北：里仁書局〕卷十一〈答李宰書〉）

王陽明曰：「天理在人心，亘古亘今，無有終始，天理即是良知。」（王守仁撰：《傳習錄》〔臺北：正中書局〕卷三）

主張之學。〔註2〕

　　（四）東原撰著《孟子字義疏證》，將孟子的義理之性疏解爲血氣心知之性，道德本心疏解爲認知之心，將孟子由道德本心之擴充以言功夫實踐疏解爲認知之心之擴充，都足以說明東原表面上欲以孟子的義理駁斥程朱，骨子裡卻是遠於孟而近於朱。因此我們可以說：東原在心之了解與功夫論上，實是順著朱子講孟子。

　　（五）東原以訓詁字義爲方法，雖然也能建立一套義理系統，但是與他所預期的最終目標——求見古人之道——仍有很大一段距離。問題出在東原忽略了思想是演進的、踵事增華的，而非一成不變的停滯；忽略了同一詞語的運用，往往因爲客觀環境的差異、或立說者著眼的角度不一，而被賦予了不同的內涵與意義；更忽略了聖人之道，雖然保存在經書當中，聖人的義理卻不是由訓詁的方式建構。因此若不是由各章各句乃至各篇作歸納研究，推繹出立說者的宗旨，而只著眼於詞語原始意義的考覈，是不可能還原出聖人的義理而達到聞道的目的。東原疏解孟子，不能掌握住孟子心性論的實義，便是很好的證明。

〔註2〕　傅孟眞先生說：「清代漢學家自戴震以降攻擊理學者，其最大對象應爲心學，不應爲程朱。」（傅斯年撰：《傅孟眞先生全集》〔臺北：聯經出版社〕，頁187。）

參考書目

一

1. 朱熹撰,《朱文公文集》,商務印書館景印明嘉靖本。
2. 朱熹撰,《朱子語類》,漢京文化公司景印百衲本。
3. 朱熹撰,《朱子遺書》,藝文印書館。
4. 朱熹撰,《四書集注》,藝文印書館景印清吳志忠刊本。
5. 周敦頤撰,《周子全書》,廣學社印書館。
6. 張載撰,《張子全書》,中華書局景印四部備要本。
7. 程顥、程頤撰,《二程全書》,中華書局景印四部備要本。
8. 程顥、程頤撰,《河南程氏遺書》,商務印書館人人文庫。
9. 陸九淵撰,《陸九淵集》,里仁書局。
10. 王守仁撰,《傳習錄》,正中書局。
11. 王守仁撰,《王陽明全集》,河洛出版社。
12. 王懋竑撰,《朱子年譜》,世界書局。
13. 戴震撰,《戴東原集》,中華書局景印經韻樓校刊本。
14. 戴震撰,《戴震集》,里仁書局。
15. 戴震撰,《戴東原先生全集》,大化書局。
16. 段玉裁撰,《戴東原先生年譜》,中華書局。
17. 戴震等撰,《戴東原、戴子高手札眞蹟》,中華叢書委員會出版。

二

1. 章學誠撰,《文史通義》,史學出版社。
2. 朱一新撰,《無邪堂答問》,廣文書局。

3. 方東樹撰，《漢學商兌》，廣文書局。

三

1. 梁啓超撰，《中國近三百年學術史》，中華書局。
2. 梁啓超撰，《清代學術概論》，商務印書館。
3. 梁啓超撰，《戴東原》，中華書局。
4. 馮友蘭撰，《中國哲學史》，香港三聯出版社
5. 勞思光撰，《中國哲學史》（三卷），三民書局。
6. 錢穆撰，《中國近三百年學術史》，商務印書館。
7. 錢穆撰，《朱子新學案》（五冊），自印本。
8. 錢穆撰，《宋明理學概述》，學生書局。
9. 錢穆撰，《朱子學提綱》，東大圖書公司。
10. 錢穆撰，《宋代理學三書隨劄》，東大圖書公司。
11. 錢穆撰，《中國學術思想史論叢》（第五冊），東大圖書公司。
12. 熊十力撰，《讀經示要》，洪氏出版社。
13. 唐君毅撰，《中國哲學原論・導論篇》，香港新亞研究所。
14. 唐君毅撰，《中國哲學原論・原性篇》，香港新亞研究所。
15. 牟宗三撰，《心體與性體》（三冊），正中書局。
16. 牟宗三撰，《中國哲學的特質》，學生書局。
17. 徐復觀撰，《中國人性論史先秦篇》，商務印書館。
18. 徐復觀撰，《中國思想史論集》，學生書局。
19. 傅斯年撰，《傅孟眞先生全集》，聯經出版社。
20. 陳榮捷撰，《中國哲學資料書》，仰哲出版社。
21. 陳榮捷撰，《朱學論集》，學生書局。
22. 劉述先撰，《朱子哲學思想的發展與完成》，學生書局。
23. 范壽康撰，《朱子及其哲學》，開明書局。
24. 錢穆等撰，《史學評論第五期朱子思想專號》，華世出版社。
25. 胡適撰，《戴東原的哲學》，商務印書館。
26. 侯外廬撰，《近代中國思想學說史》上冊。
27. 余英時撰，《論戴震與章學誠》，華世出版社。
28. 曾仰如撰，《形上學》，商務印書館。

四

1. 簡宗修撰，《朱子的理氣說》，台大中文研究所博士論文。

2. 胡森永撰，《朱子思想中道德與知識的關係》，台大中文研究所碩士論文。

3. 黎華標撰，《朱子之理氣系統》，新亞書院哲學研究所碩士論文。

4. 葉有福撰，《朱子哲學思想之研究》，文化大學哲學研究所碩士論文。

5. 張光甫撰，《戴東原教育思想之研究》，政大教育研究所碩士論文。

6. 羅聖撰，《戴東原性善論之研究》，台大哲學研究所碩士論文。

7. 鮑國順撰，《戴東原學記》，政大中文研究所博士論文。

8. 村上義雄撰，《戴東原與伊藤仁齋思想之比較研究》，台大中文研究所碩士論文。

9. 劉昭仁撰，《戴東原思想研究》，師大國文研究所碩士論文。

10. 梅汝椿撰，《戴東原思想研究》，文化大學哲學研究所碩士論文。

五

1. 黃錦鋐撰，〈朱子與李退溪涵養與實踐的功夫〉，《幼獅月刊》（四六卷三期）。

2. 吳康撰，〈朱子的哲學思想〉，《學粹》（二卷五期）。

3. 周學武撰，〈朱子的居敬窮理說〉，《書目季刊》（九卷四期）。

4. 王孺松撰，〈朱熹論性〉，《國文學報》（七期）。

5. 何師佑森撰，〈近三百年朱子學的反對學派〉，《幼獅學報》（十六卷四期）。

6. 何師佑森撰，〈論「形而上」與「形而下」——兼論朱子與戴東原〉，《台大中文學報創刊號》。

7. 周世輔撰，〈戴東原的哲學論評〉，《幼獅學誌》（九卷四期）。

8. 林語堂撰，〈說戴東原斥宋儒理學〉，《中央日報》（民國 55 年 9 月 11 日）。

9. 劉文起撰，〈戴東原對宋儒的評論〉，《孔孟月刊》（十九卷九期及十期）

10. 黃懿梅撰，〈戴東原哲學之評析〉，《哲學評論》五期，台大哲學系。

11. 王覺源撰，〈戴東原的哲學思想〉，《新天地》（四卷十期）。

12. 王覺源撰，〈戴東原先生哲學之研究〉，《革命思想》（一卷一期）。

13. 艾奧林撰，〈評戴東原理學疏證〉，《學園》（二卷二期）。

14. 張光甫撰，〈說戴東原的知情合一主義〉，《中央日報》（民國 56 年 1 月 15 日）。

15. 史次耘撰，〈戴東原學術思想精義〉，《輔大人文學報》二期。

16. 姜漢卿撰，〈讀「說戴東原斥宋儒理學」書後〉，《學園》（一卷十二期）。

龔自珍學術思想研究

張壽安　著

作者簡介

張壽安，河南省嵩縣人。國立台灣大學中文系學士、中文研究所碩士，香港大學哲學博士（1986）。曾任香港浸會大學中文系講師，美國耶魯大學歷史系訪問研究員，美國紐澤西州西東大學東亞系助教授，美國哈佛大學燕京學社特約研究教授，現任中央研究院近代史研究所研究員。主要研究：明清學術思想史、清代乾嘉學術、清代禮學、傳統學術的近代轉型等。主要著作：《以禮代理：凌廷堪與清中葉儒學思想之轉變》（該書榮獲中研院第一屆研究人員著作獎，1996）、《禮教論爭與禮秩重省：十八世紀禮學考證的思想活力》，及〈凌廷堪的正統觀〉、〈戴震義理思想的基礎及其推展〉、〈王妞姐之死——道光年間的一椿「昏問」〉、〈六經皆史？且聽經學家怎麼說——龔自珍、章學誠「論學術流辨」〉學術論文數十篇。

提　　要

　　清嘉道之際乃清廷由盛轉衰之關鍵，乾隆六十年太平盛世下所潛藏的危機至嘉道以降一一呈現。龔自珍即生處此一危機漸萌、衰亂將至的時代，又因家學、師承、友朋兼受多方面思想影響，形成他超拔高遠的學術思想觀點。他是段玉裁的外孫，有文字音韻的家學；又嘗治史，頗受章學誠六經皆史說的啟示；壯年從劉逢祿習公羊，受常州治經重微言大義以期經世的學術影響。文字音韻乃乾嘉專門漢學的主調，而常州公羊學在道咸以降儼然匯為晚清思想主流。此一主訓詁、一主大義以經世的治學態度，判然二途。自珍處此思想更易、學術轉變之關鍵，是如何取捨運用以建立一己的學術思想體系，成為晚清學術開風氣之第一人，是本書的研究重點。本書分為五章：首論自珍生平及學術背景；二、三章則由龔自珍對乾嘉學術的批評觀察他治經態度的轉變，主要說明為何早年有志寫定群經最終卻頹然慨嘆「卒不能寫定群經」；其次討論龔自珍經、史思想的一以貫之，及經世思想的成立；第四章論述公羊學在龔自珍經世思想中所居的地位，同時說明龔自珍對公羊學的自由援引、譏彈時政，即「從微言到狂言」的論學特色；第五章則分別論述龔自珍經世思想的具體主張，包括他的土地人口政策，經濟政策，變法革命思想等。

緒　論 ‥‥‥‥‥‥‥‥‥‥‥‥‥‥‥‥‥‥‥‥‥‥ 1

第一章　自珍的生平及思想背景 ‥‥‥‥‥‥‥‥‥ 3

　　第一節　生　平 ‥‥‥‥‥‥‥‥‥‥‥‥‥‥ 3

　　第二節　思想背景 ‥‥‥‥‥‥‥‥‥‥‥‥ 16

第二章　自珍的治經態度 ‥‥‥‥‥‥‥‥‥‥‥ 21

　　第一節　對乾嘉學術的批評 ‥‥‥‥‥‥‥‥ 21

　　第二節　治經態度的轉變 ‥‥‥‥‥‥‥‥‥ 25

第三章　自珍的尊史思想 ‥‥‥‥‥‥‥‥‥‥‥ 33

　　第一節　尊史之心 ‥‥‥‥‥‥‥‥‥‥‥‥ 33

　　第二節　古史鉤沈 ‥‥‥‥‥‥‥‥‥‥‥‥ 37

　　　　一、五經周史之大宗 ‥‥‥‥‥‥‥‥‥ 38

　　　　二、諸子周史之小宗 ‥‥‥‥‥‥‥‥‥ 45

第四章　自珍的公羊學 ‥‥‥‥‥‥‥‥‥‥‥‥ 51

　　第一節　常州學的興起與發展 ‥‥‥‥‥‥‥ 51

　　第二節　自珍與劉逢祿、魏源公羊學之異同 ‥ 59

　　　　一、孔子與春秋 ‥‥‥‥‥‥‥‥‥‥‥ 60

　　　　二、今文經學與古文經學 ‥‥‥‥‥‥‥ 62

　　　　三、董仲舒與何休 ‥‥‥‥‥‥‥‥‥‥ 64

　　第三節　自珍公羊學之特色 ‥‥‥‥‥‥‥‥ 64

　　　　一、五經大義論 ‥‥‥‥‥‥‥‥‥‥‥ 67

　　　　二、三世說 ‥‥‥‥‥‥‥‥‥‥‥‥‥ 71

第五章　自珍的經世思想 ‥‥‥‥‥‥‥‥‥‥‥ 75

　　第一節　對時政的譏評 ‥‥‥‥‥‥‥‥‥‥ 76

　　第二節　經濟重農思想 ‥‥‥‥‥‥‥‥‥‥ 86

　　第三節　變法與革命思想 ‥‥‥‥‥‥‥‥‥ 90

結　論 ‥‥‥‥‥‥‥‥‥‥‥‥‥‥‥‥‥‥‥ 95

引用及參考書目 ‥‥‥‥‥‥‥‥‥‥‥‥‥‥‥ 99

目

次

緒　論

　　嘉道之際，乃清廷盛極而衰之關鍵。乾隆六十年太平盛世下所潛藏的危機，至嘉道以降逐漸一一呈現。和珅抄家被誅，顯示了清廷的腐敗；川、陝、甘的教匪之亂，也揭示了苛政暴歛在民間所引起的憤懣；而西北帝俄的覬覦，東南海防的危機，更暴露了清廷內憂外患的兼逼而至。在這樣一個大動盪的時代裏，專門漢學純學術的研究工作，實已無法適應時代的需求而將有所變易。

　　此其間有章學誠出，承浙東史學一脈倡史學經世；有桐城方東樹出，謂漢學之厭唯陸王是歸；又有常州公羊學派，治經刊落名物，主求微言大義於語言文字之外。凡此諸論，主張雖各有不同，然其用心皆是有鑑於漢學流弊，及世變日亟，思救亡圖存，而欲爲學界創一新路。

　　龔自珍即生在此一危機漸萌、衰亂將至之時代背景下，又因家學、師承、友朋之關係，兼受多方面思想之影響。自珍乃段玉裁之外孫，故有其「文字音韻」的家學；又嘗治史學，頗受章學誠「六經皆史」說之啓示；及壯歲居京師，又從劉逢祿習「公羊春秋」，是又受常州公羊學治經重微言大義以期經世之影響。「文字音韻」乃乾嘉專門漢學，而「常州公羊學」至道咸以降，已儼然滙成晚清思想之主流，此一主詁訓於文字、一主大義以經世之治學態度，判然二途。自珍處此思想更易、學術轉變之關鍵，是如何取舍運用，而建立一己之學術思想體系，並爲道咸以降開一風氣，誠值得我們深入研究。

　　本書有鑑於此，故欲探討自珍學術思想之全貌。自珍處此動盪之時代背景、及其特異之思想承受下，是如何對乾嘉經學做一取舍，又如何將其自身之經學與史學予以溝通，以建立其「一以貫之」之「經世思想」；再如何將此

「經世思想」與「公羊思想」相結合運用，以自發揮其一套「經世微言」於時政，而爲道咸以降之學術開一風氣。是爲本書探討之主題。簡言之則是：自珍在道咸學術轉變之際，所居之地位，及其重要性。

自珍作品散佚者頗多，今所論述以其所存之文集爲主，並兼采師友之著述以補不足。本書共分五章：首述自珍生平及思想背景；二、三章則由自珍對乾嘉學術的批評及其自身的經學取向，論至自珍經、史思想的一以貫之，及經世思想的成立；四章論述公羊學在自珍經世思想中所居之地位，及自珍在常州公羊學之發展上所作貢獻之突出；末章則述及自珍經世思想的具體表現。其中第四章論述自珍之公羊學，本章之所以於經學之外另立一章，其因有二：一因自珍六經正名中主張「經自經，傳自傳，傳不可以稱經」，故別立之；一因歷來言自珍之思想者，多未論及其公羊思想，而自珍之於公羊，不僅其本身深具心得，更在微言大義的靈活運用下，大大地推進了常州學的發展，並直接影響到晚清學風，即是——轉「論公羊於典籍」使成爲「論公羊於政治」。

學術隨世風而易。乾嘉專門漢學治學重文字考覈，而道、咸以降鑑於世變日亟，衰亂將至，故學風一轉而至治經重取大義以求經世。自珍居此之際，盱衡世局，評量漢學，又酌取公羊，遂建立其一己之思想體系，而爲晚清學術開一風氣。

第一章　自珍的生平及思想背景

第一節　生　平

　　龔自珍，一名易簡，更名鞏祚，字璱人，號定盦，又號羽琌山人。浙江仁和人。生清乾隆五十七年（1792）卒清道光二十一年（1841）。享年五十。自珍生值清勢漸陵，西力逼近之際，死前一年鴉片戰爭爆發，死後一年即訂定不平等之南京條約，又九年太平天國洪秀全起義。清祚遲暮，險象環生。自珍具先睹之識，闡幽顯微，轉易學風，誠開風氣者也。

　　龔氏世有隱德，至自珍祖匏伯公，方以科目起家，簪纓文史，稱浙右族。〔註1〕嘗批校《漢書》，家藏凡六、七通，又有手抄本。〔註2〕官禮部精膳司郎中，出知雲南楚雄府，以廉吏名。父闇齋先生，亦嘗官禮部，入國史館。闇齋先生為段玉裁女夫，嘗從玉裁受小學訓詁，亦自以經學課子弟。〔註3〕自珍幼承家學，又髫齔早慧，年十二即從外祖受許氏說文部目，自謂是「以經說字，以字說經之始」。〔註4〕此乃其文字音韻之家學耳。

　　嘉慶七年，闇齋先生服闋入都，自珍侍行，時年十一。然天才早發，於

〔註1〕　見吳綬編，〈定盦先生年譜〉，出自河洛出版社《龔自珍全集》附錄。以下簡稱〈年譜〉。本文所論自珍生平、出處及交游，多參考吳氏〈年譜〉。
〔註2〕　〈己亥雜詩〉六九首自注，《龔自珍全集》（台北：河洛圖書出版社，1975年。）以下簡稱《全集》，第十輯，頁516。
〔註3〕　見〈年譜〉。
〔註4〕　〈己亥雜詩〉五八首自注，《全集》，第十輯，頁514。

金石、目錄、古今官制之考，無所不靡，〔註5〕唯是情摯沈俊，喜爲詩詞。自珍幼時，乃母段恭人即口授吳梅村詩，及壯獨遊四方，每一吟此尤纏緜於心，蓋皆於慈母帳外燈前誦之耳。自珍天性淳厚，自幼然也。〔註6〕嘉慶十七年，自珍年廿一。過吳中見外王父段玉裁，出示所爲詩文，段玉裁美其詞曰：「銀盂盛雪，中有異境」，卻是「有害於治經史之性情」。〔註7〕次年又寄書勉之以經、史有用之學，努力爲名儒，爲名臣，勿願爲名士。〔註8〕即自珍自身亦未嘗欲眷戀於詞章，其〈湘月〉一篇作於年廿一，即有「文章雕蟲，男兒不爲」之意。曰：「屠狗功名，雕龍文卷，豈是平生意？」〔註9〕〈金縷曲〉作於年廿二，亦曰：「縱使文章驚海內，紙上蒼生而已，似春水干卿何事？」又暢言其志曰：「願得黃金三百萬，交盡美人名士，更結盡燕邯俠子」。〔註10〕蓋自珍以「簫心劍膽」自許，「江湖俠骨」自居，〔註11〕焉能久滯詩詞。

然自珍亦未嘗欲以經生終其身，雖自幼濡染樸學，然其早年持論已頗留心於治道時務。自珍自嘉慶七年隨父入都，至嘉慶十七年隨父赴徽州，居京師逾十年。於當時朝廷士大夫之習氣，君主待臣子之薄刻，及法制科條之繁瑣，資格用人之限才，自珍雖屬年少，然英才卓異，識膽閎深，已窺得其涯略。此期間所作〈明良論〉四篇，〔註12〕已顯議政經世之初端，其精邃切要處，直可驚世駭俗。

他首先譏詆那些「老成」之典型：因閱歷而審顧，因審顧而退葸，因退葸而尸玩；仕久而戀其籍，年高而顧其子孫；儽然終日，不肯自請去。而朝廷用人又以「資格」爲限，致使年少俊彥，不得展才。如此「老成」在位，而士大夫奄然無有生氣，混然終日，卻上諂下媚言曰「承平」，豈非將自取其

〔註5〕　〈年譜〉十四歲條下言：「始考古今官制」；年十六歲條下言：「始讀《四庫全書提要》，爲目錄之學。」

〔註6〕　見〈年譜〉。

〔註7〕　段玉裁，〈懷人館詞序〉。

〔註8〕　見〈年譜〉。

〔註9〕　〈湘月〉詞，《全集》，第十一輯，頁564～565。

〔註10〕　同上：〈金縷曲〉詞，頁565。

〔註11〕　自珍詩有「一簫一劍平生意」之句，又有「江湖俠骨恐無多」之句。前者見《全集》，第九輯，頁467。後者見《全集》，第十輯，頁521。

〔註12〕　〈明良論〉四篇後，自珍自記：「四論，乃弱歲後所作。」可見當在年廿至廿三，《全集》，第一輯，頁36。

敗？〔註13〕他又由士大夫之無生氣，人才不出，士節無恥，上溯到君臣相待之儀。蓋清以異族入主，苛條繁儀，訂有三跪九叩之朝儀，使朝臣朝見跪拜，夕見跪拜，全無禮遇。自珍深感憤懣，言曰：「士不知恥，爲國之大恥」，士之無恥是辱國，卿大夫之無恥是辱社稷。上既不以禮待臣，臣又如何能以恥節自持？故曰：「厲之以禮出乎上，報之以節出乎下，非禮無以勸節，非禮非節無以全恥」。〔註14〕蓋自珍之譏詆，實已切中專制君權過尊之弊。他又把清廷的束於律令卻不思救治，比喻成滿身疥癬的病體，無所措術，所以只好將四肢縛在獨木上，使四肢不能屈伸，而後冥心息慮，美其名爲「奉公守法」。「使奉公守法畏罪而遽可爲治，何以今之天下尚有幾微之未及於古也？」故自珍懇懇悃悃爲清求艾，倡言「變法」，甚至警告說：「恐異日之破壞條例，將有甚焉者矣！」〔註15〕

　　觀自珍此種文字，與乾嘉樸學「訓詁明而後義理明」之治學方法已然迥異，蓋學術隨世風而易耳。清入主中原，爲箝制漢人，多設束縛，又兼文字獄屢興，遂使士人才智一趨於名物訓詁；兼以雍乾盛世，天下承平，「學隱」之風益熾，〔註16〕其間吳皖二派貢獻實多。然，乾隆晚年，朝怠政荒，衰象漸呈，降及嘉慶，內亂外患隱隱然作。而君朝大夫，仍承乾隆盛世，酣戲醉飽，於諸隱痛瞠目未睹。自珍居京十年，盱衡世局，識深憂早，又兼具曠世之才、先睹之識，發爲議論，誠如章學誠所言：學術當以經世，毋驅風氣追時尚耳。〔註17〕是值日暮冥冥，冷瑟初秋，自珍孤根君子，焉能滯守音韻詁訓哉！〈明良論〉四篇，雖是議論初發，然已開學者論政之風。清儒除明末遺老外，即罕言政治。嘉慶初，堅冰乍解，根蘗重萌，士大夫乃稍稍發舒爲政論，自珍實爲開風氣之一人。文成，外祖段玉裁批曰：吾且耄，猶見此才而死，吾不恨矣！〔註18〕玉裁乃戴震之弟子，一代經師，立言如此，學風之將易，豈遠乎哉？

　　嘉慶十五年，自珍年十九。應順天鄉試，由監生中式副榜第廿八名。又二年，由副榜貢生考充武英殿校錄，自是爲校讎掌故之學，終身不懈。〔註19〕

〔註13〕〈明良論三〉，《全集》，頁33～34。
〔註14〕〈明良論二〉，《全集》，頁31～33。
〔註15〕〈明良論四〉，《全集》，頁34～36。
〔註16〕章炳麟，〈學隱〉，《檢論》（台北：廣文書局，1970年），卷四。即指乾嘉專門漢學而言。
〔註17〕章學誠，〈天喻〉，《文史通義》（台北：漢聲出版社，1973年），內篇六。
〔註18〕見〈年譜〉。
〔註19〕同上。

同年三月，父闇齋先生簡放徽州知府，自珍侍行。又二年（嘉慶十九年）闇齋先生在徽州議修徽州府志，延汪龍、洪飴孫、武穆淳、胡文水諸子纂修，凡甄綜人物、搜輯「掌故」之役，恒命自珍爲之。〔註20〕自珍有與諸子書，暢論修志之方，認爲：府志乃省志之底本，以儲他日之史，宜繁不宜簡；故不宜翦除埋沒忠清文學幽貞郁烈之士女。〔註21〕又說：史家不能逃古今之大勢。蓋史家之責乃在出古入今，上探歷代制度得失，下究當朝時務以爲定奪。故今日掌故之豐實，正足以預儲他日之史。〔註22〕自珍一生搜輯掌故，亦自以爲豪，其目的一爲儲他日之史；一爲觀今日之勢，以定經濟緩急之策。

　　嘉慶二十一年丙子，自珍年廿五。離徽赴上海，時闇齋先生擢江南蘇松太兵備道。上海縐轂東南，闇齋先生以宿學任監司，一時高才碩彥，多集其門。自珍在此期間內，無論於學、於友皆多所獲益。他一方面與鈕樹玉、何元錫諸君搜討典籍，凡文淵閣未著錄者，及流傳本之據善本校者，必輾轉錄副。〔註23〕一方面又結交傳記學家江藩、陳奐，經由相互之學術討論，使自珍對乾嘉樸學，有了一個新的認識。且對自身之經學取向，有了明確的抉擇，而益發究心於當世之務。

　　自珍自幼即從外祖段玉裁習說文部目，故其文字音韻之根柢甚厚。及長，年廿七應浙江鄉試中舉時，座主又爲當世經學大師王引之。〔註24〕受家學師承影響，故早年嘗有志寫定群經。唯是自珍之性情「哀樂過人」，又親睹政治之將敗、世風之頹靡，早年立論即以「挽弊救頹」自任。又見專門漢學以字說經，流風所至漸趨繁瑣，對治道人心毫無補益。遂思及聖人之道乃道問學、尊德性二大端，二端之初，不相非而相用；名物制度爲之表，窮理盡性爲之裏；六書音韻爲之末，性道治天下爲之本；唯是本末兼治、文質兼備，方合聖人「一以貫之」之道，亦方能收孔子正名以「興禮、齊刑」之實功實效。〔註25〕遂對清初以來的考證之學下一論斷曰：「入我朝，儒術博矣，然其運實爲道問學」。〔註26〕自珍此論，實在是經過一番深切反省。蓋乾嘉

〔註20〕同上。
〔註21〕〈與徽州府志局纂修諸子書〉，《全集》，第五輯，頁334。
〔註22〕同上。
〔註23〕見〈年譜〉。
〔註24〕同上。
〔註25〕參考〈江子屏所著書序〉及〈陳碩甫所著書序〉，皆見《全集》，第三輯，頁193～196。
〔註26〕〈江子屏所著書序〉，頁193。

專門漢學謹嚴的治學態度是自珍所信服的，經學大師尊古謙讓的修養，更為自珍所敬仰；〔註27〕然「六書九數為之始，性道治天下為之終」，〔註28〕乃聖人一貫之道，加以世變日亟，悠悠蒼生，自珍又體物情重、救世心切，遂不得不擇取「東西南北之學」，並對外祖、師承之經學，宣告「不能寫定矣」。〔註29〕然自珍並非棄經學於不顧，只是他發現己身之志趣，與時代之要求，使他不能再做文字詁訓的工夫；但他並不斥棄文字詁訓，他曾說文字詁訓「則足以慰好學臚古者之志」，〔註30〕可見他仍然客觀地認許它有「道問學」的獨立價值。只是自珍自己，哀將萎之華、將夕之日，睊睊悱惻於天下蒼生，遂不得不易「好學臚古」（寫定群經）的經學態度，轉為「通古近、定民生，以治天下」的經學態度。〔註31〕至此，自珍確立了他的治經學態度，然此僅為初端，迨習公羊之後，其經學才有實質的「治世」內容。

再者，自珍此期之政論，益為風發，有不可一世之慨。自珍在嘉慶二十年乙亥、嘉慶二十一年丙子間，作有〈乙丙之際箸議（塾議）〉七篇，繼〈明良論〉四篇，對專制君權之斲戮人才、拘法不革有更深一層的刺評。其中尤以「革命」觀念之漸萌，及經濟思想之初現，最堪注意。自珍在〈勸豫〉一文中，雖殷殷為清之變法勸勉，所謂：「天何必不樂一姓耶？鬼何必不享一姓耶？奮之！奮之！」然卻又不得不引朝代更「革」之例，警戒清廷，曰：「我祖所以興，豈非『革』前代之敝耶？前代所以興，又非『革』前代之敝耶？」而說出：「與其贈來者以勁改革，孰若自改革？」的話。尤其在〈箸議〉第九，深憤清廷之戮才而說：「才者自度將見戮，則蚤夜號以求治，求治而不得，悖悍者則蚤夜號以求亂。」〔註32〕自珍乃探世變之聖，其所謂「亂」，在其卒後十年果有太平天國洪楊之亂起。

晚清諸多社會弊端，經濟問題實為首要，這在同治朝自強運動重兵重富中即可見。自珍於數十年前已具先睹之識，他認為經濟問題中，食貨最重要。「貨」之不足，乃因鴉片購入，白銀外流，故主張禁鴉片。〔註33〕又認為

〔註27〕參考〈抱小〉，《全集》，第一輯，頁93至94；及〈工部尚書高郵王文簡公墓表銘〉，《全集》，第二輯頁147～149。

〔註28〕詳第二章。

〔註29〕同上。

〔註30〕〈古史鈎沈論三〉，《全集》，第一輯，頁26。

〔註31〕詳第二章。

〔註32〕〈乙丙之際箸議第七〉頁6，及〈乙丙之際箸議第九〉，頁7，《全集》，第一輯。

〔註33〕詳第五章第二節。

「食」之不足，是經濟危機之最堪注意者，故主張重農以求富。自珍年卅二有〈農宗〉之作，反對儒家宗法制度由上而下的主張，而認爲宗法制度應由下而上，言曰：「唯農爲初有宗」。主張將農民依血統建立一套宗法關係，而將此宗法關係與土地緊密結合。其方法是將農民依嫡庶長幼的次序，分成大宗、小宗、群宗、閑民四等；大宗有田百畝，小宗、群宗各有田二五畝，閑民無田，但須佃田而耕，大宗須佃閑民五，小宗、群宗各佃一。如此，天下縱使有無田之人，亦無飢盜之民，因其皆致力於「爲天下出穀」矣。〔註34〕自珍此一「農宗」制度，有一特色，實堪注意，即是「不限田」。自珍認爲土地之廣，乃「此亡國之所懼，興王之所資也」，〔註35〕故主張「有德此有人，有人此有土矣」，〔註36〕倘是興王之德不足以御民，則須藉助於武力，一旦武力不足以控制，「則楚以三戶亡秦」。〔註37〕自珍此意已明白顯示「得民者昌，失民者亡」，不僅有深厚的民本思想，甚至對君道，也做了一種詮釋。這種言論實已近乎「革命」思想，在當時足可驚世駭俗。自珍先睹之識，曠世難匹！〔註38〕

　　嘉慶二十三年，自珍年廿七，應浙江鄉試中舉。次年，應恩科會試不第，留京師，始從劉逢祿受公羊春秋。自珍此期間之交遊、受學又有一大變化，對日後之所學、所論，大有助益。蓋自珍昔日所交多老蒼，和乾隆庚戌榜過從最密，次則嘉慶己未，多談藝之士。及乎壯歲，所接海內通人勝士，尤不可勝數。其爲學則靡書不覽，又喜與人辯駁，雖小屈，必旁徵博引以伸己說。〔註39〕及留京師，與莊綬甲友善，又識魏源，同從學於劉逢祿，相與切磋，遂明西京微言大義之學。並與宋翔鳳友善，言其：「樸學奇材張一軍」，嘗深致愛慕之意曰：「萬人叢中一握手，使我衣袖三年香」。〔註40〕劉、宋乃常州莊存與之外孫、莊述祖之外甥，家學一脈，治經重微言大義，尤取公羊春秋以求經世。自珍既不滿專門漢學之有文無質，〔註41〕又有志匡世，故聞公羊之說而悅。嘗自記從學於劉逢祿曰：「昨日相逢劉禮部，高言大句快無加；從

〔註34〕同上。
〔註35〕〈農宗答問第四〉，《全集》，第一輯，頁55。
〔註36〕同上，〈農宗答問第一〉，頁54。
〔註37〕同上，〈農宗答問第五〉，頁55。
〔註38〕詳第五章第三節。
〔註39〕見〈年譜〉。
〔註40〕〈投宋于庭〉，《全集》，第九輯，頁462。
〔註41〕詳第二章。

君燒盡蟲魚學，甘作東京賣餅家」。〔註42〕唯自珍對公羊思想乃自作取舍，未盡全承耳。年卅二有〈五經大義終始論〉之作，今言自珍之公羊學，當以此文爲據。（晚年雖有《春秋決事比》之作，然其書已佚，無資借鏡。）

　　自珍雖與魏源同習公羊於劉逢祿，然其於公羊之取舍，實具「別識心裁」，而與劉、魏有異。常州之學始於莊存與，至劉逢祿方明白樹立公羊春秋之學。魏源承劉氏之說，而更爲熾張，緣公羊一經上溯至信今文諸經，並以上復西漢爲己任。〔註43〕然自珍治經卻不斤斤於今、古文之辯，主張今、古文兼采，即使治春秋亦不偏廢三傳。劉、魏於公羊皆有專門成體系之著作，如劉氏之《公羊何氏釋例》，《公羊何氏解詁箋》，魏氏之《董子春秋發微》，用整理歸納的方法，詳析義例。然自珍之治公羊並不齦齦於條例的分析，而是著重在微言大義的活用。常州學發展到自珍，才從論學於典籍轉臻至論政於時務。而其對公羊學的獨具心得，在〈五經大義終始論〉、及「三世」觀的活用上最可證見。

　　自珍認爲不僅通古今可以分爲三世，春秋二百四十年可以分爲三世，即一歲一日亦可分爲三世。〔註44〕因此他將詩、書、禮、易皆以「三世」解之，使五經皆具據亂、升平、太平的進化次第。〔註45〕不僅如此，他把聖人終始之道的「始乎飲食、中乎制作、終乎聞性與天道」與五經之三世相配合，使成爲「食貨者，據亂而作。祀也，司徒、司寇、司空也，治升平之事。賓師乃文致太平之事」。〔註46〕如此五經皆含有三世，而三世各有其政事之所側重。如此，自珍一向的治學態度：定民生、治天下，在公羊「三世」觀的配合下，變得更活潑、更積極、更與實際民生聯繫，也更切合時用。不僅發揮了常州學的精神，也使自珍的議政文字，意蘊深遠。其〈尊隱〉一文，〔註47〕將一日分成三時：早時、午時、昏時。並用昏時之「日之將夕，悲風驟至，人思燈燭，慘慘目光」，及賢人散於外、京師如鼠壤，比喻清之將衰，甚至明言將有「山中之民」之亂起。〈尊隱〉文末甚至說：「則山中之民，有大音聲起，天地爲之鐘鼓，神人爲之波濤矣。」〔註48〕試將此段文字與〈五經大義

〔註42〕〈雜詩〉，《全集》，第九輯，頁441。
〔註43〕詳第四章第一節。
〔註44〕〈五經大義終始答問八〉，《全集》，第一輯，頁48。
〔註45〕詳第四章第三節。
〔註46〕〈五經大義終始答問一〉，《全集》，第一輯，頁46。
〔註47〕自珍〈尊隱〉一文，文字隱晦，含意幽眇，但如以「歸隱」視自珍，則誤矣。唯詳析後可得其眞意。
〔註48〕〈尊隱〉，《全集》，第一輯，頁86～89。

終始論〉所云：「其衰也，賢人散於外，而公侯貴人之家，猶爭賓客於酒食。其大衰也，豪傑出，陰聘天下之名士，而王運去矣」並觀，則自珍之革命思想明顯可見。此種立論，眞是大膽，而細觀自珍文字之運用，亦是巧妙至極。著有「捕」文三篇，自障蔽其文，而蘊意深刻，文思高妙。這種以「障蔽」之法撰文的技巧，實不無得力於研治公羊之學耳。

詳析自珍之公羊學，吾人可言，自珍公羊學之特色在：「從論學到論政」；也就是改變以往論公羊於「典籍」，使成爲論公羊於「時政」。自珍對公羊學的態度，是採取直接擷取運用的方式，未嘗汲汲於建立一有體系之理論或條例。蓋自珍之志趣，本在議政經世；而公羊之微言大義，蘊意深遠，正足以爲其議政之援。故自珍之公羊學，就其本身學術思想而言，是代表著「積極」和「活潑」的意味；對常州學的發展而言，則是開「援經議政」之先河。晚清學者論政，每喜援引公羊，自珍實開風氣者。

嘉慶二十五年，自珍年廿九。會試仍下第。筮仕得內閣中書。明年，又在內閣任國史館校對官。初，自珍於京師識程同文，時同文「充會典館提調官，承修大清會典」，其理藩院一門，及青海西藏各圖，皆開斜方而得之，屬自珍校理，是爲天地東西南北之學之始。而於西北兩塞外部落、世系、風俗、山川形勢、原流合分，尤役心力，洞明邊事，雅稱絕詣，時稱程龔。又與徐松相友善，松精於西北地理，作有二表，自珍自撰《蒙古圖志》，嘗沿用之。〔註 49〕

道光元年，自珍年卅。國史館重修一統志，自珍上書總裁，論西北塞外諸部落沿革，訂舊志之疏漏，凡一十八條。〔註 50〕然其最爲人稱道者則爲〈西域置行省議〉，與其同時寫成者有〈東南罷番舶議〉，惜文已佚，觀其名，亦可想見自珍對東南海防所寄之關切。其〈西域置行省議〉之要點，乃在移內地游食之民，以開發西北地利，既爲邊防，又可擴疆牧農以裕中原。蓋自珍久居京師，見人心承乾隆之盛，習於游蕩，而中國生齒日繁，黃河爲禍，京畿多飢，一味徵稅加賦，猶如割臀肥腦，非治本之法，故主張「人則損中益西，財則損西益中」，〔註 51〕並詳列條目，以備實施；惜未被採納。自珍晚年樂道之餘，不免獨生感觸：「五十年中言定驗，蒼茫六合此微官」。〔註 52〕果然六十年後，西域置

〔註 49〕 見〈年譜〉。
〔註 50〕 同上。
〔註 51〕 〈西域置行省議〉，見《全集》，第一輯，頁 105～112。
〔註 52〕 〈己亥雜詩〉七六首，見《全集》，第十輯，頁 516。

省，李鴻章喟嘆之餘，亦不免盛讚自珍之深識遠見。〔註53〕

　　自珍抱曠世之才、具先睹之識，又哀樂過人，用世心切。自弱歲以來，立論文字，詞采瑰眇，筆勢鋒利；又因識膽閎深，故多「越分」之言。天下方酣酖逸樂，自珍卻每言生靈塗炭，社稷岌岌，多作危言聳聽，故時人以「狂生」「狂言」目之。〔註54〕自珍亦自知難行，嘗與江沅書中言：

> 陳餓夫之晨呻於九賓鼎食之席則叱矣，愬寡女之夜哭於房中琴好之家則誶矣，況陳且愬者之本有難言也乎？〔註55〕

不免深痛而「榜其居曰『積思之門』，顏其寢曰『寡懽之府』，銘其凭曰『多憤之木』」。〔註56〕

　　自珍少時即以詩名，唯是哀樂過人，下筆情深不能自已，又兼事心每相違逆，故多傷勞肝肺。年廿九秋，曾戒詩；然年卅夏，考軍機處不第，遂又破戒為詩，至死不倦。蓋自珍之性情，本為「一簫一劍」，嘗有詩言：「怨去吹簫，狂來說劍」。〔註57〕唯其是劍，故識膽閎深，議論縱橫；唯其是簫，故纏綿易感，隱約徬徨。加以嘉慶二十五年（年廿九）不第、道光三年（年卅二）又不第。功名蹭蹬，壯志莫展。不免寄情詩酒，與友人顧千里、鈕樹玉、吳文澂、江沅、秦敦夫相與唱吟，稍寄舒慨。後人每以此論自珍涼薄無行，〔註58〕誠是一偏之見。自珍有〈宥情〉一文，自言己於「哀樂也，沈沈然」，閑居時「陰氣沈沈來襲心，不知何病」？有〈又懺心一首〉，最可見其性情：

> 佛言劫火遇皆銷，何物千年怒若潮？經濟文章磨白晝，幽光狂慧復中宵。來何洶湧須揮劍，去尚纏綿可付簫。心藥心靈總心病，寓言決欲就燈燒。〔註59〕

是可見自珍性情之纏綿熱切。自珍抱掩世之才，寓汲汲用世之心，如洶湧怒

〔註53〕李鴻章，〈黑龍江述略序〉曰：「古今雄偉非常之端，往往創於書生憂患之所得。龔氏自珍議西域置行省於道光朝，而卒大設施於今日。」按：此云道光朝乃誤。自珍〈西域置行省議〉倡於嘉慶廿五年。新疆置行省在光緒八年。相距六十二年。

〔註54〕〈與人箋〉：「又為自珍所得言於閣下而絕非自珍平日之狂言」，《全集》，第五輯，頁343。又同書〈古史鉤沈論三〉言：「吾之始猖狂也。」《全集》，第一輯，頁26。

〔註55〕〈與江居士箋〉，《全集》，第五輯，頁345。

〔註56〕同上。

〔註57〕同註9。

〔註58〕王國維，《人間詞話》（台北：開明書局，1971年），卷下。

〔註59〕〈又懺心一首〉，《全集》，第九輯，頁445。

潮；唯是立論高眇，又喜謔浪，竟至寥落顛簸，蹭蹬終生。

　　道光三年，下第後。居京師，自編甲戌（年廿三）以還文章，爲文集三卷，餘集三卷。既竣，見所棄者倍所存者，因又錄少作一十八篇。吳昌綬《定盦先生年譜》自言：「搜獲一冊」，惜今不得見。六月，刊定《無著詞》，《懷人館詞》，《影事詞》，《小奢摩詞》，都一百三首，晚歲頗悔存之。七月，母段恭人卒於蘇松道署，自珍解職奔喪，奉櫬還杭州，殯於花園埂。植梅五十本於墓上。〔註60〕

　　道光六年，自珍年卅五。入都會試又不第。是科劉禮部與分校，鄰房有浙江、湖南二卷，經策奧博，曰：「此必仁和龔君自珍、邵陽魏君源也」，亟勸力薦，不售。夏，祭程同文於城西古寺，同文與闇齋公相後先，自珍以父執禮之，皆以精於邊疆輿地聞世，時稱「程龔」。同文卒後，時人方稱「龔魏」。自珍居京鬱鬱，與妻何宜人賦〈寒月吟〉，慨念勞生，有偕隱之志。〔註61〕

　　道光七年，自珍年卅六。四月，投牒更名易簡。十月，錄辛巳（年三十）以來七年之作百廿八篇，爲《破戒草》一卷：又《存餘集》五十七篇，亦一卷。〔註62〕初，道光二年，自珍有〈行路易〉之作，言京師爲猛虎，居之不易。又自言己：「門寒地遠性儻蕩，出門無階媚天子」。終是青雲無路，內衷隱痛，何人爲識？自珍自辛巳以來詩作，以此年最爲沈鬱，憂國之志，見招之思，發爲詩文，徬徨多豫。既言「去去亦何求，買山請歸爾」，又言「黔首本骨肉，天地本比鄰，……四海變秋氣，一室難爲春」，故自珍終成「所以慷慨士，不得不悲辛」。〔註63〕

　　道光九年，自珍年卅八。會試中式第九十五名。殿試三甲第十九名，賜同進士出身。朝考，奉旨以知縣用，呈請仍歸中書原班。自珍〈己亥雜詩〉，自記言：「己丑殿試，大旨祖王荊公上仁宗皇帝書」。〔註64〕及朝考，欽命題「安邊綏遠疏」，時張格爾甫平，方議新疆善後。自珍臚舉時事，灑灑千餘言，直陳無隱，閱卷諸公皆大驚，卒以楷法不中程，不列優等。〔註65〕自珍甚是

〔註60〕見〈年譜〉。

〔註61〕同上。

〔註62〕同上。

〔註63〕引詩皆見「自春徂秋，偶有所觸，拉雜書之，漫不詮次，得十五首。」《全集》，第九輯，頁485～488。

〔註64〕〈己亥雜詩〉四十四首，《全集》，第十輯，頁513。

〔註65〕見〈年譜〉。

憤懣。

　　自珍自廿八歲下第，至卅八歲方才登第，鬱鬱寥落，十載有餘。今既登第，躍躍欲試；又因自年廿九至今，居內閣近十載，於內閣故事最為洽熟，故十二月〈上大學士書〉，即言內閣故事當改者六事，又殷殷囑意曰：

> 自珍少讀歷代史書及國朝掌故，自古及今，法無不改，勢無不積，事
> 例無不變遷，風氣無不移易，所恃者，人材必不絕於世而已。〔註66〕

未能果行。

　　道光十二年，自珍年四十一。夏，大旱，詔求直言，大學士蒙古文誠公富俊五度就訪，自珍手陳〈當世急務八條〉，文誠讀至「汰冗濫」一條，動色以為難行，餘頗欣賞。〔註67〕然今文集中不存，其是可惜！

　　道光十三年，自珍年四十二。是年撰有《左氏春秋服杜補義》，《左氏決疣》各一卷，又有《西漢君臣稱春秋之義考》一卷，今皆不見。唯〈己亥雜詩〉中自記：「癸巳歲，成《左氏春秋服杜補義》一卷。其劉歆竄益左氏顯然有迹者，為《左氏決疣》一卷」。又有〈六經正名〉、暨〈答問〉五篇、〈古史鉤沈論〉四篇。案〈國朝詩徵序〉言：「年三十四，著〈古史鉤沈論〉七千言，具稿七年，未寫定。」今存四篇，不足五千言，則刪省多矣。〔註68〕此二文實為自珍晚年思想之代表。

　　自珍一生囑意於民生時務，卻未嘗離棄經史。其自言：

> 不研乎經，不知經術之為本源也：不討乎史，不知史事之為鑑也。
> 不通乎當世之務，不知經、史施於今日之孰緩、孰亟、孰可行、孰
> 不可行也。〔註69〕

　　是知，經史乃治世之本。故自珍晚年倡「尊史」之說，認為「史存國存，史亡國亡」。其尊史，乃尊其心，尊其善出入之心：唯是善入，故能於歷代制度得失窺其源由；唯是善出，故能審度當世以為孰緩、孰亟之權衡。然國史自周之東遷，多有零落，自珍喟傷之餘，願以「鉤沈古史」以存史統自任。不過，鉤沈古史以存史統，只是自珍「尊史」說之一層，自珍〈古史鉤沈論二〉中曾言：「稱為儒者流喜，稱為群流則慍，此失其情也。號為治經則道尊，

〔註66〕〈上大學士書〉，《全集》，第五輯，頁319。
〔註67〕見〈年譜〉。
〔註68〕同上。
〔註69〕〈對策〉，《全集》，第一輯，頁114。

號爲學史則道絀，此失其名也」。欲合其情、欲正其名，自須溯經史之源。顯明可見的，自珍在「探源史統之源流」的主張下，對經學和子學重新作了一個評估，這就是他著名的「五經，周史之大宗；諸子，周史之小宗」論。

自珍在〈乙丙之際箸議第六〉，即已說明三代以上治、學合一。所治之法及所學之書，皆由史職掌守，師儒傳習；迨政教末失，師儒源一流百，其書亦百其流焉，遂各守所聞，而欲措之當世以爲用；可見諸子之學的興起，考其源流，亦皆出於史。因此自珍闡揚周之世官，認爲唯史唯大，史之外無有語言，史之外無有文字，史之外無人倫品目。如此則一切語言、文字、人倫品目皆存於史。而周之語言、文字、人倫品目之所存者，即是儒者所謂的「六經」，於是自珍說「六經者，周史之宗子也」。然則史之名先？抑或經之名先？自珍則謂：「三代以上，無文章之士，而有群史之官」。又說：「是故儒者言六經，經之名，周之東有之」。〔註70〕三代之際已有史，而經之名乃西周方有。如此「經、史」之名得「正」。自珍之世，經學仍盛，號爲治經則道尊，號爲學史則道絀；殊不知，經史所以致用，倘是治經只求「文字音韻」，則經之義爲「死義」，倘是治史只求「考證制度」，則史之義爲「死義」。自珍「五經皆史」之意，乃在說明：史學所以經世。唯能將歷代興亡、得失、利弊之迹，了然於心，使「史事」之意「活用」，方眞能得經、史治世之本意。逐字明經，只是聖人之道之「末」。蓋自珍尊史之「心」，用意在此。

至於諸子，自珍認爲：政教末失，學術下私人之後，著書之徒出，各守其肄習之業，以措之當世。然其源流，皆出於史。故言：諸子乃周史之小宗。然則爲何「稱爲儒者流則喜，稱爲群流則慍，此失其情也」？自珍「六經正名」中曾言：「經自經，子自子，傳記可配經，子不可配經」；又說：「傳記，猶天子畿內卿大夫也；諸子，猶公侯各君其國，各子其民，不專事天子者也」。〔註71〕諸子之學自漢「獨尊儒術」以來，即難與經相抗，自清以後，治者漸多，如傅山、汪中。自珍亦喜治諸子，嘗因好「雜家」言，卒不能寫定群經。〔註72〕此處，自珍更在學術史的源流上，將諸子視爲「公侯各君其國，不專

〔註70〕上句引文見〈商周彝器文錄序〉，《全集》，第四輯，頁267。下句見〈古史鉤沈論二〉，《全集》，第一輯，頁21。

〔註71〕前句見〈六經正名答問五〉，《全集》，第一輯，頁41。後句見〈六經正名〉，同書，頁38。

〔註72〕〈古史鉤沈論三〉言：「友朋之賢者也，皆語自珍曰：曷不寫定易、書、詩、春秋？方讀百家，好雜家之言，未暇也。」《全集》，第一輯，頁25。

事天子」，明白承認諸子乃一師之言，有其獨立的價值。因此將「小宗」言諸子，「大宗」言六經，又在「周史」的大傳統下經、子並列，有意識地提高了諸子的地位。

道光十四年，自珍年四十三。自珍一生曾十一試，其中有八次不中，尤以道光九年之試，臚舉時事，灑灑千餘言，卻因「楷法」不中程式，不列優等。自珍自弱歲即不滿清廷繁科瑣令，資格用人；至此乃作《干祿新書》一卷，譏詆清廷擢才不以才，但以「楷法」爲準，文字十分諷刺。自珍自少年時即爲文譏議時政，及年四十五仍勤勤懇懇，未嘗一日或忘。居京師時，適友人王元鳳戍軍臺，自珍喟嘆曰：「承平之世，漏稅而已，設生昔之世，與凡守關以爲險之世，有不大駭北兵自天而降者哉！」〔註73〕

道光十七年，自珍年四十六。三月，改禮部主事祠祭司行走，四月，補主客司主事，仍兼祠祭司。〔註74〕自珍嘗從江沅習佛法，尤究心於大乘，晚年著述頗盛。然佛法之習，僅爲自珍之遁詞，其一生實始終未能忘懷於國計民生。次年，又爲〈上禮部堂上官書〉，論四司政體宜沿宜革者三千言。同年欽差大臣林則徐赴廣東查辦海口事件，自珍作序贈行，極言：「刑亂邦用重典」，凡食、販及造鴉片者皆宜誅首，務使絕其源；倘勸之無以禁，自當以武力取勝。又勉以勿爲「老成迂拙」之人所游說。〔註75〕蓋鴉片之入，白銀之出，國貧人虛，勢實堪虞。自珍深謀遠識，憂心忡忡。然林氏覆信，卻有「事勢有難言者」之句；〔註76〕則自珍「秋士春心」終成「滿襟清淚渡黃河」矣。是歲，自珍又成《春秋決事比》六卷，今只得見序目及答問一卷，大旨欲「以春秋之律救正當世之律」，惜全貌已難窺見。

道光十九年，自珍年四十八。冷署閑曹，壯志難酬，又性情豪邁，高言嗜奇，多觸時忌。值闇齋先生年逾七旬，從父文恭公適任禮部堂上官，例當引避，遂辭官出都。不携眷屬、僕從，以一車自載，一車載文集百卷以行，夷然傲然，不以貧自餒。渡黃河歸杭，途中雜記行程，兼述舊事，得詩三百十五首，題曰〈己亥雜詩〉，平生出處、交游、著述，得以考見。〔註77〕今觀自珍出都之作，一心天下蒼生，儼然老杜胸臆，纏綿憂感，鬱鬱終生。有詩：

〔註73〕同上，〈說居庸關〉，頁137。
〔註74〕見〈年譜〉。
〔註75〕見〈送欽差大臣侯官林公序〉，《全集》，第二輯，頁169～171。
〔註76〕見上文文後所錄之〈林則徐復札〉。
〔註77〕見〈年譜〉。

> 浩蕩離愁白日斜，吟鞭東指即天涯；落紅不是無情物，化作春泥更
> 護花。

自珍抱瑰偉奇麗之才，具先睹之識，有攬轡澄清之志；見國勢阽危，民生耗敗，外交棘手，人材空疎，遂留心經濟，倡言變法。無奈「一蟲獨警誰同覺，萬馬無聲病養癰」，〔註78〕「老成」典型，疥癬痼疾；自珍孤根君子，獨鳴初秋，悃悃憂思，亦沉寥終身於一「微官」耳！楊象濟詩：「斯才不令修青史，乾隆以還無與倫；衣香禪榻等閒死，應為皇清惜此人」！〔註79〕

道光二十一年。春，就丹陽雲陽書院講席。七月，至丹陽，館於縣署。八月十二日，暴疾捐館。享年五十。

第二節　思想背景

乾嘉專門漢學治經重文字詁訓的態度，自閻若璩以來即廣衍天下。這一方面是因為清廷箝制思想，屢興文字獄，一方面也因為海平承平，故聰明才智盡趨於考文。其貢獻雖多，然流弊所至，終使學術與民生治道相隔，章炳麟稱其為「學隱」之風，為經學而治經學，其目的本不在經濟治道。〔註80〕嘉道以還，清勢漸陵，和珅抄家被誅，顯示了清廷的腐敗；而川、陝、甘的民變，及東南海防的危機、西北帝俄的覬覦，更表露了清廷內憂外患的兼逼而至。於是有學者出，而欲扭轉這種純學術研究的風氣。

章學誠承浙東史學一脈，倡言「六經皆史」，主張：

> 故善言天人性命，未有不切人事者。三代學術，知其史而不知有經，切人事也。後人貴經術，以其即三代之史耳。近人談經，似於人事之外別有所謂義理矣。……史學所以經世，固非空言著述也。且如六經同出於孔子，先儒以為其功莫大於春秋，正以切合當時人事耳。
>
> 〔註81〕

章氏一再強調：六經非先王有意立為文字以傳後世，乃是「典章制度見於政教行事之實」。〔註82〕因此他不滿乾嘉求道於經之「文字」的態度，而主張求

〔註78〕《全集》附錄，頁639。
〔註79〕同上，頁638。
〔註80〕見章炳麟，〈學隱〉，《檢論》，卷四。
〔註81〕章學誠，〈浙東學術〉，《文史通義》，內篇二。
〔註82〕同書，〈經解上〉，內篇一。

道應於「人倫日用」。〔註 83〕所以說「經之流變必入於史」，〔註 84〕史學最切人事，故又說「史學所以經世」。

章氏這種「六經皆史」的主張，乃為救當時經學家以訓詁考覈求理之蔽；然這種主張，卻對龔自珍有極大的啓發。自珍在這個啓示下，不僅對學術的源流，經、子的地位，做了個重估；也對自身治經、史的態度，有了一貫的主張。而此主張也就是他學術思想的主要基礎。

乾嘉學風的轉變，不僅是治學態度的由「重文字」，轉成「重人事」，而是有一批學者，直接在時政上，提出批評。此種學者論政的風氣，自明末遺老以後，即已罕見；迨至乾隆晚葉，衰象漸呈，始漸有學者出而抨擊。戴震《原善》下卷，已隱斥吏弊，言：「亂之本，鮮不成於之上，然後民受之轉移於下」。〔註 85〕洪亮吉更在〈征邪教疏〉中曰：「人民不欲犯法，由于州縣官吏借邪教之名，把持之、誅求之、不逼至于為賊不止」；又因應詔直言，反遭遣戍。〔註 86〕然憂患之士救弊心切，譏議時政，未因顛簸而止。這種學者論政風氣的再現，在乾嘉學風的轉向上，無疑地是一大助力。

章學誠在〈上執政論時務書〉中，明揭「官迫民反」四字，甚至說：

> 督撫官司，向以貪墨聞，……今之寇患，皆其所釀，今之虧空，皆其所開；其罪深于川陝教匪，駢誅未足蔽辜。〔註87〕

章氏之意將民亂、海患歸咎於吏胥之貪歛不知愛民。蓋議政文字之初，大多是針對吏弊而發。當其時，尚有陽湖派文士，雖以文學名世，卻亦有感於世變，而重言時務者。惲敬在〈三代因革論〉中，即言：

> 先王之道，因時適變；為法不同，而考之無疵、用之無蔽。……彼諸儒博士者，過于尊聖賢而疏于察凡庶，敢于從古昔而怯于赴時勢；

〔註83〕同書，〈原道中〉，內篇二言：「彼舍天下事物人倫日用，而守六籍以言道，則固不足與言夫道矣」。

〔註84〕同書，〈與汪龍莊書〉，外篇三。

〔註85〕戴震，《原善》（台北：藝文印書館，1971年），下卷：「在位者多涼德而善欺背，以為民害，則民亦相欺而罔極矣。在位者肆其貪，不異寇取，則民怨苦而動搖不定矣。凡此非民性使然也，職由於貪暴以賊其民所致。亂之本，鮮不成之於上，然後民受之轉移於下。莫之或解也。乃曰：民之所為不善。用是仇民，亦大惑矣」。

〔註86〕洪亮吉，《卷施閣文》（《四部刊本》），甲集，卷十〈征邪教疏〉。洪亮吉於嘉慶三年詔陳時事數千言，因直言由軍機大臣會同刑部審以不敬律斬，奉旨免死，發往伊犁。見《洪北江先生年譜》。

〔註87〕見〈上執政論時務書〉，《章氏遺書》，卷廿九。

篤于信專門而薄于考通方,豈足以知聖人哉?〔註88〕

他一方面批評乾嘉治學,過於尊聖賢、信專門,以致於疏忽了凡庶、時務;一方面也倡言學術當求經世,故應與「凡庶、時務」交相爲用,以收因時制宜之效。梅曾亮亦批評「居官者」曰:

天下之患,……居官者有不事事之心,而以其位爲寄,汲汲然去之,是之爲大患。〔註89〕

而管同又由吏治之敗壞,上溯到士風之衰頹,曰:

世事之頹,由於吏治,吏治之壞,根於士風,士風之衰,起於不知教化。〔註90〕

包世臣在《藝舟雙楫》中,更由世道治亂,論至人心風俗及教化綱紀,曰:

目擊世趣,方知治亂之關,必在人心風俗。而所以轉移人心,整飭風俗,則教化綱紀爲不可闕矣。〔註91〕

蓋學術隨世風而易,嘉道吏治貪窳,民變迭起,管、包諸人目睹世危,留心時務。自珍生當此際,兼具先睹之識,又哀樂過人,雖幼承外祖文字音韻之學,然弱冠立論已著眼民生治道,其天才卓犖,識膽閎深可知。壯歲,出遊江浙,與惲敬、梅曾亮、包世臣友善,互相切磋砥礪,益發究心於時務,受此諸人之影響自不在小。然自珍之議政言論,卻較此諸人更爲深刻。自珍不僅由吏治之弊,論及士風,由士風論及廉恥,更由廉恥,論及君權,倡言變法。

又嘗從學於劉逢祿治公羊春秋,常州公羊學治經重微言大義。自珍既治公羊,遂於五經益發重取其大義,又因春秋浹天道、備人事、明是非而長於治人,故使自珍之經世思想,更爲具體,亦更能切合於時務經濟。常州公羊學在晚清儼然成一學術主流,自珍居功厥偉。

自珍所處之時代,是滿清由盛極而衰之關鍵。專門漢學純學術的治學態度,已無法切合時代的需要。自珍生當此際,兼具「專門漢學」之家學,及「常州公羊學」之師承,又深受「浙東史學」之影響;在此複雜多面的思想

〔註88〕 惲敬,〈三代因革論八〉,《大雲山房文稿》(台北,台灣商務印書館,1965 年),初集卷一。

〔註89〕 梅曾亮,〈臣事論〉,《柏梘山房文集》(台北:華文書局,1970 年),卷一。

〔註90〕 管同,〈與朱幹臣書〉,《因寄軒文初集》,卷六。

〔註91〕 包世臣,〈讀亭林遺書〉,《藝舟雙楫》(台北:台灣商務印書館,1977 年),文論三。

背景下，成就了一己的思想。自珍一方面對乾嘉學術提出批評，確立一己之治學態度；一方面也在探究經、史之源流上，完成其學術主張；更在公羊思想的活用下，開啟了晚清「援經議政」的風氣。

第二章　自珍的治經態度

第一節　對乾嘉學術的批評

　　乾嘉樸學專尙考覈的治經態度，到嘉道之際逐漸產生變化。自珍雖是段玉裁的外孫，年十二即從外祖受說文部目，並自謂是「以經說字，以字說經之始」。〔註1〕年廿七中舉，又出王引之門下；然其早年持論，已對乾嘉文字詁訓的治學態度，有所不滿，而有志於「文質兼備」之學。年廿六爲江藩《國朝漢學師承記》作序，已云：

> 三王之道若循環，聖者因其所生據之世而有作⋯⋯孔子沒，儒者之宗孔氏；治六經術，其術亦如循環。孔子之道，尊德性，道問學二大端而已矣。二端之初，不相非而相用，祈同所歸。⋯⋯敢問問學優於尊德性乎？曰：否否。是有文無質也，是因迭起而欲偏絕也。聖人之道，有制度名物以爲之表，有窮理盡性以爲之裏，有詁訓實事以爲之跡，有知來藏往以爲之神，謂學盡於是，是聖人有博無約，有文章而無性與天道也。⋯⋯不以文家廢質家，不用質家廢文家。〔註2〕

孔門之道，有尊德性、道問學二大端，然此二端不相非而相用。有制度名物爲之表，窮理盡性爲之裏，有詁訓實事爲之跡，知來藏往爲之神。倘是以道問學廢尊德性，則是有博無約，有文章而無性與天道。故自珍認爲：聖人之道不以文家廢質家，不以質家廢文家；而是以詁訓名物爲之表，窮理盡性爲

〔註1〕〈己亥雜詩〉五八首自注，《全集》，第十輯，頁514。
〔註2〕〈江子屛所著書序〉，《全集》，第三輯，頁193～194。

之裏，由博返約，文質兼備。

他在〈陳碩甫所箸書序〉中，有更進一層的說明：

> 孔子曰：「吾道一以貫之」。……子游曰：「有始有卒者，其惟聖人乎？」古者八歲入小學，教之數與方名，與其灑掃進退之節。保氏掌國子之教，有書有數，六書九數，皆謂之小學。由是十五入大學，乃與之言正心誠意，以推極於家國天下。壯而爲卿大夫、公侯，天下國家名實本末皆治。〔註3〕

自珍主張聖人「一以貫之」之道，又解釋「一以貫之」爲「有始有卒」，而所謂始卒之道，即是由小學而大學的「本末」之道。古人八歲入小學即教以灑掃進退、及六書九數；十五入大學始與言正心誠意，而終推極至家國天下。如此循小學而至大學，才是聖人本末兼治、一以貫之之道，若有所偏棄，則非聖人之道之全體。自珍嘗批評後世偏廢小學獨尊大學，曰：

> 後世小學廢，專有大學，童子入塾，所受即治天下之道，不則窮理盡性幽遠之言。六書九數，白首未之聞。其言曰：學當務精者鉅者，凡小學家言不足治，治之爲細儒。〔註4〕

又批評矯枉過正，而獨尊小學者，曰：

> 於是君子有憂之，憂上達之無本，憂逃其難者之非正。不由其始者，終不得究物之命。於是黜空談之聰明，守鈍樸之迂迴，物物而名名，不使有遁。……有高語大言者，拱手避謝，極言非所當。於是二千載將墜之法，雖不盡復，十存三四。愚瘁之士，尋之有門徑，繹之有端緒，蓋整齊而比之之力，至苦勞矣。〔註5〕

小學廢而大學獨尊，致使童子入塾即受性命之道，而於六書九數之學白首未聞；這是無本之學。但是，憂心君子鑑於學「不由其始者，終不得究物之命」，遂主張罷黜空談，獨尊六書九數，對討論性命之道者，拱手避謝；如此，則又使學業但守其本，而無以上達。故自珍認爲，無論是獨守性命之道之大學，抑或獨守六書九數之小學，皆非聖人本末一貫之道，亦非聖人文質兼備之道。唯是能循六書九數，以達於性道治天下者，才是聖人文質兼備、本末兼具之道，也是自珍「一以貫之」之意。他有段文字論述更爲明晰：

〔註3〕〈陳碩甫所箸書序〉，《全集》，第三輯，頁195。
〔註4〕同上。
〔註5〕同上。

（孔子）告仲由曰：「名不正，則言不順，言不順，則事不成，禮樂不興，刑罰不中」。……使黃帝正名；而不以致上世之理，孔子之正名，而終不能以興禮而齊刑，則六藝爲無用，而古之儒之見詬，與詬古之儒者齊類。彼陟顚而棄本，此循本而亡顚，庸愈乎！……於是始以六書九數之術，及條禮家曲節碎文如干事推之，欲遂以通於治天下。〔註6〕

倘是周公、孔子皆獨守「正名」，而未嘗有「興禮、齊刑」之實際功效，則六藝爲無用之學。故無論陟顚棄本，只言性道；或守本忘顚，只治名物，都非聖人之道之全體。唯有以「六書九數爲之始，而遂以通於治天下」，方合聖人「一以貫之」之意。

綜上可知，自珍論學是主張文質兼備、本末兼具，循問學之階，上達於性道治天下。然而，乾嘉樸學的治學態度又如何呢？自珍有言：

自乾隆初元來，儒術而不道問學。所服習非問學，所討論非問學，比之生文家而爲質家之言，非律令。〔註7〕

又言：

於是黜空談之聰明，守鈍樸之迂迴，物物而名名，不使有遁。其所陳說艱難，算師疇人，則積數十年之功，始立一術。書師則繁稱千言，始曉一形一聲之故，求之五經、三傳、子、史之文而畢合，乃宣於楮帛。而且一戶牖必求其異向也，一脯醢必求其異器與時也，一衣裳必求其異尺寸也。……於是二千載將墜之法，雖不盡復，十存三四。〔註8〕

自珍既言乾隆初元以來，儒術非道問學、服習非道問學、詩論非道問學，皆被視爲「非律令」。又說樸學家治學的態度是專尚考覈名物、訓詁文字，往往積數十年之力始立一術，遂不得不予之以「道問學」的評斷。言：

孔門之道，尊德性，道問學，二大端而已矣。二端之初，不相非而相用，祈同所歸。識其初，又總其歸，代不數人，或數代一人，其餘則規世運爲法。入我朝，儒術博矣，然其運實爲道問學。〔註9〕

〔註6〕　同前文，頁 195～196。

〔註7〕　同註2，頁 193。

〔註8〕　同註3。

〔註9〕　同註7。

自珍以「道問學」總評乾嘉學，是有其客觀性的。這一方面是因他具有文字音韻的深厚家學，故能深入地瞭解到樸學的價值；另方面也因他洞知聖人之道之全貌是本末兼具，不可偏廢。故「道問學」之評，雖然是認為乾嘉學術只得道之一端，卻也客觀地承認了它的獨立價值。這和當時學者如魏源、方東樹的反對樸學，是迥然不同的。方東樹在《漢學商兌》中，曾批評乾嘉之學曰：

> 眾口一舌，不出於訓詁小學、名物制度，棄本貴末、違戾詆誣，於
> 聖人躬行求仁、修齊治平之教，一切抹殺。名為治經，實足亂經；
> 名為衛道，實則畔道。〔註10〕

方氏此評，不僅認為樸學文字詁訓的工夫，是棄本貴末，甚至以「誣經、畔道」譏詆樸學。魏源亦曾評樸學，曰：

> 自乾隆中葉後，海內士大夫興漢學，而大江南北尤盛。蘇州惠氏⋯⋯
> 徽州戴氏、程氏，爭治詁訓音聲，瓜剖釽析⋯⋯錮天下聰明智慧，
> 使盡出於無用之一途。〔註11〕

然自珍並不認為樸學是誣經、畔道，也不認為詁訓無用。他說：「瑣碎餖飣，不可謂非學」，〔註12〕「唯古則是」，方可視為非學。語錄有載：

> 七十子之徒，周末漢初，去聖人則近矣，彼其徒之識道理，與屬詞
> 比事，或尚不及後之大賢也。若非後之大賢識之，是弗好古也。若
> 謂過於後之大賢，則是古之瓦甀賢於今之金玉也。〔註13〕

乾嘉「實事求是」的治學態度，考覈精密，誠有其特殊貢獻，故漢之儒者雖離聖人較近，然清儒之詁訓誠有勝於古者；但若「唯古則是」，就不免取古之瓦甀，而棄今之珠玉了。自珍實在能析理深切地看出乾嘉樸學的優劣點。他在〈王文簡公墓表〉中，表露對其「無徵不信、不放言溢詞」之謹嚴治學態度的欽佩，並讚美王氏《經義述聞》一書，曰：

> 自珍受而讀之，每一事就本事說之，懍然止，不溢一言。〔註14〕

又稱美《經傳釋詞》曰：

> 故工部尚書王文簡公引之所譔《經傳釋詞》，⋯⋯古今奇作，不可有

〔註10〕方東樹，〈序例〉，《漢學商兌》（台北：台灣商務印書館，1968年）。
〔註11〕魏源，〈武進李申耆先生傳〉，《古微堂內外集》（台北：文海出版社，1968年），外集卷四。
〔註12〕〈與江子屏牋〉，《全集》，第五輯，頁347。
〔註13〕〈語錄〉，《全集》，第八輯，頁425。
〔註14〕〈工部尚書高郵王文簡公墓表銘〉，《全集》，第二輯，頁148。

二。〔註15〕

「每一事就本事說之，不溢一言」，自珍對這種嚴謹的治學態度，是深致推崇的。

　　然而畢竟自珍對經學的態度，是要求文質兼備、本末兼具，循六書九數以上達於性道天下。乾嘉樸學「為經學而治經學」的態度，只是「道問學」、只是「階」。自珍雖能公允地給它一個評價，卻也無法不公允地不對它表示不滿，他說「彼陟顛而棄本，此循本而忘顛，庸愈乎？」他在〈抱小〉一文裡，對小學家深致欽崇，但對他們把「高明廣大之用」之學，視為「不可得聞」、或是「姑抱是（小學）以俟來者」的態度，仍表示不滿：

> 學文之事，求之也必劬，獲之也必創，證之也必廣，說之也必澀。
> 不敢病迂也，不敢病瑣也。求之不劬則粗，獲之不創則剿，證之不
> 廣則不信，說之不澀則不忠，病其迂與瑣也則不成。其為人也，淳
> 古之至，故樸拙之至；樸拙之至，故退讓之至；退讓之至，故思慮
> 之至；思慮之至，故完密之至；完密之至，故無所苟之至；無所苟
> 之至，故精微之至。小學之事，與仁、愛、孝、弟之行，一以貫之
> 已矣。若夫天命之奧，大道之任，窮理盡性之謀，高明廣大之用，
> 不曰不可得聞，則曰俟異日，否則曰：我姑整齊是，姑抱是，以俟
> 來者。〔註16〕

乾嘉樸學說理精密、無徵不信的治學態度使自珍深為信服；而且樸學家樸拙、退讓的仁愛孝悌的修身工夫，更為自珍所景仰。然「六書九數為之始，治天下為之終」，乃聖人一貫之道。但知「道問學」而棄置「尊德性」，是有文無質，循本忘顛；何況世變日亟，悠悠蒼生，自珍用世心切，故其於外父、恩師之學傳，終於無法承襲，而慨然以「來者」自居。

第二節　治經態度的轉變

　　自珍以「道問學」作為乾嘉學的批評，是經過深刻反省的。這在他治經態度的轉變上，顯然可見。蓋自珍早年曾有志寫定群經。他在〈古史鉤沈論〉中說：

〔註15〕同註13。
〔註16〕〈抱小〉，《全集》，第一輯，頁93～94。

予大懼後世益不見易、書、詩、春秋，……友朋之賢者也，……皆語自珍曰：「；曷不寫定易、書、詩、春秋？」方讀百家，好雜家之言，未暇也。……又有事天地東西南北之學，未暇也。……卒不能寫定易、書、詩、春秋。〔註17〕

據〈己亥雜詩〉自記，自珍始爲東西南北之學在年三十，〔註18〕〈闡告子〉一文，始作於年廿七，〔註19〕〈古史鉤沈論〉始作於年卅四；則自珍寫定群經之志，當在年三十之前，最晚亦不得超過年卅四。然則自珍所謂「寫定群經」的寫定方法爲何？他在〈古史鉤沈論三〉中，有所說明。自珍首先對經書文字之因後世僞造、刻工筆誤而不得窺其眞貌，深致慨歎，曰：

嗚呼！姬周之衰，七十子之三、四傳或口稱易、書、詩、春秋，不皆著竹帛，故易、書、詩、春秋之文多異。漢定天下，立群師，置群弟子，利祿之門，爭以異文起其家，故易、書、詩、春秋之文多異。然而文、武之文，非史籀之學也。史籀之學，孔子之雅言，又非漢廷之竹帛也。漢之徒隸寫官，譯形借聲，皆起而與聖者並有權。然而竹帛廢，契木起，斠紬者不作，凡契令、工匠、胥史、學徒，又皆起而與聖者並有權，聖人所雅言益微。悲夫！悲夫！〔註20〕

經書流衍之初，但爲口授，不著竹帛，故其文字多異；漢興之後，群師各置弟子，又因博士官之設立，啓利祿之爭，遂使人各以異文起其家，造成經書文字之又異。而且周之文字，與史籀、孔子之雅言有異；史籀、孔子之雅言，又與漢經師之著竹帛者有異。而當竹帛廢棄契木興起之後，經書文字又再次因工匠、學徒、契令之刻誤，而產生更多的差異，最終使得聖人的雅言日益幽微難知。自珍悲歎之餘，遂慨然有志考訂經書文字之眞僞，以上復聖人之雅言。有曰：

將欲更定姬周之末之文章，不有考文之聖，其孰當之？將欲更漢氏也，群師互有短長，非深於義訓，勇於割聞者，不能也。〔註21〕

〔註17〕同上，〈古史鉤沈論三〉，頁25～26。

〔註18〕〈己亥雜詩〉第五五首，自注曰：「程大理同文修會典，其理藩院一門及青海、西藏各圖，屬予校理，是爲天地東西南北之學之始。」《全集》，第十輯，頁514。〈年譜〉繫在卅歲條之下。

〔註19〕〈闡告子〉文末自記：「予年廿七著此篇。」《全集》，第一輯，頁130。

〔註20〕同上，〈古史鉤沈論三〉，頁25～26。

〔註21〕同上，頁26。

周末經書，因口授故文字多異，非長於「考文」者不能更定。漢經師之爭以異文起家者，又各有長短，故非深於「義訓」者不能更定。自珍此意欲以「考文之聖」、「深於義訓者」自居，以更定周、漢經書之文字。至此可知，自珍前所謂「懼後世益不見五經」之「懼」，乃是重在經書「文字」之眞訛，故其寫定群經之「寫定」法，亦重在考文、校讎。他在〈與人箋〉論石經五事中，說得更爲詳細，曰：

> 夫定石經，必改流俗。改流俗，大指有四：一曰改僞經，東晉僞尚書，宜遂削之，其妄析之篇，宜遂復并之。一也。一曰改寫官，秦漢以來，書體屢變，歷代歷書之官，展轉訛奪，其的然可知爲訛奪者，宜改之。二也。一曰改刻工，孟蜀以來，槧本繁興，有功於經固丕，罪亦有之，展轉訛奪，流布浸廣，不如未有槧本時雌黃之易，其的然可知爲訛奪者，宜改之。三也。一曰改妄改，唐、宋君臣，往往有妄改經籍者，如衛包受詔改尚書之類；宋、元淺學，尤多恣改，以不誤爲誤，今宜改之如舊。四也。〔註22〕

無論是改僞經、改寫官、改刻工或改妄改，皆是欲辨析眞僞，以祛除後世之訛奪者。綜觀自珍此數種寫定經書的方法，皆是重文字考覈的工夫，與乾嘉樸學相近。尤其言及定石經之「可改而不可改者」，曰：

> 其似可改而不可改，大指亦有四：周末漢初，不著竹帛，經師異字，不能擇於一以定，此不可改也。漢世今文古文異家法，則異字不能擇於一以定，此又不可改也。經籍假借之字，由來已久，不能必依本字，此又不可改也。疑爲寫官之誤、刻工之誤，而無佐證，思之誠是一適，改之恐召眾口，此又未可改也。……前四者旌校讎之功，後四者俟攷文之聖。〔註23〕

經書因經師家法之異而有異文者，不可改；假借字，由來已久，亦不可改；另外雖疑是寫工之誤，卻無佐證者，亦不可改。此種無徵不信的謹嚴治經態度，與自珍〈王文簡公墓表銘〉一文中，所言王引之治學方法，儼然相似。〔註24〕至此則更明確可知，自珍早年之治經態度，及其寫定群經之寫定方法，是承襲了外家詁訓考證的態度。亦即是自珍所謂「好學臚古」的態度。

〔註22〕〈與人箋〉，《全集》，第五輯，頁343。
〔註23〕同上。
〔註24〕參見〈工部尚書高郵王文簡公墓表銘〉，《全集》，第二輯，頁147～149。

　　然自珍卒未能寫定群經。據其自言是因「好雜家言，未暇也；好天地東西南北之學，未暇也」。事實上，自珍對經學態度的轉變，乃是其思想體系建立的一大關鍵，「未暇」二字實不足概括。細繹自珍文字，發現另有一因，係出自對樸學自覺性的批判，也就是對考據工作成果的懷疑。他說：

> 今夫易、書、詩、春秋之文，十五用假借焉，其本字蓋罕矣。我將盡求其本字，然而所隸者孤，漢師之汎見雅記者闕，孤則不樂從，闕則不具，以不樂從之心，采不具之儲，聚而察之，能灼然知孰爲正字？孰爲假借？固不能以富矣。諸師籍令完具，其於七十子之所請益，倉頡、史籀之故，孔子之所雅言，又不知果在否焉？〔註25〕

自珍前此尙憾歎五經文字因流傳、刻誤而多異文，遂欲考定之；此處卻又因經籍之儲備不全，而懷疑考定工作的效果。蓋經書本字，今可見者甚少，而漢師經籍具全者亦少，在材料儲備不全的狀況下，又如何能灼然判定孰爲本字？孰爲假借？縱使漢師經籍齊備，然其是否即爲倉頡、史籀之舊，孔子之所雅言，又未可知。於是自珍不得不對這種「臚古」的工作，下一「小賢勉而能爲之」的斷語，至其本身則說：是不足爲。曰：

> 無已，則我所欲糾虔，姑在夫引書變爲徒書之際乎？以與漢寫官爭；姑在夫竹帛變契木之際乎？以與後世之契令、工匠、胥史爭。所據者皆賤，所革者功不大，小賢勉而能爲之，庶幾其遂爲之，勇改三百字。鬼不相予，乃又吳言曰：是不足爲！……則足以慰好學臚古者之志，終無以慰吾擇於一之志。〔註26〕

自珍因無法肯定考據工作之結果，是否即爲聖人之雅言，故批評考文工作只不過是與漢代的寫官相爭辨，指出其引書變爲徒書的部份；或是與後世的契令工匠相爭辨，指出其刻契筆誤的部份。這種工作，所據者賤，故所革者功亦不大。自珍憾歎之餘，遂轉其「好學臚古」之志，而爲「擇於一」之志，並宣稱不能寫定群經。曰：

> 近吾之始猖狂也，憾姬周之末多岐，憾漢博士師弟子之多岐；今也不然，憾漢寫官之弗廣，憾契木之初之不廣，憾兵燹之不祐，憾俗士之疎而弗嗜古，無以俟予。予所憾，日益下，恧如何，恧如何。

〔註25〕〈古史鉤沈論三〉，《全集》，第一輯，頁26。
〔註26〕同上。

龔自珍歲爲此言，且十稔，卒不能寫定易、書、詩、春秋。〔註 27〕
自珍欲寫定群經之初，是憾姬周之末及漢博士弟子經籍文字之多異，使後世
不知所從；至此卻反而遺憾漢寫官及契木之初，經籍流傳不廣，致使後世欲
考定經籍者，所資藉鏡者有所不足。故其終因所憾者日益下，遂宣稱「卒不
能寫定群經」。

　　自珍卒不能寫定群經，對考據工作之多所遺憾，是爲一因，然與其本身
之志向、個性，及受時代轉變之影響，亦密切有關。嘉、道二朝是清代政治、
社會由治轉衰的關鍵。乾隆六十年太平盛極之下，所潛隱的衰亂危機，至嘉
道以降紛紛呈顯。不僅朝廷內有林清之變，〔註 28〕地方上有教匪之亂，〔註 29〕
而西北邊界帝俄的覬覦、東南海防西方勢力的滲透，更使中國遭受前所未有
之風暴。專門漢學纖細平實的考證工夫，在此一動盪的時代下，是無法承襲
無法推衍的。學術隨世風而易，讀書人當前所面臨的問題是國家存亡；也唯
有致力於救弊革新，方能挽國勢於垂危。自珍生當此際，天才卓犖，早年立
論即已留心治道人心。年廿至廿三所作〈明良論〉四篇，已對官吏之貪歛、
士風之頹靡無恥、及法令之荷繁多所譏評；其自謂是「哀樂過人」之猖狂少
年，故所見有「胸弗謂是」者，皆放言批評。自珍嘗謂：「天下事，舍書生無
可屬」；〔註 30〕又說：「十八、九讀古書，執筆道天下事」；〔註 31〕又說：「龔
子淵淵夜思，思所以摚簡經術，通古近，定民生」。〔註 32〕則自珍之志向、性
情，皆無法滯守「臚古」，兼以衰亂逼至，遂不得不對文字詁訓言「是不足爲」，
而轉其志爲「擇於一」。

　　然自珍所謂「擇於一」的「一」，又係何指？他在〈五經大義終始論〉中說：
　　昔者仲尼有言：「吾道一以貫之。」又曰：「文不在茲乎！」文學言
　　游之徒，其語門人曰：「有始有卒者，其惟聖人乎！」誠知聖人之文，
　　貴乎知始與卒之間也。聖人之道，本天人之際，臚幽明之序，始乎
　　飲食，中乎制作，終乎聞性與天道。〔註 33〕

〔註 27〕同上。
〔註 28〕見孟森著，〈嘉慶間兵事〉，《清代史》（台北：正中書局，1974 年），第四章第
　　　　五節。
〔註 29〕嘉慶元件，湖北、四川、陝西白蓮教起義。嘉慶廿五年，新疆回民起義。
〔註 30〕〈送夏進士序〉，《全集》，第二輯，頁 165。
〔註 31〕同上，〈送吳君序〉，頁 163。
〔註 32〕〈農宗〉，《全書》第一輯，頁 49。
〔註 33〕同上，〈五經大義終始論〉，頁 41。

此處自珍解釋「一以貫之」之終始之道，是：「始乎飲食、中乎制作、終乎聞性與天道」，與上節所述「本末」之「一以貫之」之道略異。倘將此二者相較，則更可明顯看出自珍治經態度的轉向；又將此處「一以貫之」之意，與自珍志寫定群經之「好學爐古」的治學方法相較，更可看出自珍治經態度的取向。

前節所述「一以貫之」之道，乃是循問學之階，以上達於性道治天下；訓詁文字爲之本，性道治平爲之顛，二者不可偏廢。然此處自珍解釋「一以貫之」則謂：「始乎飲食，中乎制作，終乎聞性與天道」，頗有著眼在治道上之意。欲明自珍此處終始一貫之意，自須與其習公羊並觀。

自珍年廿八從劉逢祿治公羊春秋，常州公羊學，治經重微言大義，不瑣瑣於文字詁訓。〔註 34〕自珍〈五經大義終始論暨答問〉數文，作於年卅二，受常州治學之影響自屬必然。即其年三十一作〈莊存與神道碑銘〉時，已對莊氏治經之不拘考據，但「求其實之陰濟於天下」，而「自韜污受不學之名」，深表欽崇。〔註 35〕其從學劉逢祿時亦曾快然賦詩，有「從君燒盡蟲魚學，甘作東京賣餅家」之句。則自珍治經態度之轉變，受公羊學之影響，顯然可見。

今觀自珍〈五經大義終始論〉，乃是取五經之「終始大義」。而所謂終始大義即：「始乎飲食、中乎制作、終乎聞性與天道」。不僅如此，自珍更將公羊「三世」的觀念，一方面與五經配合，一方面與其終始治道配合，說五經各有三世，而三世又各有其治道之所重。括言之，即自珍所謂之：「食貨者，據亂而作。祀也，司徒、司寇、司空也，治升平之事。賓師乃文致太平之事。」〔註 36〕食貨據亂而作，是「始乎飲食」之意；司徒百官之立，是「中乎制作」之意；而賓師文致太平，即「終乎聞性與天道」，使治道承平以上合於天道之意。自珍又雜引群經，說明此一「終始大義」的主張。而其所謂飲食、制作、聞性與天道，又全從政事治道之次第上立論。至此則顯明可見，自珍所謂之終始大義，乃是落點在「治道」上，而前所謂寫定群經的「考文」工夫，至此亦轉爲取「五經大義」。〔註 37〕

此一論述和自珍前所謂之文質、本末、一以貫之之道，略有差異，然這並非自珍思想之矛盾，而只是呈現自珍治經態度之取向。蓋文質兼備、本末

〔註 34〕詳第四章第一節。
〔註 35〕參見〈資政大夫禮部侍郎武進莊公神道碑銘〉，《全集》，第二輯，頁 141～143。
〔註 36〕〈五經大義終始答問一〉，《全集》，第一輯，頁 46。
〔註 37〕自珍經學與公羊學之關係，詳第四章第三節。

兼具的治學態度，是聖人之道之全體。自珍對經學有此一深刻之認識，然道問學之階，須積數十年之力方立一術，救亡圖存，卻刻不容緩；加以自珍淵淵夜思者在民生治道，用世之心又如洶湧怒潮；遂對經學之取向，著重在經之治道大義，以求經世耳。此亦不可謂自珍對經學有所偏執，蓋自珍對經學實有其「一以貫之」之態度，唯是在時代的劇變下，及對前期治經態度的反省下，做了一定奪取向。嘉、道以降，治經著重探求經之大義，以切合實用，自珍所居之地位，誠屬關鍵。

自珍早年志寫定群經的「好學臚古」的治經態度，至此遂轉向治經之「終始大義」，並使此終始大義與民生、治道之政事結合，孔子所言「一以貫之」，自珍是循本而至顚矣。

黃宗羲言：「學必源本於經術，而後不爲蹈虛；必證明於史籍，而後足以應務」。〔註 38〕自珍亦嘗言：「不研乎經，不知經術之爲本源也；不討乎史，不知史事之爲鑑也」。〔註39〕自珍治經，既重取其大義以求致用，言治道者必究於史，故又有「尊史」之說。

〔註38〕 全祖望，〈甬上證人書院記〉，《鮚埼亭集》（台北：台灣商務印書館，1967 年），外編卷十六。

〔註39〕 〈對策〉，《全集》，第一輯，頁 114。

第三章　自珍的尊史思想

　　自珍倡「尊史」之說，乃因「史存國存，史亡國亡」，故其「尊史」思想，就史意而言：是尊史之心，尊「史以爲鑑」的精神，而非尊史之文字。就史文而言，自珍一方面致力當代掌故的蒐討，以求其實之有助於治道；一方面鉤沈古史，以存史統，然其鉤沈古史之意，又非僅止於蒐討古史以存史統，而是在辨析經、史之源流此一極嚴肅之學術史的大議題下，對經學及子學，重新予以評估。這也就是他極爲重要的「五經，周史之大宗」、「諸子，周史之小宗」的理論。

　　自珍既倡言「五經皆史」，在治學態度上又主張「正經、史之名」、尊史思想之要點又在「尊史之心」，於是自珍之經學在「五經皆史」的命題下，包孕了更精湛更實際的含意。至於將諸子之學與五經相提並論，分別視其爲周史之小宗與周史之大宗，則更顯見自珍對經學和子學的地位，是作了一番新的權衡。同時自珍的「尊史」思想，又在滿、漢不平等的時代意義下，發揮出另一套創意，就是將「孔子述六經，本之史」的「六經皆史論」，附以「賓賓」的意義，而推衍出「有待後王」的革命思想。這其間的複雜意義，將詳述於後。

　　本章分二節論述，一曰尊史之心、一曰古史鉤沈。而古史鉤沈下又分「五經，周史之大宗」及「諸子，周史之小宗」二目。至於「賓賓」一說，乃六經皆史論之創意，故附於「五經，周史之大宗」後討論。

第一節　尊史之心

　　讀史救國，本爲清初三先生所倡，唯是雍、乾以降，學問走上訓詁一途，致使史學研究亦以考證、訂譌爲務，而少談史意。乾隆晚期，國勢漸危，遂

有學者出，反對考據而倡「史學經世」。〔註1〕

自珍既矚意治道，又兼家學、有朋之切磋，早年即有志爲昭代典制之探討。故於學經之外，尤重讀史。嘗言：

> 不研乎經，不知經術之爲本源也；不討乎史，不知史事之爲鑑也。……經史之言，譬方書也，施諸後世之孰緩？孰亟？譬用藥也。宋臣蘇軾不云乎：藥雖呈於醫手，方多傳於古人。若已經效於世間，不必皆從於己出。〔註2〕

經史猶如醫家之方書，施於後世有緩亟輕重，譬如用藥，此即存史以爲後世殷鑑之意。自珍〈明良論〉四篇，即是用古人之方，醫今人之病。〔註3〕又嘗以禮樂爲例言：

> 今夫宗伯雖掌禮，禮不可以口舌存，儒者得之史，非得之宗伯；樂雖司樂掌之，樂不可以口耳存，儒者得之史，非得之司樂。〔註4〕

禮、樂乃古之典制，雖有專官掌守，卻不因專官之口授即能傳於後世，而是得靠文字的紀錄，這就是史，也是史之存，故曰：

> 禮樂三而遷，文質再而復，百工之官，不待易世而修明，微夫儲而抱之者手，則弊何以救？廢何以修？窮何以革？易曰：「窮則變，變則通，通則久。」恃前古之禮樂道藝在也。〔註5〕

史既然在前朝禮樂、道藝的意義上，足可爲後世因革損益之所恃，因此自珍謂：是故「智者受三千年史書之書，則能以良史之憂憂天下」。〔註6〕唯有能洞悉古今史事的學者，方能掌握「史以爲鑑」的精神，而以良史之憂憂天下。遂倡「尊史」之說。

然自珍之「尊史」，並未僅限於「史以爲鑑」之意，而更有以「史之存亡

〔註1〕 章學誠，〈浙東學術〉，《文史通義》內篇二曰：「史學所以經世，固非空言著述也。」汪中《述學》（《四部備要本》，台北：台灣中華書局，1971 年）別錄〈與朱武曹書〉曰：「中嘗有志於用世，而恥爲無用之學。故於古今制度沿革、民生利病之事，皆博問而切究之，以待一日之遇。……何苦耗心勞力飾虛詞以求悅世人哉？」

〔註2〕 〈對策〉，《全集》，第一輯，頁 114～117。

〔註3〕 同上，〈明良論四〉末，段玉裁評曰：「四論皆古方也，而中今病，豈必別製一新方哉？」頁 36。

〔註4〕 同上，〈古史鉤沈論二〉，頁 21。

〔註5〕 同上，〈古史鉤沈論四〉，頁 28。

〔註6〕 同上，〈乙丙之際著議第九〉，頁 7。

乃國之存亡之所繫」的深遠含義。曰：

> 史存而周存，史亡而周亡。……滅人之國，必先去其史；隳人之枋，
> 敗人之綱紀，必先去其史；絕人之人材，湮塞人之教，必先去其史；
> 夷人之祖宗，必先去其史。〔註7〕

自珍認為史存周存、史亡周亡，欲滅人之國、敗壞人之綱紀、絕滅人之教化，
皆必先燬去一國之史。因為國之綱紀、人材之教化、風俗之敦正，皆賴史以
得存。自珍嘗探源三代以上，以說明史之內涵、及史之存亡與國之存亡之關
係，曰：

> 三代以上，無文章之士，而有群史之官。〔註8〕

又說：

> 周之世官大者史，史之外無有語言焉，史之外無有文字焉，史之外
> 無人倫品目焉。〔註9〕

既然史之外無有語言文字、人倫品目，而且三代以上無文章之士，只有群史
之官，則舉凡語言文字、人倫品目皆由史掌，皆存於史。則自珍所謂之「史」，
實含括了國之綱紀及人材教化，而與一般所謂之文獻、歷史，有所不同。再
者史之存亡與國之存亡有何聯繫？又曰：

> 自周而上，一代之治，即一代之學也；一代之學，皆一代王者開之
> 也。……載之文字，謂之法，即謂之書，謂之禮，其事謂之史職。……
> 若士、若師儒法則先王、先冢宰之書以相講究者，謂之學。是道也，
> 是學也，是治也，則一而已矣。〔註10〕

一代之治即一代之學，亦即一代之道，由史職所掌，皆載於史。如此則士與
師儒之所學，皆學於史；士與師儒之欲為治道，亦得本於史。則史之所存，
非僅是存一國之典制，亦且存一國之教化。唯有典制大張、教化昌明，治、
道、學三者合一，方可謂之治世，國之命脈亦方得長存，故曰「史存國存、
史亡國亡」。至此得知自珍所謂「尊史」，並非指史籍、文獻之本身，而是別
有所指，即「尊史之心」是也，嘗言：

> 史之尊，非其職語言、司謗譽之謂，尊其心也。〔註11〕

〔註7〕 同上，〈古史鉤沈論二〉，頁21～22。
〔註8〕 〈商周彝器文錄序〉，《全集》，第四輯，頁267。
〔註9〕 同註4。
〔註10〕 〈乙丙之際著議第六〉，《全集》，第一輯，頁4。
〔註11〕 同上，〈尊史〉，頁80。

然則史之「心」如何而尊？自珍認為非得讀史者有「善入善出」的態度不可。所謂：

> 心何如而尊？善入。何者善入？天下山川形勢，人心風氣，土所宜，姓所貴，皆知之；國之祖宗之令，下逮吏胥之所守，皆知之。其於言禮、言兵、言政、言獄、言掌故、言文體、言人賢否，如其言家事，可謂入矣。又如何而尊？善出。何者善出？天下山川形勢，人心風氣，土所宜，姓所貴，國之祖宗之令，下逮吏胥之所守，皆有聯事焉，皆非所專官。其於言禮、言兵、言政、言獄、言掌故、言文體、言人賢否，如優人在堂下，號咷舞歌，哀樂萬千，堂上觀者，肅然踞坐，眈眈而指點焉，可謂出矣。〔註12〕

唯有讀史者能有「善入」的態度，故能對天下山川形勢、人心風氣、國之律令、掌故、及人才之賢否詳細知悉，如同言家事一般，如此才能深切瞭解於古今之大勢，及歷代制度之利弊得失。亦唯有讀史者能有「善出」的態度，方能在洞悉得失利弊之後，肅然踞坐，審析當代之勢，以定興革救弊之緩亟輕重。故自珍曰：

> 不善入者，非實錄，垣外之耳，烏能治堂中之優也耶？……不善出者，必無高情至論，優人哀樂萬千，手口沸羹，彼豈復能自言其哀樂也耶？〔註13〕

不善入者，所得非實錄；不善出者，必無高情至論。唯能善入洞悉得失，並能善出審析利弊，方可謂是善讀史者，亦方可謂「尊史之心」。然尊史之心之「心」，究為何指？自珍又曰：

> 尊之之所歸宿如何？曰：乃又有所大出入焉。何者大出入？曰：出乎史，入乎道，欲知大道，必先為史。〔註14〕

尊史之歸宿乃在「出乎史，入乎道」，可知自珍所謂「尊史之心」的「心」，即指「道」。而所謂「道」，則是在善入善出之際，於史事中所得之啟發提示，並以啟發提示，作為當代治道之參考。

則自珍所謂尊史，並非尊史之文字；自珍所謂之史，亦非單指歷代之典籍、文獻。故與乾嘉史家錢大昕、王鳴盛之治史著眼於考證史事大異。蓋自

〔註12〕同前文，頁 80～81。
〔註13〕同前文，頁 81。
〔註14〕同上。

珍所謂「史」，乃是包括國之典制綱紀、人倫教化，甚至輿地、風俗、經濟，實堪稱是一「文化史」之範疇。而自珍所倡「尊史之心」，亦非指史事史文，而是尊史以為鑑之意，尊史文背後的實用「精神」。

自珍尊史，於史意倡「尊史之心」；於史文則一方面著重當時掌故的蒐討，〔註15〕一方面鉤沈古史。

第二節　古史鉤沈

史之存亡乃國之存亡之所繫，則史統之存續自屬要事。周之東遷，古史及周史散佚者頗多，遂使後世於三代之禮、樂、書、易、古韻、文字、祭祀及曆法，不得窺其全貌，實乖史以垂鑑之訓。自珍深感痛惜，嘗指出周史官之大罪四、小罪四。〔註16〕其後，孔子於史之存續，雖有大功三、小功三，〔註17〕然孔子既歿，七十子未能見用；縱有莊周、墨翟、孟軻等沈敏辨異之士，以緒言緒行，〔註18〕卻又因「然而聖智不同材，典型不同國，擇言不同師，擇行不同志，擇名不同急，擇悲不同感」，〔註19〕遂使此諸人，但得史之岐支，仍未能盡窺史統之全貌。自珍嘗喟歎曰：「天齎材，材齎志，志齎器，器齎情，情齎名，名齎祖」，又接著解說：

> 夫周，自我史佚、辛甲、史籀、史耼、史伯而後，無聞人焉，魯自史克、史邱明而後，無聞人焉，此失其材也。七十子之徒，不之周而之列國，此失其志也。不以孔子之所憑藉者憑藉，此失其器也。三尺童子，瞽儒小生。稱為儒者流則喜，稱為群流則慍，此失其情也。號為治經則道尊，號為學史則道詘，此失其名也。知孔氏之聖，而不知周公、史佚之聖，此失其祖也。〔註20〕

自珍認為「史」自周以後，即有六失：無史之聞人，上失其材；求史不於周

〔註15〕　自珍對當代掌故之蒐討，見第一章生平；或參考吳昌綬所編年譜。

〔註16〕　〈古史鉤沈論二〉，《全集》，第一輯，頁22～23。

〔註17〕　同上，頁23。

〔註18〕　〈古史鉤沈論二〉：「孔雖歿，七十子雖不見用，王者之迹雖息，周曆不為不多，數不為不躋，府藏不為不富，沈敏辨異之士，不為不生，緒言緒行之迹，不為不埃，莊周隱於楚，墨翟傲於宋，孟軻端於齊、梁，公孫龍譁於齊、趙之間，荀況廢於道路，屈原淫於波濤，可謂有人矣！」頁24。

〔註19〕　同上。

〔註20〕　同上。

而於列國，此失其志；述史不以孔子之所憑藉者爲憑藉，此失其器；喜爲儒
者流而慍爲群流，此失其情；號爲治經則道尊，號爲學史則道詘，此失其名；
但知孔子之聖，而不知周公、史佚之聖，此失其祖。周之東遷，史官之罪已
有大者四小者四，而繼志述事之諸子，又因材、志、器、情、名、祖之偏岐
多失，遂致不能得史之全貌，而使三代之史統湮沈。自珍喟歎之餘，乃慨然
以「鉤沈古史」自任，曰：

> 夢夢我思之，如有一介故老，攘臂河洛，憫周之將亡也，與典籍之
> 將失守也，搜三十王之右史，拾不傳之名氏，補詩書之隙罅，逸於
> 後之別鐘彝以求之者。以超辰之法，標不顯之年月，定歲名之所在，
> 逸於後之布七曆以求之者。爲禮家之儒，爲小節之師，爲考訂之大
> 宗，逸於後之彌縫同異以求之者。明象形，說指事，不比形聲，不
> 譚孳生，雅本音，明本義，逸於後之據引申假借以求之者。本立政，
> 作周官，述周法，正封建之里數，逸於後之雜眞偽以求之者。誦詩
> 三百，篇綱於義，義綱於人，人綱於紀年，明著竹帛，逸於後之據
> 斷章升諫以求之者。〔註21〕

又說：「辭七逸而不居，負六失而不卹，自珍於大道不敢承，抑萬一幸而生其
世，則願爲其人歟！願爲其人歟！」〔註22〕是可見自珍自負以「史統存續」
之任，甚且有「存史之功，大於考據」之意。

然自珍之「鉤沈古史」，除蒐討古史以存史統外，更在「辨經、史之源流」
下，對經學及子學予以重新的評估，此即其所謂「五經周史之大宗」、「諸子
周史之小宗」論。

一、五經周史之大宗

自珍治經重取其大義，治史又倡「尊史之心」，並批評當世的經史態度，
曰：「三尺童子，瞀儒小生，……號爲治經則道尊，號爲學史則道詘，此失其
名」。〔註23〕以治經爲尊、治史爲詘，在自珍看來不只是事實上的錯誤，更是
觀念上的錯誤，所以他說這是「失其名」。欲正其名，自須對經、史之名之先
後有一番論斷，此即自珍「五經周史之大宗」的主張。既言「五經皆史」，自

〔註21〕同前文，頁 24～25。
〔註22〕同前文，頁 25。
〔註23〕同前文，頁 24。

須對經史關係有一解說，此乃自珍五經皆史論之最精要處，而自珍的經學與史學，亦在此一主張下相互融合，成為他經世思想的理論基礎。

自珍既欲正經、史之名，自須先辨經、史之源流。嘗論三代之時「治學合一」曰：

> 自周而上，一代之治，即一代之學也。……載之文字，謂之法，即謂之書，謂之禮，其事謂之史職。……民之識立法之意者，謂之士。士能推闡本朝之法意以相誡語者，謂之師儒。……若士、若師儒法則先王、先冢宰之書以相講究者，謂之學。師儒所謂學有載之文者，亦謂之書。是道也，是學也，是治也，則一而已矣。〔註24〕

三代之時，一代之治即一代之學。載之文字者謂之法、亦謂之書，對「治」而言是「法」；對「學」而言，則是「書」。士與師儒相互誡語、講究者，也就是此法、此書。故治、學合一，官師政教合一。且其所謂之法與書，皆由史官職守，也皆謂之史。因此治道與教化之所本，皆出於「史」。自珍嘗說明「史」之內涵曰：

> 周之世官大者史，史之外無有語言焉；史之外無有文字焉；史之外無人倫品目焉。〔註25〕

既然周之世官，以史為大；且史之外無語言文字、人倫品目；則可知三代之時，舉凡一切語言、文字、人倫教化之事，皆存於「史」。而所謂之語言、文字、人倫教化，又是一代之治道、禮法，亦即是自珍所謂之禮、樂。言：

> 今夫宗伯雖掌禮，禮不可以口舌存，儒者得之史，非得之宗伯，樂雖司樂掌之，樂不可以口耳存，儒者得之史，非得之司樂。〔註26〕

宗伯、司樂雖為掌禮樂之官，然禮、樂之存，並非靠其口耳相傳，而是依賴史之文字。至此自珍說明，三代之禮法存於史，亦賴史之存，乃得傳於後世。然則三代之禮法為何呢？自珍言即為後儒所謂之「六經」。若此，則經之名先？抑或史之名先？自珍又有一番說明，曰：

> 三代以上，無文章之士，而有群史之官。〔註27〕

又曰：

〔註24〕〈乙丙之際著議第六〉，《全集》，第一輯，頁4。
〔註25〕同上，〈古史鉤沈論二〉，頁21。
〔註26〕同上。
〔註27〕〈商周彝器文錄序〉，《全集》，第四輯，頁267。

> 周之世官大者史，……史存而周存，史亡而周亡，殷紂時，其史尹
> 摯抱籍以歸於周；周之初，始爲是官者，佚是也。周公、召公、太
> 公，既勞周室，改質家躋於文家，置太史，史於百官，莫不有聯事，
> 三宅之事，佚貳之，謂之四聖。蓋微夫上聖叡美，其孰任治是官也？
> 是故儒者言六經，經之名，周之東有之。〔註28〕

三代之時無文章之士，但有群史之官，故三代時無私人著述之事，舉凡一切
語言文字，皆由史官職掌，也皆謂之「史」。至於「經」之名，至周東遷之後
才出現，可見儒者所稱之「六經」原本即是周史所掌之史。自珍言六經與古
史之關係，曰：

> 六經者，周史之宗子也。易也者，卜筮之史也；書也者，記言之史
> 也；春秋也者，記動之史也；風也者，史所采於民，而編之竹帛，
> 付之司樂者也；雅頌也者，史所采於士大夫也。禮也者，一代之律
> 令，史職藏之故府，而時以詔王者也。小學也者，外史達之四方，
> 瞽史諭之賓客之所爲也。……故曰：五經者，周史之大宗也。〔註29〕

易，是卜筮之史；書，爲記言之史；春秋，乃記動之史；風、雅皆史官所采
而著錄者；至於禮，則爲一代之律令，由史官職藏。故自珍曰：五經皆史，
五經乃周史之大宗。

自珍「五經皆史」的主張，在其討論孔子與六經的關係時，更爲顯見。
嘗謂：

> 仲尼未坐，先有六經；仲尼既生，自明不作；仲尼曷嘗率弟子使筆
> 其言以自制一經哉？〔註30〕

又謂：

> 龔自珍曰：孔子之未生，天下有六經久矣。莊周天運篇曰：「孔子曰：
> 某以六經奸七十君而不用。」記曰：孔子曰：「入其國，其教可知也。
> 有易、書、詩、禮、樂、春秋之教。」孔子所觀易、書、詩，後世知
> 之矣，若夫孔子所見禮，即漢世出于淹中之五十六篇，孔子所謂春秋，
> 周室所藏百二十國寶書是也。是故孔子曰：「述而不作。」〔註31〕

〔註28〕〈古史鉤沈論二〉，《全集》，第一輯，頁21。
〔註29〕同上。
〔註30〕同上，〈六經正名〉，頁38。
〔註31〕同前文，頁36～37。

蓋自珍認為六經皆史，六經在孔子之前已有，故孔子對六經僅是「述」，而非「作」。所以說：「孔子述六經，則本之史」。〔註32〕自珍在〈古史鉤沈論〉中亦讚美孔子有「存史」之功，曰：

> 夫功罪之際，存亡之會也，絕續之交也。天生孔子不後周，不先周也，
> 存亡續絕，俾樞紐也。史有其官而亡其人，有其籍而亡其統，史統替
> 夷，孔統修也，史無孔，雖美何待？孔無史，雖聖曷庸？〔註33〕

既言功罪之際，乃在存亡之會、絕續之交；又說孔子之生不後周、不先周，「存亡續絕俾樞紐也」。可見得自珍認為孔子之功在「存史」，而非「作經」。

自珍既不二分經史，視史為史料、經為聖人之有意述作。也不混同經史，因為經史各有其不同之性質。因此如何溝通經史，尤其在治學上，極為重要。自珍的融會之道，就是前此所論之自珍的治學態度，即：「治經重大義」、「治史尊心」。此一經史學的會通，在自珍之治春秋學時，表現的最為明顯。蓋自珍認為春秋是史、春秋亦含微言大義。換言之，自珍雖不言孔子作春秋而言春秋是史，卻亦承認春秋含微言大義。嘗有詩云：

> 欲從太史窺春秋，勿向有字句處求。抱微言者太史氏，大義顯顯則
> 予休。〔註34〕

此則明白表示；史書亦含微言大義。至此則自珍經、史之說得以溝通。

蓋自珍六經皆史之意，乃是將經學包含於史學之下，用治史學的態度治經學。自珍治史之態度是在「善入善出」之際，能擷取到史之精神。故其治經亦是要求能刊落名物，獲取經之大義。故其所謂「治經重義」及「治史尊心」，在意義上是相互構通的。亦即是說經之義就是史之心，史之心就是經之義，二者之所歸趨，皆為聖人之道。亦即是自珍所謂：循問學之階以上達於性道治天下之「性道治天下」之道。

自珍六經皆史說，立論在「古代政教官師合一」的觀念上；這和章學誠的「六經皆史」是一脈相承的。〔註35〕不過二人立論之「旨」立論之用心，

〔註32〕〈古史鉤沈論四〉，《全集》，第一輯，頁 28。
〔註33〕〈古史鉤沈論二〉，《全集》，第一輯，頁 24。
〔註34〕〈己亥雜詩〉，《全集》，第十輯，頁 537。
〔註35〕關於自珍六經皆史，承學誠六經皆史之緒者，參考金毓黻著《中國史學史》
　　　　（台北：漢聲出版社，1973 年）第一章〈古代史官概述〉之「古人學在王
　　　　官」，及第二章〈古代史家與史籍〉之「六經皆史之釋義」。又，參考錢穆
　　　　著《中國近三百年學術史》（台北：台灣商務印書館，1972），第九章〈章
　　　　實齋〉，及第十一章〈龔自珍〉。

卻有殊異。章學誠「六經皆史」論的提出，是爲了箴砭當時樸學「道在六經」、「循詁訓以明道」的治學弊病。同時在「六經皆先王行事之述，非有意立爲文字」的主脈下，創說了一套「道」的體系，及「明道」「通經」以致用的方法。〔註36〕

　　而自珍的六經皆史，卻在滿漢不平等的時代意義下，發揮了另一套創意。此一創意的基石，則爲「賓賓」之說。自珍嘗解釋「賓賓」二字曰：

　　　　賓也者，異姓之聖智魁傑壽耉者也。〔註37〕

又說：

　　　　其異姓之聞人，則史材也。〔註38〕

是知自珍「賓賓」之意，乃指：「異姓之賓，處一姓之下，當以史材自任」。

　　其實，自珍此論，深受其時代影響。蓋漢人以異族入主中國，爲箝制漢人，多設禁令；違禁者縱有經濟之才，亦不得與聞政事。自珍嘗言：

　　　　然而祖宗之兵謀，有不盡欲賓知者矣；燕私之祿，有不盡欲與賓共
　　　　者矣；宿衛之武勇，有不欲受賓之節制者矣；一姓之家法，有不欲
　　　　受賓之論議者矣。〔註39〕

蓋一姓之王，其祖宗之兵謀，燕私之祿享、宿衛之武勇及一代之家法，皆不欲爲賓所與聞。自珍漢人身處清廷，其地位當然是「賓」。濟世之志不得伸展，故唯有尋之古史，見三代異姓之賓，皆知自藏：不從異姓主燕游、不問異姓主之庫藏，而唯以學史自任。〔註40〕故此，自珍在討論「賓法」的同時，亦倡導「存史」。曰：

　　　　史之材，識其大掌故，主其記載，不客其情，上不欺其所委贄，下
　　　　不鄙夷其貴游，不自卑所聞，不自易所守，不自反所學，以榮其國
　　　　家，以華其祖宗，以教訓其王公大人，下亦以崇高其身，眞賓之所

〔註36〕關於章學誠「六經皆史」立論之旨，錢穆有言：「實齋文史通義倡六經皆史之說，蓋所以教當時經學家以訓詁、考覈，求道之流弊。」參考其所著《中國近三百年學術史》第九章〈章實齋〉。及余英時著《論戴震與章學誠》內篇五，〈章實齋的「六經皆史」說與「朱陸異同」論〉之「六經皆史說發微」。

〔註37〕〈古史鉤沈論四〉，朱刻本題曰「賓賓」。《全集》，第一輯，頁27。

〔註38〕同上。

〔註39〕同上。

〔註40〕〈古史鉤沈論四〉曰：「賓也者，異姓之聖智魁傑壽耉者也。其言曰：臣之籍，外臣也；燕私之游不從，宮庫之藏不問，世及之恩不預，……是故進中禮，退中道，長子孫中儒，學中史。」《全集》，第一輯，頁27。

處矣。〔註41〕

自珍指出「賓」處異姓之主之下，以存史自任，不自卑所聞、不自易所守，是賓者的最適所處。此一主張，乍睹之下，頗似退縮，然事實上卻正相反，蓋此乃自珍思想之一大進步，〔註42〕因其對「史」之尊崇，至此又更推進一層，即自珍認為：「史」之存在完全客觀，不專為一朝一代，而是為千百朝代。他說：

> 古之世有抱祭器而降者矣，有抱樂器而降者矣，有抱國之圖籍而降者矣。無籍其道以降者，道不可以籍也。下至百工之藝，醫卜之法，……皆不能以其藝降。夫非王者卑其我法，又非王者不屑籍古之道也，又非王者敢滅前古之人民，獨不敢滅其禮樂與道藝也。道誠異，不可降；禮樂誠神靈，不可滅也。禮樂三而遷，文質再而復，……易曰：「窮則變，變則通，通則久。」恃前古之禮樂道藝在也。〔註43〕

禮樂、道藝之存，當為後代濟窮革弊之恃，是「神靈不可滅」、「人主不敢驕」的；因此古代聖王，皆備數代之禮樂，曰：

> 王者，正朔用三代，樂備六代，禮備四代，書體載籍備百代，夫是以賓賓。〔註44〕

後王救弊之所恃，端在前代禮樂之所存，故古代王者敬備禮樂有至四代、六代以上者；而且「文質再而復，禮樂三而遷」，一代之禮樂，未必盡為一代所用，亦未必僅為一代所存，因此古代聖王絕不因己姓之興，而湮滅前代之禮樂。如此則史之存在完全客觀，不僅備用於一代，而是備用於百代。以上乃自珍「賓賓」說之初步：異姓之賓，當以存史自任；而且史之存在，完全客觀。

其次我們發現，自珍不僅以「賓法」自處，甚至解釋孔子之述史，亦為「賓法」。他說：

〔註41〕同上文，頁28。
〔註42〕「異姓之賓以存史自任」，乃自珍「賓賓」思想之初層，其意義實有更深遠者。蓋自珍生值清勢漸陵之際，舉國方酣沈太平；自珍以異姓之賓，又喜發盛世危言，人以「狂生」目之。故其文字多所障蔽，然其識之也深，憂之也切。研讀自珍文字，自必於其隱晦處索求，乃得真意。
〔註43〕〈古史鉤沈論四〉，《全集》，第一輯，頁28。
〔註44〕同前文，頁27。自珍「賓賓」之意有二，一指「異姓之賓以存史自任」，一指「所存前代之史」。此處則屬後者。

孔子曰：「非天子不議禮，不制度，不考文，吾從周。」從周，賓法也。〔註45〕

所謂「賓法」即是「異姓之賓以存史自任」。然自珍是如何將「孔子述六經本之史」之一事，詮附於「賓法」？又如何與孔子以「賓」之地位？

首先，自珍說明三代時之異姓，皆深知避忌，不與燕游不問庫藏，但以「學史」為任。〔註46〕因此周之大政名氏中，並無殷、夏、黃帝之氏，而這些異姓之人得以名世者，皆屬史材。曰：

周祚四百，其大政之名氏，姜、嬴、任、芊、姒、子之材不與焉；征伐之事，受顧命之事，共和攝王政之事，皆姬姓也。其異姓之聞人，則史材也。〔註47〕

孔子本殷民宋人，於周為「賓」，故自珍此意，頗有視孔子為「史材聞人」者。其次，又舉孔子評「柳下惠、少連仕宦於周，是『降志』之民」之例，〔註48〕表明孔子本身亦以「賓」自處。至於孔子以「賓法」（存史）自任？除前段「六經皆史」中，述及自珍推尊孔子之功在「修史」外，〔註49〕此處又舉孔子「於杞宋思夏殷之文獻」之例，〔註50〕表明孔子本身亦以「存史」自任。如此，則孔子以「賓」自處，以「賓法」自任，其意顯然。

既然，孔子以「賓」自處，以「賓法」自任，則其所述之六經，地位如何？自珍有言：

孔子述六經，則本之史，史也，獻也，逸民也，皆於周為賓也。異名而同實者也。〔註51〕

「孔子述六經本之史」的「六經皆史」論，自珍前已述及。然而此處，自珍將「六經皆史」與「賓賓」思想相與結合，致使其意與前略有不同。蓋自珍認為，孔子以「賓」居、行「賓法」，完全合於「賓賓」之道，因此他所述之

〔註45〕同前文，頁27～28。

〔註46〕參考註26。

〔註47〕〈古史鉤沈論四〉，《全集》，第一輯，頁27。

〔註48〕〈古史鉤沈論四〉：「周初，武王舉逸民；其衰也，有柳下惠、少連。禽也淵雅博物，少連躬至行，孔子皆謂之『降志』之民。」《全書》第一輯，頁28。

〔註49〕參考本節前段。

〔註50〕〈古史鉤沈論四〉：「杞不能徵夏，宋不能徵殷，孔子於杞宋思獻。」頁28。又，〈古史鉤沈論二〉：「夏之亡也，孔子曰：『文獻杞不足徵。』傷夏史之亡也。殷之亡，曰：『文獻宋不足徵。』傷殷史之亡也。」頁22，《全集》，第一輯。

〔註51〕同上，〈古史鉤沈論四〉，頁28。

六經（史），也就在著述的時代意義上，變成了「賓賓」的代表。簡言之則是：孔子居一姓之下，志不得伸，以存史自任，而六經（史）即是他存史的具體表現。此即自珍所謂：孔子「從周」之「賓法」。

「六經皆史」，既然在著述之背景上，與「賓法」相合，而「史」之存在又完全客觀，則以存史為任的「賓」的地位，亦完全客觀。也就是說，賓所存之史，不專為一朝一代，而賓之生，亦不專為一朝一代，如孔子所述之禮樂，不專為一朝一代般。故曰：

> 禮樂三而遷，文質再而復，……易曰：「窮則變，變則通，通則久」。
> 恃前古之禮樂道藝在也。故夫賓也者，生乎本朝，仕乎本朝，上天
> 有不專為其本朝而生是人者在也。〔註52〕

至此，試將自珍此論與其在「政教合一」觀念下所論「六經皆史」中言及士大夫「必以誦本朝之法，讀本朝之書」〔註53〕以為本朝之用者相較，則其間思想之變更，蘊義之消長殊異，脈胳顯然可見。而其中尤可注意者，則為末句所言：「賓也者，生乎本朝，仕乎本朝，上天有不專為其本朝而生是人者在也。」蓋賓之生，不專為一朝一代，賓所述之史亦不專為一朝一代，則自珍述史之意，兼含「以待後王」，顯明可見，而「賓之生不專為清朝而生」之「革命」思想亦暗蘊矣。

綜觀自珍「六經皆史」之論，其先確是承襲章氏之緒，然其間之推衍發揮，實有溢出章氏者在，此亦時代背景使然耳。雖則其發揮處，多有「非常可怪」之論，然自珍之才，本為不拘，取義經世，自多有牽強；識自珍者，當自其時代精神下觀之，莫作毛疵之求。此即吾所謂將六經皆史與「時代精神」相結合下，所產生之創意。

二、諸子周史之小宗

在前一節，論及三代政教治學合一時，已說明「五經，周史之大宗」的命題。然而在政教治學分離、師儒陵替、學術下私人（私人著述）之後，又如何呢？自珍曰：

〔註52〕同上。
〔註53〕〈乙丙之際著議第六〉曰：「自周而上，一代之治，即一代之學也，……若宰、若大夫，……陳於王、采於宰，信於民，則必以誦本朝之法，讀本朝之書為率。」《全書》第一輯，頁4。

> 師儒之替也，原一而流百焉，其書又百其流焉，其言又百其書焉。
> 各守所聞，各欲措之當世之君民，則政教之末失也。雖然，亦皆出
> 於其本朝之先王。〔註54〕

是可見政教散失之後，師儒各據所肄習之業，發爲一家之言，以期匡世。雖因材、智之差別而各有偏失，〔註55〕然其言皆出於本朝之先王。自珍又曰：

> 是故司徒之官之後爲儒，史官之後爲道家老子氏，清廟之官之後爲
> 墨翟氏，行人之官之後爲縱橫鬼谷子氏，禮官之後爲名家鄧析子氏、
> 公孫龍氏，理官之後爲法家申氏、韓氏。〔註56〕

儒爲司徒之官之後，道家老子爲史官之後，墨翟氏爲清廟之官之後，縱橫鬼谷子氏爲行人之官之後，名家爲禮官之後，法家爲理官之後，則諸子皆出於王官。王官所守者即爲史，故諸子亦源出於史，自珍有言：

> 孔子歿，七十子不見用，衰世著書之徒，蠭出泉流。漢氏校錄，撮
> 爲諸子，諸子也者，周史之小宗也。故夫道家者流，言稱辛甲、老
> 聃；墨家者流，言稱尹佚；辛甲、伊佚官皆史，聃實爲柱下史。若
> 道家，若農家，若雜家，若陰陽家，若兵，若術數，若方技，其言
> 皆稱神農、黃帝。神農、黃帝之書，又周史所職藏，所謂三皇、五
> 帝之書者是也。……故曰：諸子也者，周史之支孽小宗也。〔註57〕

孔子歿後七十子不見用，又值戰國衰世，故私人著書興起，各欲措之當世以匡濟天下，此即漢世撮錄之「諸子」。然諸子之學有言稱三代之史官者，有其本身即爲史官者。三代史官之書皆存於周史，故自珍認爲諸子是周史之小宗。他批評劉向但云道家術數家出於史，不言其他諸家出於史，是知「五緯、二十八宿異度，而不知其皆繫於天」。〔註58〕故溯源於諸子學之所出，而倡言「諸子周史之小宗」論。

　　自珍的經史論有一特點實堪留意，即自珍主張六經皆史，卻未標目「六經皆史」四字，而是說「五經，周史之大宗」；主張諸子皆史，亦未標目「諸子皆史」四字，而是言「諸子，周史之小宗」。自珍之所以不以「六經皆史」、「諸子皆史」爲標目，乃因「史」之一字太爲籠統，無法表明經、子之關係，

〔註54〕同上。
〔註55〕參考本章第二節〈鉤沈古史〉。
〔註56〕〈乙丙之際箸議第六〉，《全書》第一輯，頁4。
〔註57〕同上，〈古史鉤沈論二〉，頁21～22。
〔註58〕同前文，頁22。

故特別以「周史」冠之，再以「大宗」、「小宗」分言經、子。爲何如此曲折？
蓋六經本出於史，諸子亦源出於史；唯是六經在政教治學合一之下，得周史
之正統，諸子在師儒陵替政教治學二分之下，出於私人著述，得周史之支孽；
故六經有「大宗」之稱，而諸子得「小宗」之名。雖則大宗、小宗之稱名有
異，然皆爲「周史」則一，是可見自珍在周史的存續上，是將諸子的地位予
以提高。自珍此一諸子學的重估，有其重要的學術史意義。

　　諸子，自漢「獨尊儒術」以來，一直無法與五經相抗。清中葉以後，汪
中嘗致力於荀子、墨子的研究，而認爲六藝之傳，實賴荀子，反對理學家以
孔孟相傳爲正統之說。〔註 59〕又謂：諸子各執一術以爲學，各欲措之當世以
爲用，〔註 60〕儒、墨相爭，是道不同不相爲謀，而非正統、異端之別。〔註 61〕
汪中的諸子論，在當時，雖受到「名教之罪人」的譏斥，〔註 62〕然而諸子學
的復興，卻漸萌芽。

　　章學誠在述及學術源流時，亦謂：「諸子之奮起，由於道術既裂，而各以
聰明才力之所偏，每有得於大道之一端，而遂欲以之易天下。其持之有故，
而言之成理者，故將推衍其學術，而傳之其徒焉。」〔註 63〕

　　汪、章二人言諸子各得「道」之一端以易天下，是子學再興的一大助力。
然汪中只論至正統、異端之辨，章氏雖論及子學源流，而其結論，卻是「諸
子皆出于六典。」〔註 64〕至於「釋老」，他仍以「異端」視之。〔註 65〕

〔註 59〕汪中，《述學》補遺〈荀卿子通論〉：「蓋自七十子之徒既歿，漢諸儒未興，中
更戰國、暴秦之亂，六藝之傳賴以不絕者荀卿也。周公作之，孔子述之，荀
卿子傳之，其揆一也。」
〔註 60〕汪中，《述學》內篇三〈墨子後序〉：「昔在成周，禮器大備，凡古之道術，皆
設官以掌之。官失其業，九流以興，於是各執一術以爲學。」
〔註 61〕同上，〈墨子序〉言：「自墨者言之，則孔子魯之大夫也，而墨子宋之大夫也，
其位相埒，其年又相近，其操術不同，而立言務以求勝，此在諸子百家，莫
不如是。……歸於不相爲謀而已矣。」
〔註 62〕翁方綱，〈書墨子〉：「有生員汪中者，則公然爲《墨子》撰序，自言能治墨子，
且敢言孟子之言『兼愛無父』爲誣墨子，此則又名教之罪人，乃無疑也。」《復
初齋文集》（台北：文海出版社，1974 年），卷十五。
〔註 63〕章學誠，〈言公〉上，《文史通義》，內篇四。
〔註 64〕章學誠，〈詩教〉上：「諸子之爲書，其持之有故，而言之成理者，必有得於
道體之一端，而後乃能恣肆其說，以成一家之言也。所謂一端者，無非六藝
之所該，故推之而皆得其所本。……老子、……莊……，易教也。鄒衍、……
關尹……，書教也。管商……，禮教也。申韓……，春秋教也。其他楊墨尹
文之言，蘇張孫吳之術，辨其源委，把其旨趣，……而不自知爲六典之遺也。」

　　而自珍對子學的重估，卻是全面性的。首先他說明六經源於史，諸子亦源於史。其次又在「六經正名」中，主張：「以經還經，以記還記，以傳還傳，以群書還群書，以子還子」，並特別強調：「經自經，子自子，傳記可配經，子不可配經」。〔註66〕他說：

　　　　或曰：胡不以老子配易，以孟子、邠子配論語？應之曰：經自經，
　　　　子自子，傳記可配經，子不可配經。雖使曾子、漆雕子、子思子之
　　　　書具在，亦不以配論語。〔註67〕

傳記可配經，子不可配經，老子是子書，故不可以配易；曾子、孟子、荀子之書亦為「子書」，故不可以配經。然則經、傳、子三者之關係如何？有曰：

　　　　傳記也者，弟子傳其師，記其師之言也。諸子也者，一師之自言也。
　　　　傳記，猶天子畿內卿大夫也，諸子，猶公侯各君其國，各子其民，
　　　　不專事天子者也。〔註68〕

傳記是天子畿內之卿大夫，以專事天子為任。諸子則為一方之公侯，不專事天子；故傳記可以配經，子不可以配經，而只是一師之自言。因此他斥責四書的編纂，是將孟子夷於二戴記之間，以「傳記」視孟子，名為尊孟子，而其實是卑視孟子。曰：

　　　　今出孟子於諸子，而夷之於二戴所記之間，名為尊之，反卑之矣。
　　　　子輿氏之靈，其弗享是矣。〔註69〕

蓋自珍認為孟子本為一師自言，不專事經。今取之與大學、中庸、論語並列，名為闡六經，實則夷孟子「一師之言」，而使其配事天子；卑孟子「一方公侯」之位，而使其為天子畿內之卿大夫耳。

　　由自珍所舉之例言，傳記，猶天子畿內之卿大夫，諸子，猶公侯各君其國、各子其民，不專事天子。至此，吾人對自珍所謂「五經周史之大宗」、「諸子周史之小宗」，更能了然。即是說：倘使六經是天子，則傳記是卿大夫，是天子的附庸。而諸子則各掌封國，不專事天子，各成其一家之言。如此自珍

　　　　《文史通義》，內篇。
〔註65〕 章學誠，〈漢志諸子第十四〉之五：「儒與名法，其原皆出於一，非若異端老
　　　　釋，屏去民彝物則，而自為一端者比也。」《校讎通義》，內篇三。
〔註66〕 皆見〈六經正名答問五〉，《全集》，第一輯，頁40及41。
〔註67〕 同前文，頁41。
〔註68〕 〈六經正名〉，《全集》，第一輯，頁38。
〔註69〕 同上。

一方面在「一家之言」上，肯定了「諸子」的價值，一方面也在「經、子同出於史」的來源上，提高了諸子的地位。

　　自珍的經、史學是有其一貫主張的。他的五經皆史論及尊史之心論，都說明他是用治史的態度治經，治經就是治史。因此他治經取經之大義，強調經學要在史學上發揮，方能得其眞精神。而所謂經學與史學的精神之所在，即是經之「義」，也就是史之「心」。經之義，非指文字之意而是微言大義；史之心，非指文字褒貶而是史事活用爲鑑之心。聖人之道是以「文字訓詁」爲之階，而以「性道治天下」爲之顚，一以貫之的極致，必須要循問學以達於治天下，自珍尊史之「心」其意即此。

第四章　自珍的公羊學

　　自珍年二十八從劉逢祿習公羊春秋，並與魏源友善，源亦治公羊。然自珍於公羊學之取捨及運用，卻與劉、魏頗異。劉、魏之治公羊，或闡何休條例、或著董子發微，都是用專門治經書的態度來研析公羊，務使條例明暢，大義彰顯。而自珍之於公羊，不僅未鑿鑿於條例之辨，甚至認為春秋是史，三傳皆傳春秋。這一方面與他「六經皆史」的思想有關，一方面卻也可說是自珍對公羊的「獨具心裁」。

　　他既不斤斤於條例之辨；亦不爭西、東漢，今、古文之孰真孰偽；更未嘗高倡「上復西漢今文」之論；而只是直捷地擷取了公羊中的數端大義，加以靈活地運用到實際的政論上去。例如：他以「三世」大義解群經，認為五經皆含聖人終始治道：又用「三世」觀解釋歷史，使得歷史的演進，由據亂、升平而太平，成為積極可達。又以公羊之律救正當世之律，又引公羊之微言以譏議時政。凡此種種，都顯示了自珍公羊學的最大特色，就是：改變了以往論大義於「典籍」的態度，使成為論大義於「現實民生」。

　　本章分三節論述：首論常州學之興起與發展，次論自珍與劉、魏公羊學之異同，再論自珍公羊學之特色。

第一節　常州學的興起與發展

　　常州之學始於武進莊存與，存與與戴震同時，二人交相友善，〔註1〕然治

〔註 1〕 見臧庸著〈禮部侍郎莊公小傳〉，《碑傳集補》（台北：文海出版社，1971 年），
　　　　卷三，及《清史列傳》，卷二十四。

學途徑迥異，戴震爲一代儒宗，倡「訓詁明而後義理明」的治學方法；而存與治經卻不瑣瑣於章句訓詁，亦不辨眞僞，但醇深於先聖之微言大義。阮元嘗序其書：

> 於六經皆能闡抉奧旨，不專專爲漢宋箋注之學，而獨得先聖微言大義於語言文字之外。斯爲昭代大儒。〔註2〕

存與亦自言：

> 辨古籍眞僞，爲術淺且近者也；且天下學僮盡明之矣，魁碩當弗復言。古籍墜湮十之八，頗藉僞書存者十之二，常冑天孫，不能旁覽雜氏，惟賴幼習五經之簡，長以通於治天下。昔者大禹謨廢，「人心道心」之旨、「殺不辜寧失不經」之誡亡矣；……今數言幸而存，皆聖人之眞言，言尤疴癢關後世，宜貶須臾之道，以授肄業者。〔註3〕

蓋存與以爲，學業當求其疴癢關於治道者，勿須瑣瑣於辨其眞僞。故舉僞古文尚書中之數言，以明先聖垂教、治平之大義。〔註4〕

又於諸經之中，特重春秋公羊。著《春秋要指》，說明春秋乃聖人約文示義，垂法以示天下後世者。曰：

> 春秋……垂法示天下後世以聖心之極，……史不能究。〔註5〕

> 春秋，……經世之志。〔註6〕

> 春秋，……非記事之史，所以約文而示義也。〔註7〕

又著《春秋正辭》，依公羊條例，闡明聖人大義。正辭自序言：

> 爲隳括其條，正列其義，更名曰正辭。〔註8〕

所正之辭凡九目。〔註9〕其友人朱珪爲正辭作序，亦曰：

〔註2〕 莊存與《味經齋遺書》（台北：台灣大學文聯藏，光緒八年刊本），卷首所載阮元〈莊方耕宗伯經說序〉。

〔註3〕 〈資政大夫禮部侍郎武進莊公神道碑銘〉引莊存與言，《全集》，第二輯，頁142。

〔註4〕 同前文：「自（莊存與）語曰……昔者大禹謨廢，『人心道心』之旨、『殺不辜寧失不經』之誡亡矣；太甲廢，『儉德永圖』之訓墜矣；仲虺之誥廢，『謂人莫己若』之誡亡矣；說命廢，『股肱良臣啓沃』之誼喪矣；旅獒廢，『不寶異物賤用物』之誡亡矣；冏命廢，『左右前後皆正人』之美失矣。」

〔註5〕 見〈春秋五〉，〈春秋正辭序〉，《味經齋遺書》。

〔註6〕 同上。

〔註7〕 同上。

〔註8〕 同上。

義例一宗公羊，起應實述何氏。……條例其目，屬比其詞，若網在綱，如機省括，義周旨密，博辨宏通。……近日說經之文，此爲卓絕。〔註10〕

今觀其書，亦是據公羊條例、書法闡明大義。然存與治春秋雖宗公羊，卻亦兼采左氏、穀梁，及宋元諸儒之說。阮元序其書，引李晴川言，曰：

春秋則主公羊董子，雖采左氏、穀梁氏及宋元諸儒之說，而非如何劭公所譏倍經任意，反傳違戾也。〔註11〕

存與不僅治公羊兼采左、穀，即治群經，亦不辨其僞，不爭今、古文。故於公羊之外，兼治周官、毛詩，著有《周官記》、《毛詩說》等書。這和後來的常州學者專治公羊，罷黜古文不同。

方乾隆時，學者治經莫不由《說文》《爾雅》入，存與卻刊落名物，直求經義，使之有濟於天下。此種學旨，在當時誠爲一時孤徑。存與亦自知如此，故未嘗以經學自名，所著諸書亦不刊版行世，世遂亦無聞。〔註12〕得其傳者，唯弟子、子孫數人而已。

存與侄述祖，嘗從之學，著《夏小正經傳考釋》，亦嘗論《春秋》曰：

春秋之義以三傳而明，而三傳之中又以公羊家法爲可說，其所以可得而說者，實以董大中綜其大義，胡母生析其條例，後進遵守不失家法，至何邵公作解詁，悉隸括就繩墨，而後春秋非常異義可怪之論，皆得其正。〔註13〕

是知，述祖治春秋於三傳不偏廢，唯特重公羊家法，與何氏條例。

述祖有甥劉逢祿，嘗從之學，自言於春秋獨發神悟，又謂諸經中，知類通達，微顯闡幽者，厥唯公羊一書。故研精覃思，探原董生，發揮何氏。所著有關春秋之書，十有餘種。〔註14〕常州公羊學自此始明白樹立。

前言已及，存與治經，不棄古文，即於春秋，亦兼采三傳。逢祿雖承外家之緒，然其治春秋，卻獨尊公羊。辨「左氏乃史，穀梁不傳微言」，曰：

〔註 9〕同上。〈春秋正辭〉序目：奉天辭第一，天子辭第二，內辭第三，二伯辭第四，諸夏辭第五，外辭第六，禁暴辭第七，誅亂辭第八，傳疑辭第九。

〔註10〕朱珪撰〈春秋正辭序〉，見〈春秋五〉，《味經齋遺書》。

〔註11〕同註2。

〔註12〕《味經齋遺書》，卷首載董士錫〈易說序〉：「莊先生存與，……未嘗以經學自鳴，成書又不刊版行世，世是以無聞焉。」

〔註13〕見莊述祖，〈夏小正經傳考釋序三〉。《清儒學案》，卷七四。

〔註14〕《清史列傳》，卷六九；及李兆洛撰〈禮部劉君傳〉，《續碑傳集》，卷七二。

左氏以良史之材，博聞多識，本未嘗求附於春秋之義，後人增設條
例，推衍事蹟，強以爲傳春秋，……名爲尊之，實則誣之。〔註15〕

穀梁，……孔子以爲中人以下者，……傳章句不傳微言。〔註16〕

又著《左氏春秋考證》，言《左傳》乃《晏子春秋》、《呂氏春秋》之類，具
載春秋時之史事，卻未聞聖人口受微恉，是史書，而非解經之傳。故其本名
應爲《左氏春秋》，至於《春秋左氏傳》之名，乃劉歆所改。〔註17〕是此，
則尋求聖人立法制作之意，但在公羊矣。其《春秋公羊經何氏釋例》自序言：

昔孔子有言：「吾志在春秋」。……蓋孟子所謂：行天子之事，繼王者
之迹也。傳春秋者，言人人殊，惟公羊五傳當漢景帝時，乃與弟子胡
母子都等記於竹帛，是時大儒董生下帷三年，講明而達其用，而學大
興。……綿延迄於東漢之季，……賴有任城何邵公氏修學卓識，審決
白黑，而定尋董、胡之緒，補嚴、莊之缺。……董、何之言，受命如
嚮，然則求觀聖人之志，七十子之所傳，舍是奚適焉？〔註18〕

春秋乃孔子受命改制，爲萬世立法之作，口受微言，七十子所傳，端在公羊
一家。傳公羊者，西漢有董仲舒，東漢有何邵公，而董、何之中，又以何氏
最精條例，張目三科九旨，以明聖人微言大義。故逢祿於董、何二氏之中，
又特尊何休。其《公羊春秋何氏解詁箋》自序云：

何君生古文盛行之日，廓開眾說，整齊傳義，傳經之功，時罕其匹。
余實持篤信，謂晉唐以來之非何氏者，皆不得其門，不升其堂者也。
〔註19〕

又曰：

無三科九旨則無公羊，無公羊則無春秋，尚奚微言之與有？〔註20〕

故「尋其條貫、正其統紀」爲《春秋公羊經何氏釋例三十篇》，發明何氏「張
三世」、「通三統」、「紬周王魯」、「受命改制」諸義。又析其疑滯，爲《公羊
春秋何氏解詁箋一卷》，並言：「自信於何氏繩墨少出入」。〔註21〕又舉公羊何

〔註15〕劉逢祿，〈左氏春秋考證自序〉，《清儒學案》，卷七五。
〔註16〕劉逢祿，〈春秋論下〉，《清儒學案》，卷七五。
〔註17〕參考劉逢祿著，〈左氏春秋考證〉，《皇清經解》，卷一二九五。
〔註18〕見《清儒學案》，卷七五。
〔註19〕同上。
〔註20〕劉逢祿，〈春秋論下〉，《清儒學案》，卷七五。
〔註21〕劉逢祿，〈公羊春秋何氏解詁箋自序〉，《清儒學案》，卷七五。

氏之言，以論論語，著《論語述何》，謂：「論語總六經之大義，闡春秋之微言」。〔註22〕並以公羊之說，旁及群經，著《議禮決獄》（即《春秋公羊議禮》），以公羊說禮。又以公羊比詩經、易經。〔註23〕至此，常州公羊之學，始明白樹立。

　　逢祿於經取微言大義，是常州薪傳。然其治學方法、卻延吳、皖一脈，重家法、條例。這在他重何休甚於董生，最可得見。其所著《春秋公羊經何氏釋例》自序言：

　　大清之有天下百年，開獻書之路，招文學之士，以表章六經爲首，於是人恥鄉壁虛造，競守漢師家法。若元和惠棟氏之于易，歙金榜氏之于禮，其善學也。祿……則嘗以爲學者莫不求知聖人，聖人之道備乎五經，而春秋者，五經之筦鑰也。先漢師儒略皆亡闕，惟詩毛氏、禮鄭氏、易虞氏有義例可說。而撥亂反正，莫近春秋，董何之言，受命如嚮。然則求觀聖人之志，七十子之所傳，舍是奚適焉？〔註24〕

又，《公羊春秋何氏解詁箋》自序言：

　　余嘗以爲經之可以條例求者，惟禮喪服及春秋而已。經之有師傳者，惟禮喪服有子夏氏，春秋有公羊氏而已。漢人治經，首辨家法，……於先漢則古詩毛氏，於後漢則今易虞氏，……然毛公詳故訓而略微言，虞君精象變而罕大義。求其知類通達，微顯闡幽，則公羊傳在先漢有董仲舒氏，後漢有何邵公氏，子夏傳有鄭康成氏而已。先漢之學務乎大體，故董生所傳，非章句訓詁之學也。後漢條理精密，要以何邵公、鄭康成二氏爲宗。喪服之於五禮，一端而已。春秋始元終麟，

〔註22〕劉逢祿，〈論語述何敘〉，《皇清經解》，卷一二九八。

〔註23〕逢祿以春秋大義遍解群經。如以春秋解論語：論語子曰：「躬自厚而薄責於人，則遠怨矣。」逢祿解成：「春秋詳內小惡，略外小惡之義。」類此者，比比皆是。可參看所著《論語述何》，《皇清經解》，卷一一九八。如以春秋解詩：「詩之言三正者多矣，而尤莫著于三頌。夫子既降王爲風，而次之邠廊之後，言商周之既亡，終之以三頌。非新周、故宋以魯頌當夏而爲新王之明徵乎。夫既以魯頌當新王而次之周後，復以商頌次魯而明繼夏者殷，非所謂三王之道若循環者乎。故曰，不明春秋不可與言五經。春秋者，五經之筦鑰也。」見《皇清經解》，卷一二八〇《劉禮部公羊何氏釋例》。又，以春秋解易、書。言「易，一陰一陽，乾變坤化，歸於乾元用九，而天下治。要其終於未濟，志商亡也。詩書正，一變極於周亡。而一終秦誓，一終商頌。秦誓傷周之不可復也。商頌示周之可興也。」見《皇清經解》，卷一二八〇《劉禮部公羊何氏釋例》。

〔註24〕見《清儒學案》，卷七五。

天道淶，人事備，以之網羅眾經，若數一二，辨白黑也。〔註25〕
前一段文字說明治經當守家法，後一段文字說明研經當循條例。春秋公羊，
不僅淶天道、備人事，撥亂反正，而且有家法、有條例可尋。今觀逢祿研治
公羊之方法，亦是正列條例，屬比其事，又名其書曰「釋例」，則其治學方法
之沿承吳、皖，顯然可見。〔註26〕

綜上所述，逢祿治春秋獨尊公羊，雖不斥古文，然其治學態度之重家法、
條例，卻已啓後世「尊今文之有家法，斥古文之無師傳」之端倪矣。

劉氏弟子有龔自珍、魏源，皆治公羊。常州公羊學，至此二人有一劇變，
亦至此二人之變之後，方大顯於世，甚至披靡天下，影響晚清學術至深且鉅。
若簡言之，其影響一則為今文經學的樹立；一則為援經議政的開創。此處先
言今文經學的樹立。

欲言今文經學的樹立，不得不溯源於劉逢祿治經的重家法、師傳。其始，
常州學在莊存與時，只是治公羊，並未曾爭辨今、古文之真偽，亦未曾排斥
古文。到劉逢祿時，方才辨左傳不傳春秋，又詳析群經中之何有家法？何有
師傳？雖未嚴斥古文，卻已漸露今、古文經之界限。迨其弟子魏源，其治學
重家法之一脈，遂至倡「上復西漢今文家法」，而不屑於「東漢古文之鑿空無
師傳」矣。

魏源治經既重家法，故嘗著《兩漢經師今古文家法考》，說明漢儒群經
之傳受源流。謂：西漢經師承七十子微言大義，群經傳授皆守家法；然東漢
諸儒卻混淆今、古文，創異門戶，迨至東漢之學興，則西漢博士之家法亡。
〔註27〕又謂：西漢今文乃專門之學，遠勝東漢古文之鑿空無師傳。遂倡上復
西漢微言大義之學。著《書古微》，發揮西漢今文尚書家言，摒棄東漢古文
之鑿空無師傳。序言曰：

《書古微》何為而作也？所以發明西漢尚書今古文之微言大義，而
闢東漢馬鄭古文之鑿空無師傳也。〔註28〕
此處所謂「西漢今古文」，今文是指歐陽、夏侯受自伏生者，古文是指史記、
孔安國之所傳。孔安國雖得古文尚書於孔壁，然嘗受學於歐陽生，亦嘗以今

〔註25〕同上。
〔註26〕本段參考錢賓四先生所著《中國近三百年學術史》，第十一章第二節〈劉
　　　　宋〉。
〔註27〕參考魏源，〈兩漢經師今古文家法考敘〉，《古微堂內外集》，外集卷一。
〔註28〕同上，〈書古微序〉。

文較古文，而司馬遷亦曾從學於孔安國，故魏源認爲：西漢今、古文，本即一家。〔註29〕至於東漢馬鄭古文尙書，魏源曰：

> 西漢之古文與今文同。東漢之古文與今文異。上無師傳，且皆反背師傳，其不可信有三。西漢今古文皆出伏生，凡伏生大傳所言者，歐陽必同之，大小夏侯必同之，史遷所載孔安國說必同之。猶詩齊魯韓三家實同一家。此漢儒師說家法所最重。若東漢古文則不然，馬融不同於賈逵，賈逵不同於劉歆，鄭玄又不同於馬融，……試問：何爲古文，鄭師馬而異於馬；馬師衛賈，而……異於衛賈？……孰眞古文，孰非古文乎？孰……有師傳家法乎？無師傳家法乎？鄉壁虛造、隨臆師心，不知傳受於何人？其不可信者四。……予尋繹有年，深悉東漢杜林馬鄭之古文，依託無稽，實先東晉梅傳而作僞，不惟背伏生、背孔安國，而又鄭背馬、馬背賈，無一師傳之可信。〔註30〕

西漢今文尙書，三家皆出自伏生，故所言相同。而東漢古文尙書，不僅非伏生所傳，並且鄭、馬、衛、賈互相承襲之間，又入出多異，故魏源斥其爲依託無稽、鄉壁虛造，純係僞作，絕不可信。遂主張當燬棄罷黜於學宮，以免惑世誣民；而立於學官者，自當取西漢今文專門之學。曰：

> 若僞古文之臆造經傳，上誣三代，下欺千載，今既罪惡貫盈，閱實詞服，即當黜之學校，不許以僞經出題考試，不許文章稱引，且燬僞孔傳、僞孔疏及蔡沈集傳，別頒新傳新疏，而後不至於誣世誣民，……則欲立學宮，舍西漢今文家專門之學，其將誰歸？〔註31〕

至此，尙書繼公羊今文之後，亦有今文之學。

　　魏源不僅主張尙書當上復西漢今文，即詩經亦主張上復西漢，著《詩古微》序曰：

> 《詩古微》何以名？曰：所以發揮齊魯韓三家詩之微言大義，補苴其罅漏，張皇其幽渺，以豁除毛詩美刺正變之滯例，而揭周公、孔子制禮正樂之用心於來世也。〔註32〕

西漢經師承七十子之傳，詩有齊魯韓三家，而毛詩乃晚出古文，未傳周孔大

〔註29〕同上。
〔註30〕同上。
〔註31〕同上，〈書古微例言上〉。
〔註32〕同上，〈詩古微序初稿〉。

義，故當上復西漢三家之舊，以明聖人之志。至此，詩亦有今文之學。魏源
著《詩古微》，劉逢祿嘗爲之序，曰：

> 皇清漢學昌明，通儒輩出，于是武進張氏始治虞氏易、曲阜孔氏始
> 治公羊春秋，今文之學萌芽漸復。……邵陽魏君默深，治經好求微
> 言大義，由董子書以信公羊春秋，由春秋以信西漢今文家法。……
> 于書則專申史記，伏生大傳及漢書所載歐陽、夏侯、劉向遺説，以
> 難馬鄭。于詩則表章魯、韓墜緒，以匡傳箋。既與予説重規疊矩，
> 其所排難解剝、鉤沈起廢，則又皆足干城大道，張皇幽眇，申先師
> 敗績失據之謗，箴後漢好異矯誣之疾，使遺文湮而復出，絕學幽而
> 復明。……予向治春秋今文之學，有志發揮成一家言，作報因循，
> 久未卒業，深懼大業之陵遲，負荷之隕越，幸遇同志，勇任斯道，
> 助我起予。昔之君子，其亦有樂于斯乎？〔註33〕

逢祿首先舉出張惠言治虞氏易、孔廣森治春秋公羊，是今文經學的萌芽；繼
又明析魏源之治今文，是由信董子春秋，而信公羊家法，由信公羊家法，而
信西漢今文家法。並讚美魏源上復西漢今文家法，是使「遺文復出」，使「絕
學復明」。即魏源本身亦嘗言「上復西漢群經」，曰：

> 今日復古之要，由訓詁聲音以進於東京典章制度，此齊一變至魯也。
> 由典章制度以進于西漢微言大義，貫經術、政事、文章於一，此魯
> 一變至道也。〔註34〕

蓋有清乾嘉之學宗許鄭，乃是東漢之傳；然東漢諸經無師傳家法，不含聖人大
義；故魏源主張當上復西漢群經之有師傳、有家法者，唯其有師傳，方得受聖
人微言大義耳。魏源雖未曾一一言及群經之今文，然其《書古微》、《詩古微》
之作，獨尊西漢尚書及齊、魯、韓三家詩，實已開「今文經學」之端緒。

其次，劉逢祿雖未如魏源般，有主張今文經的著作，然在這篇〈詩古微
序〉中，有段文字，已微露此意，曰：

> 豈非今學之師承，遠勝古學之鑿空？非若「左氏不傳春秋，逸書、
> 逸禮絕無師說，費氏易無章句，毛詩晚出，自言出自子夏，而序多
> 空言，傳罕大義」，非親見古序之有師法之言與？〔註35〕

〔註33〕劉逢祿，〈詩古微序〉，《清儒學案》，卷七五。
〔註34〕魏源，〈兩漢經師今古文家法考敘〉，《古微堂內外集》，外集卷一。
〔註35〕劉逢祿，〈詩古微序〉，《清儒學案》，卷七五。

既言今學有師承非古學可及，又詳析毛詩、逸書、逸禮、費氏易之非西漢師傳，則其所謂「有志發揮成一家之言」之意，甚可明瞭；又其以「上復今文家法」稱魏源為「同志」，則更可顯見。所以說，常州學的由公羊一家，遍及今文群經，劉、魏實屬關鍵。當然，劉、魏所謂的上復西漢今文，並非認為古文群經皆偽，〔註36〕這和晚清今文學家如康有為所說的「六經是孔子所作，古文乃劉歆偽造」〔註37〕又異。然而無論如何，常州學的由治公羊一家，遍至尊今文群經，是從魏源始漸樹立的。

其次，再論「援經議政」的開創。常州學在莊、劉之時，雖是重微言講大義，然其言「義」之範圍不出典籍，治經之方法不出「釋例」。雖有「張三世」、「通三統」之說，卻均屬文字工夫，距孔子所謂：「見諸行事之深切著明」者尚遠。迨至龔、魏方將經義與政事結合。魏源所言：「由典章制度以進于西漢微言大義，貫經術、政事、文章於一」即是。其本身亦多留心時務，著《聖武記》、《海國圖志》，又多論東南漕運、制夷之方等等。然其治經之途轍，終究不脫家法觀念，故落入考據窠臼，非真能於經術政事處見公羊精神。〔註38〕而自珍之治公羊，不僅刊落條例，亦不爭今、古文，而是在實際的政論上，運用公羊大義，發揮了一套盛世危言。常州學發展至此，方才將聖人之志，與時務民生完全配合。也唯有在將時務民生與經義相配合發揮之後，常州學之真精神方大顯於世。恰又正值清勢衰微，外患頻仍之際，救亡圖存，刻不容緩，專門漢學名物制度，豈能濟用？迨至鴉片戰爭失敗，喪辱國權，更是前所未有之奇恥大辱。公羊「三科九旨」、「興王改制」諸義，正合時宜，遂皆成為有識之士援經議政之憑藉。風氣所趨，時勢所逼，常州之學遂至披靡天下，而居此援經議政之首開風氣者，實屬自珍。

第二節　自珍與劉逢祿、魏源公羊學之異同

自珍與魏源同從學於劉逢祿，三人皆治公羊，然自珍與其二人之間，頗有

〔註36〕劉逢祿言左氏春秋不傳春秋，並未言左氏春秋是劉歆偽造，魏源謂毛詩晚出，並未言毛詩乃偽書，唯言東漢馬鄭古文尚書是偽。

〔註37〕《清史列傳》，卷六九；及《續碑傳集》，卷七二，李兆洛撰〈禮部劉君傳〉。

〔註38〕錢賓四先生所著《中國近三百年學術史》，第十一章〈魏默深〉，言：「魏氏詩書古微之作，仍不脫家法觀念之作祟，仍落考據窠臼，非能真於微言大義經術政事處見精神也。」頁529。

差異。劉氏之治公羊，循「條例」以明大義，又罷黜左氏，強調經史之異。魏源「上復西漢今文」的主張，更顯示了今、古文經的壁壘漸立。然自珍之治公羊，不僅摒棄經、史之爭及今、古文之爭，亦刊落條例，而逕尋微言大義的實際運用於時政，亦即是「援經議政」。此節先論自珍公羊學與劉、魏之異。

一、孔子與春秋

劉逢祿既治春秋重微言大義，故主張春秋為孔子所作，〔註39〕是經非史，並且只有公羊一家傳聖人微言大義，穀梁傳章句不傳微言；〔註40〕至於左氏，乃是史書，而非春秋經之傳，故其本名應為《左氏春秋》，與《晏子春秋》同類，至於《春秋左氏傳》之名，乃是劉歆所偽造，殊不可信；〔註41〕此處有二點須自珍相較，一是：孔子作春秋，春秋是經非史；一是左氏乃史，不傳春秋。

在前面，我們已討論過，自珍認為孔子之功是在「統修歷史」，而六經就是孔子據史書之所述，因此有「六經皆史」之說，其中並特別言明「春秋乃記動之史」。此處，自珍又將「孔子與六經的關係」，加以更清晰的說明：

> 龔自珍曰：孔子之未生，天下有六經久矣。莊周天運篇曰：「孔子曰：某以六經奸七十君而不用。」記曰：「孔子曰：入其國，其教可知也，有易、書、詩、禮、樂、春秋之教。」孔子所觀易、書、詩，後世知之矣，若夫孔子所見禮，即漢世出于淹中之五十六篇，孔子所謂春秋，周室所藏百二十國寶書是也。是故孔子曰：「述而不作。」〔註42〕

又說：

> 仲尼未生，先有六經；仲尼既生，自明不作；仲尼曷嘗率弟子使筆其言以自制一經哉？〔註43〕

〔註39〕劉逢祿，《論語述何》：「人不知而不慍，不亦君子乎」條下云：「夫子述詩書禮樂，文詞有可與人共者，不獨有也。至於作春秋，筆則筆，削則削，游夏之徒不能贊一辭。」《皇清經解》，卷一二九七。

〔註40〕參看本章第一節。

〔註41〕劉逢祿，《左氏春秋考證》：「魯君子左丘明懼弟子人人異端各安其意失其真，故因孔子史記具論其語，成左氏春秋」條下云：「證曰：……曰魯君子則非弟子也。曰左氏春秋與鐸氏虞氏呂氏並列，則非傳春秋也。故曰左氏春秋舊名也，春秋左氏傳，則劉歆所改也。」

〔註42〕〈六經正名〉，《全集》，第一輯，頁 36～37。

〔註43〕同前文，頁 38。

既然六經在孔子之前，早已存在，孔子又自言「述而不作」，所以，孔子與六經的關係只是「述」而沒有「作」。至於春秋，自珍既明言曰：「周室所藏百二十國寶書」，則春秋是史書，而非孔子所「作」之「經」，是顯然可見的。這是自珍和劉逢祿及晚清諸今文經學家，最基本的差異。

至於左氏、劉歆與春秋的關係，自珍一方面認為左氏是史；一方面卻也主張左氏與公、穀同傳春秋。前者和劉逢祿的意見是一致的，而後者卻否。劉氏認為春秋是經，公羊獨傳微言大義；左氏乃史，不傳春秋。而自珍卻認為左氏傳春秋，他在〈六經正名〉中，將六經各配以若干傳，其中「春秋」下曰：

> 左氏春秋（宜剔去劉歆所竄益）、春秋公羊傳、鄭語一篇，及太史公書，以配春秋。〔註44〕

又說：

> 春秋之有公羊、穀梁、左氏、鄒、夾氏，亦傳也。〔註45〕

可見，他承認左氏與公羊、穀梁一樣，皆為春秋之傳。倘將前所言之「春秋是記動之史」，「春秋是百二十國寶書」，與此處所言「左氏是史」、「左氏亦為春秋之傳」並觀，則可得知自珍認為，春秋與左氏皆補史統。〔註46〕而其與劉氏之異則在：一言春秋是史，一言春秋是經。

然事實上自珍所說「春秋是史」的含意，並非如此單純。自珍從劉氏治公羊，所受即是微言大義之學，而其本身亦以此自任，嘗云：「端門受命有雲礽，一脈微言我敬承。」〔註47〕況且，自珍又將公羊、穀梁配春秋，可見他亦認為春秋有「聖人大義」存在。他曾說：

> 春秋當興王，假立是吏而作。〔註48〕

又說：

> 周，文家也。穀梁氏不受春秋改制大義，故習於周而為之說。春秋，質家也，公羊氏受春秋改制大義，故習於春秋而為之說。〔註49〕

又著《春秋決事比》，自序：

〔註44〕 〈六經正名答問五〉，《全集》，第一輯，頁40。
〔註45〕 同上，〈六經正名〉，頁37。
〔註46〕 〈己亥雜詩〉五七首：「姬周史統太銷沈，況復炎劉古學瘖，崛起有人扶左氏，千秋功罪總劉歆。」《全集》，第十輯，頁514。
〔註47〕 同上，五九首：「端門受命有雲礽，一脈微言我敬承，宿草敢祧劉禮部，東南絕學在毘陵。」頁514。
〔註48〕 〈春秋決事比答問第一〉，《全集》，第一輯，頁56。
〔註49〕 同上，〈春秋決事比答問第五〉，頁64。

> 凡建五始，張三世，存三統，異內外，當興王，及別日月時，區名
> 字氏，純用公羊氏；求事實，間采左氏；求雜論斷，間采穀梁氏。
> 〔註50〕

既言「春秋當興王」，「受改制大義」，而且采用公羊「三科九旨」之說，卻又同時兼取左氏、穀梁，不因春秋是史，而廢公羊，亦不因公羊微言大義，而廢左氏。可見自珍之治春秋，於三傳兼采，既重史事，亦重微言。如依今文家主張：春秋乃孔子所「作」之「經」非「史」，所以有微言大義存在。〔註51〕則自珍所謂：孔子述而「不作」，春秋是「史」，亦含「微言大義」，就成了極大的矛盾。〔註52〕然自珍對於經、史，卻有其自成體系的主張，這在他正經、史之名，及五經皆史中，已可既見。〔註53〕他一方面言「五經皆史」，一方面倡「尊史之心」，尊史之「心」的意義，乃是欲使文字記載的「史事」，在「善入善出」的後史氏的治史態度下，能完全「活用」起來；亦即是能完全了然於歷代制度之得失，而後再審度當世，以為施政定奪。自珍此意乃在強調，史之可尊，非尊其文字，乃尊其精神，尊其活用為鑒之精神。而「五經皆史」的主張，也在說明「經」的意義，必須要在「史」的精神上得以發揮，方才得「經」之真精神之所在。即是指「經」的真精神，乃在經之「義」，而非經之「文字」。他將史學包含了經學，用治史學的態度治經學，使經學在史學上得以發揮。故他所謂「春秋是史」、「春秋有微言大義」，乃是他「經之精神發揮於史」的具體表現。這是自珍公羊學在理論基礎上和劉逢祿及今文學家所最不同的。

簡言之：劉氏認為春秋是孔子所「作」之「經」，故含微言大義；與自珍認為孔子述而「不作」，春秋是「史」亦含微言大義，是其二人最大之差異。

二、今文經學與古文經學

自珍與劉、魏的另一異點，則是他治經的兼采今古文。劉逢祿在〈詩古微序〉裡，已經表露了有意建立「今文」一家之學。魏源作《詩古微》，更倡今文三家詩；又作《書古微》，主張罷黜東漢馬鄭古文、及偽孔疏、偽孔傳，

〔註50〕〈春秋決事比自序〉，《全集》，第三輯，頁234。
〔註51〕參考皮錫瑞，〈春秋〉，《經學通論》，四。
〔註52〕皮錫瑞即批評自珍曰：「龔自珍曰：『仲尼未生，先有六經，仲尼既生，自明不作，仲尼曷嘗率弟子使筆其言，以自制一經哉？』如龔氏言，不知何以解夫子之作春秋？」同前書，〈經學開闢時代〉一章。
〔註53〕詳第二章。

而倡獨尊西漢今文尚書。是知劉、魏治經皆有獨尊今文之意。

　　然，自珍之治經，卻於今古文無所偏廢，頗有兼采之勢。他曾自言：

> 予說詩以涵泳經文爲主，於古文、毛、今文三家，無所尊，無所廢。

〔註54〕

自珍不僅治詩，今古文兼取。即治尚書，亦今古文皆信。他曾寫錄〈尚書古文序〉，所持之版本，即是僞孔書序，而所持之理由，卻是：

> 僞孔氏尚書，視馬、鄭本文字無大異也。枚賾及僞孔罪雖大，未嘗竄改文字，又非別有經師相承，能異文字者也。尚書如此，書序亦然。自珍今寫定書序，即用僞孔氏本。〔註55〕

這段話包括了二層意義：一是自珍信僞孔書，一是自珍亦信東漢馬鄭古文書。這種主張和魏源罷黜馬鄭古文、僞孔傳疏，實判然兩途。而自珍之所以持論如此，乃因其對今、古文經，另有一套看法。他說：

> 今文、古文同出孔子之手，一爲伏生之徒讀之，一爲孔安國讀之。未讀之先，皆古文矣。既讀之後，皆今文矣。惟讀者人不同，故其說不同。源一流二，漸至源一流百。此如後世翻譯，一語言也，而兩譯之、三譯之，或至七譯之。譯主不同，則有一本至七本之異。未譯之先，皆彼方語矣，既譯之後，皆此方語矣。〔註56〕

自珍將今古文的差異，比喻成翻譯的不同，無論今文、古文其源皆同出於孔子之手，只是因經師「讀之」的不同，遂有不同的文字。好比翻譯因人而異，而有六、七版本之異一般。這種觀點的正誤姑不論，總之在自珍的觀念裡，今、古文的對立性，是不存在的。因此他在舉出「生同世，又同志寫定群經」的師友時，亦是今、古文經學者並列。〔註57〕甚至對東漢古文的未列學官，致使孔壁藏書湮滅，而三致唱歎，〔註58〕這又和魏源主張「罷黜古文於學官」之事有異。〔註59〕凡此種種，都顯示了自珍治學的兼采今、古文，而與劉、

〔註54〕〈己亥雜詩〉六三首自注，《全集》，第十輯，頁515。
〔註55〕〈最錄尚書古文序寫定本〉，《全集》，第三輯，頁244。
〔註56〕〈大誓答問第二十四〉「總論漢代今文古文名實」，《全集》，第一輯，頁75。
〔註57〕自珍所舉：「王引之、顧廣圻、李銳、江藩、陳奐、劉逢祿、莊綬甲」，見〈古史鉤沈論三〉，《全集》，第一輯，頁26。
〔註58〕〈語錄〉：「兩漢一代經師皆今文家，其兼通孔壁者寥寥，而古文竟不列學官，利祿之門，不在經文多俗字，太常豈得無咎？劉歆、賈逵欷歔致慨，良有以也。」《全集》，第八輯，頁427。
〔註59〕魏源，〈書古微例言上〉，《古微堂內外集》，外集卷一。

魏獨尊今文不同。

三、董仲舒與何休

劉逢祿用「釋例」的方法治公羊，並獨尊何休一家，嘗言：「余遵奉何氏」，「自信於何氏繩墨少出入」。〔註60〕魏源在著《董子春秋發微》時，即批評劉氏專「爲何氏拾遺補缺」，是「章句」之學，泥文析例，不及董生之曲暢旁通。於是著發微七卷，闡明董子「內聖外王」之學，以發揮公羊微言大誼。〔註61〕然今觀其書，雖發揮公羊大義，卻依舊是典籍工夫，未眞能於實事上見應用。

自珍之治公羊，不僅對何氏誅絕例、朝聘會盟例、侵伐戰圍入滅取邑例等，不加深論；〔註62〕即尊董子春秋，亦不在典籍文字之間。而有取其「明是非」、「長於斷獄」之實事運用。嘗著《春秋決事比》六卷，引當世之律令，以與董子書相較，而思以春秋之律救正之。〔註63〕至於援「三世」以觀世勢，「明世非」以論「君道」，〔註64〕皆是將公羊大義，靈活運用於時政。此種「援經議政」的態度，不僅與劉、魏之治公羊有異，亦爲自珍公羊學之最大特色。

第三節 自珍公羊學之特色

自珍有關春秋之著作，一爲《左氏決疣》：指出劉歆竄益左氏的部份；一爲《左氏春秋服杜補義》；〔註65〕一爲《春秋決事比》六卷，唯後者乃是有關公羊大義之述作。惜此三書今皆不存，唯〈春秋決事比序目及答問〉一卷得見。〔註66〕然答問一卷設事解析，不成體系，故於自珍對公羊研究之整體架

〔註60〕 具見劉逢祿，〈公羊春秋何氏解詁箋自序〉，《清儒學案》，卷七五。
〔註61〕 參見魏源，〈董子春秋發微序〉，《古微堂內外集》，外集卷一。
〔註62〕 〈春秋決事比自序〉，《全集》，第三輯，頁233～234。
〔註63〕 參見〈春秋決事自序〉及〈春秋決事比答問〉。
〔註64〕 自珍「春秋決事比目錄」有「君道篇」。其餘有關發揮春秋大義微言於政論者，參見本章第三節。
〔註65〕 〈己亥雜詩〉五七首下注：「癸巳歲，成《左氏春秋服杜補義》一卷。其劉歆竄益左氏顯然有迹者，爲《左氏決疣》一卷。」《全集》，第十輯，頁514。
〔註66〕 《春秋決事比》一書之目錄：君道篇第一，引經傳十三事。君守篇第二，引經傳十事。君守篇第三，引經傳十事。不應重律篇第四，引經傳十四事。不應輕律篇第五，引經傳十四事。不定律篇第六，引經傳十一事。附答問十事。不屑教律篇第七，引經傳四事，附答問三事。律目篇第八，引經傳十一事，附答問十事。律細目篇第九，引經傳十四事，附答問九事。人倫之變篇第十，

構，無從窺見。僅由序目中得知自珍治春秋公羊之態度，及《春秋決事比》一書述作之意旨。

今序中，自珍首言《春秋》一書之旨，曰：

> 龔自珍曰：在漢司馬氏曰：「春秋者，禮義之大宗也。」又曰：「春秋明是非，長於治人。」晉臣荀崧踵而論之曰：「公羊精慈，長于斷獄。」九流之目，有董仲舒一百二十三篇，其別公羊決獄十六篇，頗佚亡，其完具者，發揮公羊氏之言，入名家；何休數引漢律，入法家；而漢廷臣援春秋決賞罰者比比也，入禮家矣，又出入名法家。
>
> 〔註67〕

是春秋一則爲「禮義」之書，一則因「明是非，長于斷獄」，又係「刑法」之書。然禮以節人，刑以治亂，一禁於未然之前，一懲於已然之後，出入之間，雖有先後，然其所歸，皆趨禮義。故自珍又曰：

> 刑書者，乃所以爲禮義也；出乎禮，入乎刑，不可以中立。〔註68〕

是則自珍認爲春秋乃禮義之大宗，唯藉治獄之賞罰以顯示耳。故特尊董子〈公羊決獄〉十六篇，又效董氏之例，張列後世之事以設問，而作《春秋決事比》六卷。自言：

> 獨喜効董氏例，張後世事以設問之。以爲後世之事，出春秋外萬萬，春秋不得而盡知之也；春秋所已具，則眞如是。後世決獄大師，有能神而明之，聞一知十也者，吾不得而盡知之也；就吾所能比，則眞如是。每一事竟，愀然曰：假令董仲舒書完具，合乎？否乎？爲之垂三年，數駁之，六七紬繹之，七十子大義，何邵公所謂非常異義可怪，惻惻乎權之肺肝而皆平也。〔註69〕

後世之事雖出春秋萬萬，然春秋之律有經有權，自珍取後世事而爲之「比」，自言「權之肺肝而皆平」，是有「以春秋之律救正當世之律」之意者在，〔註70〕以明佈天下「是非之準」、「禮義之極」。惜此書今佚，全貌不得窺見，殊是遺憾。

次論自珍治春秋之態度。春秋之旨微而迂迴，且又多權變之言，自珍既

引經傳十九事，附答問八事。自序篇第十一。按：今僅存自序及答問一卷。
〔註67〕　〈春秋決事比自序〉，《全集》，第三輯，頁233。
〔註68〕　同上。
〔註69〕　同前文，頁234。
〔註70〕　〈春秋決事比答問第四〉言：「今律與春秋小齟齬，則思救正之矣，又吾所以作。」《全集》，第一輯，頁61。

治春秋重取微言大義，故特喜刺析「微」言，曰：

> 春秋之治獄也，趨作法也，罪主人也，南面聽百王也，萬世之刑
> 書也。決萬世之事，豈爲一人一事？是故實不予而文予者有之矣，
> 豈賞一人借勸後世曰：中律令者如是！實予而文不予者有之矣，
> 豈誅一人借誡後世曰：不中律令者如是！嗚呼！民生地上，情僞
> 相萬萬，世變徙相萬萬，世變名實徙相萬萬，春秋文成纔數萬，
> 指纔數千，……又皆微文比較，出沒隱顯，互相損益之辭。……
> 自珍既治春秋，膼理蟠隙，凡書弒、書篡、書叛、書專命、書僭、
> 書滅人國火攻詐戰、書伐人喪、短喪、喪娶、喪圖婚、書忘讎、
> 書游觀傷財、書罕、書亟、書變始之類，文直義簡，不俟推求而
> 明，不深論。乃獨好刺取其微者，稍稍迂迴贅詞說者，大迂迴者。
> 〔註71〕

世之情僞、名實徙變以萬萬計，而春秋之旨纔數千，又皆在微文比較、出沒
隱顯之間，故欲明示春秋之旨於今世，自須於其隱微處見。自珍之治春秋，
於弒篡、攻伐諸例，文直義簡者不加深論，而特重取其權變、迂迴之際，乃
因春秋之例有正有變，聖人褒貶進退之旨，皆存於變例中耳。

春秋之作，孟子以爲「亂臣賊子懼」，〔註72〕莊子以爲「春秋經世之志」。
〔註73〕自珍生值清勢衰陵之日，救亡圖存，睠睠夜思，治春秋又獨喜刺取「微」
言，則其經世之志，顯然可見。自珍亦自言曰：

> 斯時通古今者起，以世運如是其殊科，王與霸如是其殊統；考之孤
> 文隻義之僅存，而得之乎出沒隱顯之間；由是又欲竟其用，邅援其
> 文以大救裨當世。〔註74〕

世運之殊，王霸之異，春秋張三世、存三統、明是非、當興王諸義，足可爲
當世殷鑑。自珍既重時政，又治公羊，「邅援其文以大救裨當世」，則其治公
羊，頗有蹢越條例而「邅自比者」。今言自珍公羊學之特色，除僅就〈序目及
答問〉外，尚有〈五經大義終始論〉暨〈答問〉九篇，及其他散引公羊之篇
章。茲論自珍之於公羊，是如何「邅援」其文，以「比」者。

〔註71〕〈春秋決事比自序〉，《全集》，第三輯，頁 233～234。
〔註72〕《孟子‧滕文公下》。
〔註73〕《莊子‧齊物論》。
〔註74〕〈春秋決事比自序〉，《全集》，第三輯，頁 233。

一、五經大義論

前曾言及自珍對經學態度的由「文字」轉至「大義」，與其從習公羊關係至爲密切。自珍年廿八習公羊，年卅二著〈五經大義終始論〉，盡棄家學文字訓詁的工夫，而以「公羊大義」對五經作了一個新的詮釋。即是：他認爲五經皆含終始治道，而且這個「終始治道」和公羊「三世」——據亂、升平、太平——的歷史演進次第，是相配合的。倘是我們將自珍早期對經學的態度，與此論中對經學的態度相較，不難看出「公羊學」在自珍的「經世思想」上，是產生了怎樣的一個「積極」的意義。

自珍〈五經大義終始論〉，開宗明義即說：

> 昔者仲尼有言：「吾道一以貫之。」又曰：「文不在茲乎！」文學言
> 游之徒，其語門人曰：「有始有卒者，其惟聖人乎！」誠知聖人之文，
> 貴乎知始與卒之間也。聖人之道，本天人之際，臚幽明之序，始乎
> 飲食，中乎制作，終乎聞性與天道。〔註75〕

既然孔子之道「一以貫之」，言游之徒解「一」之道爲「有始有卒」，於是自珍首先肯定，聖人之道以知乎「始與卒之間」爲最可貴。他又解「始卒」之意爲：「始乎飲食、中乎制作、終乎聞性與天道」，而所謂「飲食」、「制作」、「性與天道」又皆屬治道的先後次第。由是得知：自珍認爲聖人之道之切要處，就在於「飲食」、「制作」的治道次第。於是他雜引群經，證明五經皆含聖人治道，也就是皆含飲食、制作、聞性與天道的「治道終始次第」。

他在聖人之道「始乎飲食」下說：

> 謹求之書曰：「天聰明，自我民聰明。」言民之耳目，本乎天也。民
> 之耳目，不能皆肖天。肖者，聰明之大者也，帝者之始也。聰明孰
> 爲大？能始飲食民者也。〔註76〕

聰明之大者能肖天，故以「飲食」爲治民之始，即聖人所謂：「民以爲天」之意。是引書證明聖人之道「始乎飲食」之治。又引易、詩、禮曰：

> 其在序卦之文曰：「物穉不可不養也，屯蒙而受以需，飲食之道也。」
> 其在雅詩，歌神靈之德，曰：「民之質矣，日用飲食。」……又求諸
> 禮曰：「夫禮之初，始諸飲食。」〔註77〕

〔註75〕〈五經大義終始論〉，《全集》，第一輯，頁41。
〔註76〕同上。
〔註77〕同上。

是知書、易、詩、禮皆以「飲食」為治道之「始」。

在「中乎制作」之下，自珍嘗謂明君治國，當順民情而為之立制，使民之飲食、祭祀、城廓、宮室皆得所安，民之訟獄、國之兵刑皆得其當，以為百姓慮安，為民庶裁訟。是聖人治道之第二階段。〔註78〕又舉《尚書》〈洪範〉證之，曰：

> 度名山川，升崇岡，察百泉，度明以為向，度幽以為蔽；摶土而為陶，鑿山而為礦，以立城郭、倉廩、宮室，高者名曰堂，下者名曰室，以衛鬼神，屏男女，……則司空之始也。此其與百姓慮安者也。……曰飲食之多寡，祭之數，少不後長，支不後宗，筋力者暴贏，於是乎折藿析木而撻之，則司寇之始也。而聲問乎東西，而聲問乎北南，飲食之多寡，祭之數，少後長歟？支後宗歟？筋力者毋暴贏歟？皆必赴司寇而理焉。……其在洪範，八政有司寇，後王有司馬，司馬，司寇之細也。〔註79〕

司空之官乃為民立城廓、量土地山川，使民得居處之安。司寇之官掌民事之訴訟斷獄，使盜懲善獎合其情理，乃為民慮不安者。此皆屬為民制作之事。自珍又謂，明君之制作不當止此，尚須察民中「耳目心思辨佞之雄長」者，立為賓師，以為輔佐，而司民教。是為「命士、命師、命儒」之事。〔註80〕又引《禮記》為證，曰：

> 謹求之禮，古者明天子之在位也，必徧知天下良士之數，既知其數，又知其名；既知其名，又知其所在。蓋士之任師儒者，令聞之樞也；令聞，饗帝之具也。其在記曰：「三代之王也，必先其令聞。」〔註81〕

士與師儒之立，乃明君令聞之徵實，若士與師儒去國，則王名微而王道衰。〔註82〕蓋良士乃國之金玉異物，故良士之群集是制作之盛、王道之昌。自珍又援《詩經》為證曰：

〔註78〕見〈五經大義終始論〉，頁42～43。

〔註79〕同上。

〔註80〕同前文，言：「聖者曰：吾視聽天地，過高山大川，朝天下之眾，察其耳目心思辨佞之雄長，而戶徵其辭，使我不得獨為神聖，必自此語言始矣。爰是命士也，命師也，命儒也。」頁43。

〔註81〕同前文，頁43。

〔註82〕同前文：「其在記曰：『三代之王也，必先其令聞。』夫名士去國而王名微，王名微而王道薄。……其在記曰：『土敝則草木不長，水煩則魚鱉不大。』良士，國之金玉異物也，草木厭之，而況金玉乎？」頁43。

名士之有文章，望國氣者，見其爛然而光於天，求之雅詩曰：「倬彼雲漢，爲章於天。」「周王壽考，遐不作人。」其推天人之際曰：「相彼鳥矣，猶求友聲，矧伊人矣，不求友生。神之聽之，終和且平。」是野有相慕，用之朋友，而可薦於神明也。〔註83〕

是《詩經》之「相彼鳥矣，猶求友聲」，乃王治昌明，野有相慕之證。

民飲食之無虞，民土地居處之無虞，民訟事公允，則天下德歸而良士群集。官制既備，國治承平，是乃制作之極，而太平文致生矣。自珍又援書、詩、禮以證之曰：

謹又求之洪範，八政：七曰賓，八曰師，……必有山川之容，有其容矣，又有其潤；有其潤矣，又有其材。王者之與賓師處，聞牛馬之音，猶聽金玉也；親塵土之臭，猶茹椒蘭也。其在記曰：「君子曰德，德成而教尊，教尊而官正，官正而國治矣。」其在詩曰：「有馮有翼，有孝有德。」夫食貨具則有馮矣，官師備則有翼矣，祭祀受福則有孝矣，賓師親則有德矣，誠約彝倫之極，完神人之慶也。……觀其制作曰：成矣！……大瑞將致，則和樂可興。〔註84〕

賓師既設，倫常得序，王者日與之處，親椒蘭而聞金玉，自是留心民政及百官之制。今食貨既具、官師制作又備，全如記中所言，德成、官正而國治。亦即詩經有馮有翼之謂。馮翼既具，和樂可興，是大瑞將至，而可完神人之慶也。即自珍所謂「終乎聞性與天道」者。

蓋自珍認爲聖人之聰明者，能肖天而爲民制作，故聖人之極致，是謂「能天」，他引易經證之曰：

謹求之易曰：「聖人以此洗心，退藏於密，吉凶與民同患；神以知來，知以藏往，其孰能與於此哉？古之聰明睿知，神武而不殺者夫！」極之矣，極之矣。夫如是則謂之能天。〔註85〕

故聖人雖吉凶與民同患，卻能藏往知來，亦即自珍所謂「聖人之道，本天人之際，臚幽明之序」，而爲天下制作之意。故其制作之極，必臻至太平而有驗於天，亦即所謂「聖人之道……終乎聞性與天道也」。自珍又雜引書、詩、春秋、禮以證之曰：

〔註83〕同前文，頁44。
〔註84〕同上。
〔註85〕同前文，頁46。

善言人者，必有諗乎天。洛誥之終篇，稱萬年焉。般、時邁之詩，
臚群神焉。春秋獲麟，以報端門之命焉。禮運曰：「山出器車，河出
馬圖，鳳凰在椒。」〔註86〕

〈洛誥〉終篇「萬年厭于乃德」，乃皇天滿意其德之意；〔註87〕時邁之終「敷
天之下，裒時之對，時周之命」，亦指周之當令，乃受天命而王；〔註88〕〈禮
運〉「河出馬圖」；春秋端門受命；皆指王運之興，有受於天道之命。是則自
珍謂：聖人治道之極，皆必有驗於天，亦即是「終乎聞性與天道」者也。

綜上所論得知，自珍不僅以「始乎飲食、中乎制作、終乎聞性與天道」，
為聖人治道之次第，且又雜引群經證之，而認為五經皆含此終始治道。觀其
文名〈五經大義終始論〉，則顯然可見。

然自珍之於五經，不僅取其「終始治道」，更引公羊「三世」以貫串此終
始治道，言曰：

食貨者，據亂而作。祀也，司徒、司寇、司空也，治升平之事。賓
師乃文致太平之事。〔註89〕

這就將政事的先後次第，與「三世」完全配合，而認為據亂之世，政事以食
貨為要，升平之世，政事以制作為要，太平之世，則賓師設而和樂可興，是
以「三世」言「治道」者。自珍並未止於此，又以「三世」言群經，認為五
經皆含三世，首言書曰：

三世，非徒春秋法也。洪範八政配三世，八政又各有三世。〔註90〕

次言禮：

在禮運，始言土鼓蕢桴，中言宗廟祝嘏之事，卒言太一，祀三世不
同名矣。

是指依三世而有相異之祭祀，據亂有土穀之祭，升平有祖廟之祭，太平有宮
中祠以祭太一。〔註91〕

又言詩之三世，曰：

〔註86〕〈五經大義終始答問六〉，《全集》，第一輯，頁48。
〔註87〕屈萬里，《尚書釋義》，〈洛誥〉「萬年厭于乃德」下注：「神滿意於其德」，又
云：「毛公鼎：皇天弘厭厥德。與此義近。」頁101。
〔註88〕屈萬里，《詩經釋義》，〈周頌〉「敷天之下，裒時之時，時周之命」下注：「言
此乃當令之周所以受天命而王也。」頁279。
〔註89〕〈五經大義終始答問一〉，《全集》，第一輯，頁46。
〔註90〕同上。
〔註91〕同上，〈五經大義終始論〉，頁41～46；〈五經大義終始答問二〉，頁46。

若夫徵之詩，后稷春揄肇祀，據亂者也；公劉筵几而立宗，升平也；

　周頌有般有我將，般主封禪，我將言宗祀，太平也。〔註92〕

「春揄肇祀」是詩據亂重食貨始祀之謂，「俾筵俾几」是詩升平制作之謂；而封禪宗祀乃是太平告天之謂，則詩亦有三世。

如此，自珍一方面言五經皆含三世，一方面言五經之終始治道亦含三世；於是在「三世」的配合下，使五經的終始治道，附上了一層積極的意義。即是說，隨著五經治道的食貨、制作、聞性與天道的歷史三世演進，由據亂、升平至太平，亦相與配合而漸趨承平。

二、三世說

清儒初治公羊，對「三世」著重其「書法義」的說明，也就是公羊傳所作對不同時間下的歷史事件，用不同的文辭記載，以明聖人大義微言之所在。莊存與著〈春秋正辭〉，即嘗舉《春秋》「滕國卒」之事，析言：

　滕，微國也。所聞之世始書卒，所見之世乃書葬，曷為於所傳聞之

　世稱侯而書卒？以其子來朝，恩錄其父，王者所不辭也。〔註93〕

滕乃小國，若依三世書法規範，小國國君之亡，唯所聞升平之世，方可書「卒」；今因其子來朝於周，是尊王之禮，故雖屬所傳聞據亂之世，亦褒美之而書「卒」。劉逢祿也說：

　有見三世，有聞四世，有傳聞五世。於所見微其詞，於所聞痛其

　禍，於所傳聞殺其恩。由是辨內外之治，明王化之漸，施詳略之

　文。〔註94〕

皆表明春秋之書法，依據三世而為規範，當其書法與三世規範不合時，則有微旨存在。

然「三世」觀念，至自珍則不再限於書法之規範，而完全被活用了。他不僅用「三世」說明政事的先後次第，及五經皆含三世；更自行推衍出一套三世大小論，並據此三世之說，以自發揮出一套譏世微言。自珍在〈五經大義終始答問〉中對「三世」觀念加以擴充，曰：

　問：禮運之文，以上古為據亂而作，以中古為升平，若春秋之當興

───────────────

〔註92〕同上，〈五經大義終始答問二〉，頁46。

〔註93〕莊存與，〈春秋正辭〉，《味經齋遺書》。

〔註94〕劉逢祿，《公羊何氏釋例》「張三世例」第一，《皇清經解》，卷一二八〇。

王，首尾才二百四十年，何以具三世？答：通古今可以爲三世，春秋首尾，亦爲三世。大橈作甲子，一日亦用之，一歲亦用之，一辛一蔀亦用之。〔註95〕

「三世」的初意，僅是將春秋十二公分爲三個階段；然此處自珍的運用，卻不僅分通古今爲三世、春秋爲三世，即一歲一日亦可分爲三世。這種三世大小論，對晚清公羊學家康有爲頗有影響；〔註96〕即自珍自身，亦在這「三世」觀的活潑運用下，發揮了一套譏世微言。他說：

吾聞深於春秋者，其論史也，曰：書契以降，世有三等，三等之世，皆觀其才；才之差，治世爲一等，亂世爲一等，衰世別爲一等。〔註97〕

這是依三世之治、亂、衰以論人才之差異。又有論一歲爲三時，一日爲三時者，曰：

是故歲有三時，一曰發時，二曰怒時，三曰威時；日有三時，一曰蚤時，二曰午時，三曰昏時。〔註98〕

又繼續分析說：蚤時之世，宜君宜王，天下歸心而禮法昌明，全是承平氣象。迨至午時，雖亦宜君宜王，卻已須「修」德以繫人心。終至昏時，則日光慘而悲風驟至，京師鼠壞而王運將去。〔註99〕似自珍這種「比」法，已遠遠超出了公羊條例之外，而完全是一家微言。

自珍既喜推衍三世而爲說，故尤取「三世」進化之史觀意，而特重「太平」，嘗謂：

問：太平大一統，何謂也？答：宋、明山林偏僻士，多言夷、夏之防，比附春秋，不知春秋者也。春秋至所見世，吳、楚進矣。伐我不言鄙，我無外矣。詩曰：「無此疆爾界，陳常于時夏。」聖無外，天亦無外者也。〔註100〕

〔註95〕 〈五經大義終始答問八〉，《全集》，第一輯，頁48。
〔註96〕 康有爲〈刊布春秋筆削大義微言考題詞〉：「春秋廣張三世之義，深密博大，而據亂之中有升平太平；升平之中有據亂太平；而太平之中有升平據亂。蓋一世之中又有三世，三重而爲八十一世，皆有義可推。」《不忍雜誌》，初集卷三。
〔註97〕 〈乙丙之際箸議第九〉，《全集》，第一輯，頁6。
〔註98〕 同上，〈尊隱〉，頁87。
〔註99〕 見前文。有關自珍引春秋公羊微言以譏世者，詳第五章，故此處不深論。
〔註100〕 〈五經大義終始答問七〉，《全集》，第一輯，頁48。

春秋至所見世，夷狄進至遠近若一，著治太平，故自珍深斥宋、明山林之士言夷夏之防，是不知春秋。自珍既言經世，既治春秋，自於太平之世，再三致意。然，吾人若以此譏自珍生異姓之世，不辨夷夏，則誤矣。蓋夷狄進至，乃太平世事。自珍之世屬何？自有詩云：

> 此是春秋據亂作，昇平太平松竹。何以功成文致之？攜簫飛上羽琌閣。〔註101〕

是自珍以「據亂世」自居耳。據亂之世嚴夷夏之防，唯是自珍處異姓之下，不得直言，故往往委曲隱晦其意於文字蔽障之中，觀其文字之設喻，及春秋之「比」法，良可深味。

綜觀自珍之公羊學，不僅在理論的架構上，與劉、魏有異；更在微言大義的運用上，獨有其「別識心裁」。故吾以為自珍治公羊，所重之大義，非是「文字」的意義（如莊、劉之治條例），而是「應用」的意義。所以他並不汲汲於爭春秋是經是史，亦不爭今、古文之孰真孰偽，而是直捷擷取二、三大義之真精神，以自發揮成一番微言。如同第一點所言，他以三世解五經終始大義，使得五經的治道次第，在「三世」的配合下，具有更積極的意義。至於「三世」觀的活用，更是自珍公羊學的最大特色。世有三等以論才，不僅是慨嘆人才的缺乏，更是譏刺清廷的不知拔擢人才；而歲有三時、日有三時，更是預言世之將亂，清之將亡。凡此種種都是自珍公羊學實際運用的例證。

且自珍對公羊之運用尚不止此，既言：春秋是禮義大宗，長於治人、精於斷獄；又說：春秋明是非。明是非之極至是「至公」，禮義之極至是「合理」，在要求「合理而公正」的思想下，自珍不得不對專制君主的獨尊，及滿漢的不等，提出抗議。於是就在這「刺取經義之微」處，發揮了一套盛世危言。（詳第五章）

梁啟超嘗言：「自珍……於春秋蓋有心得，能以恢詭淵眇之理想，證衍古誼，其於專制政體，疾之滋甚，集中屢歎恨焉」。〔註102〕誠然。故今日言自珍公羊之特色，自應在其微言大義之實際運用處見。公羊思想對自珍的學術理論基礎而言，無疑是一方「積極」劑，而對自珍的譏評時事而言，更是一方

〔註101〕〈己亥雜詩〉二○一首，《全集》，第十輯，頁 528。按：自珍嘗築羽琌山館，遍植松竹，思太平承治之世，偕妾靈簫（一名阿簫）歸隱。此所言「此是春秋據亂作」乃指羽琌閣，然亦得知自珍以「據亂世」自處。

〔註102〕梁啟超，《中國學術思想變遷之大勢》，頁 96。

「積極」劑：三世觀的活用，使議政有了經學的根據，而經學也在三世觀的配合下，有了活潑的意義。雖然自珍「逕援其文以比之」的「比」法，誠有些非常異議可怪之論，然而他對公羊確是獨具心裁，尤其在異族壓制的衰世，更使他的公羊學含有極深厚的時代意義。我們從他「援經議政」和「自障蔽」的微言裡，不難體會出，他在常州學的發展上，所居地位的突出。也不難看出，他在嘉道初秋之勢中，所發悲鳴之深識遠見。

第五章　自珍的經世思想

　　自珍治經、史，求文質兼備。言聖人之道必須循「問學」之階，以達於「性道治天下」，方可得其眞精神；自珍尊史之「心」，其意即此。加以熟習《公羊》，言五經大義終始之治道，使其經世思想更爲明確積極。自珍經世思想最具體的表現，在他對時政的批評和對經濟的主張上，因此要認識自珍精神之所在，和使他眞正成爲一顆時代彗星的原因，就必須深切瞭解他的時代，和他對那個時代所發怒吼的具體指實。

　　乾隆朝暗藏的危機，到了嘉道一一畢現：和珅的抄家被誅，暴露了清廷「重臣」的貪歛蒙昧；湖北、四川、陝西的白蓮教起義，新疆回民的變亂，也顯示出這個王朝的諸多弊端在「民間」所引起的憤懣。而西北帝俄的覬覦，東南海防的危機，兵制腐敗，國防日疏，更使得滿清這個外強中乾的老人，岌岌不可終日。自珍生在這樣一個「將萎之華，慘於枯木」的時代裡，探尋弊端、盱衡世局，遂鑑於「未雨之飄搖」而大聲怒吼矣！而他所習的公羊微言，也就在這怒吼的筆尖下，被靈活的巧妙地運用出來。

　　他首先譏評官吏的阿諛媚習及貪歛因循，再由資格用人所造成的限才現象，喟歎人才之不出遂至恥節之不立，最後方才巧妙地射中這諸多弊端的核心——日趨嚴密的專制君權。這種筆鋒實在是「障蔽」卻又「鋒銳」。他一步步地追溯，指出官吏貪歛是因爲朝廷之俸祿菲薄；官吏阿諛，是因爲君主之貪喜媚誦；士大夫之無恥，是因爲廟廊跪叩禮儀之「柔夫」；而律令之縛束，資格之限才，更使風氣敗落而人才不出。究其因，皆爲專制君權獨尊下之斲殘戮傷耳。如此「一夫爲剛，萬夫爲柔」的統治現象，一旦封疆有急，遑論求伏棟俱壓之士，縱求一有恥節者，亦不可得矣。

自珍在憂感之初，欲思治平，尚以「變法」為倡，汲汲為一姓勸豫，致意殷切，筆端嘗言：「奮之！奮之！易曰：『窮則變，變則通，通則久』，非為黃帝以來六、七姓括言之也，為一姓勸豫也。」其期望之深可見。然而清廷鼾聲睡意正濃，粉飾太平，如自縛四肢於木，冥心息慮卻自以為是「奉公守法」，全然視滿身疥癬於不顧。自珍深感憤懣，遂一改前言而提出警語，謂：法之不易，「恐異日破壞條例，將有甚焉者矣！」

及至自珍久居京師，見「胸弗謂是」者比比皆是。滿、漢不等，壯志難酬，加以仕途蹭蹬，卻反因出言真切而多遭誹謗。焗然四顧，憔悴悲憂，深感「未雨之鳥，戚於飄搖，痺瘓之疾，殆於癱瘓；將痿之華，枯於槁木，初秋之勢，慘於寒霜」，「求治」不得，轉而悖悍「求亂」矣！其〈農宗篇〉言：「有德此有人，有人此有土」，又言「土」乃「興王」之所資，則「有德者方能有人有土而為王」之意甚明。蓋清之「德」萎，亡秦者楚。棄德之王，若積弊不革，終至有「山中之民」恃壁壘之堅，取京師鼠壤之地，而以「大音聲」起，天地神人為之助力，則清之王運去矣！自珍之意，其始尚汲汲為一姓勸豫，其終亦不免悖然求亂，而有所企待於「山中之民」矣。其思想之由「變法」轉趨「革命」，自有脈絡可尋。

自珍生嘉道之際，舉國方醉夢承平，而其已惶惶若不可終日，察微之深、見瞻之宏，當世莫之堪匹。又值文網密察之時，能於《公羊》微言之下，眇辭幽隱而出之，其才情之高，亦世所難倫。尤以其對君權、律例之譏刺，及變法、革命之思想，不僅深中專制病源，亦為晚清思想解放之啟蒙。

第一節　對時政的譏評

自珍年十一即隨父入都，居京師十載。英才早發，對當時朝廷施政之束於法例，多所不滿；對君權之過尊，及君待臣之苛酷，更大為反感。迨二十一至二十五歲之間往來蘇杭，又見近畿吏胥之貪歛暴虐、附顏無恥，遂至胸有激憤，不得不言。此其間所作〈明良論〉四篇（年二十至廿三）、及〈乙丙之際箸議〉諸篇（年廿四至廿五），已有極深刻之披露。

自珍首先對當時吏胥之因襲、貪歛、狎佞，有大膽的斥評。曰：

> 古之書獄也以獄，今之書獄也不以獄。……佐雜書小獄者，必交
> 於州縣，佐雜畏此人矣；州縣之書獄者，必交於府，州縣畏此人

矣。府之書獄者，必交於司道，府畏此人矣。司道之書獄者，必
交於督撫，司道畏此人矣。督撫之上客，必納交於部之吏，督撫
畏此人矣。……狃富久，亦自富也，狃貴久，亦自貴也，農夫織
女之出，于是乎共之，宮室、車馬、衣服、僕妾備。……析四民
而五，附九流而十，挾百執事而顛倒下上，哀哉，誰爲之而壹至
此極哉！〔註1〕

決獄之事，以是非禮義爲準，理應超然獨立。然今吏胥之治獄卻不以法律爲
本，但因循苟且畏於權勢、趨顏狃佞，顛倒是非，其下焉者，更剝削百姓以
自囊括富貴。自珍深爲激憤，鄙斥之爲四民之五、九流之十。這顯然已探討
到專制政治最深刻的部份——官僚群的貪歛無恥。自珍又憤而描繪居朝廷之
所謂「老成」典型，說：

竊窺今政要之官，知車馬、服飾、言詞捷給而已，外此非所知也。
清暇之官，知作書法、賡詩而已，外此非所問也。堂陛之言，探喜
怒以爲之節，蒙色笑，獲燕閒之賞，則揚揚然以喜，出誇其門生、
妻子。小不霽，則頭搶地而出，別求夫可以受眷之法。……問以大
臣應如是乎？則其可恥之言曰：我輩祇能如是而已。至其居心又可
得而言，務車馬、捷給者，不甚讀書，曰：我早晚直公所，已賢矣，
已勞矣。作書、賦詩者，稍讀書，莫知大義，以爲苟安其位一日，
則一日榮；疾病歸田里，又以科名長其子孫，志願畢矣。且願其子
孫世世以退縮爲老成，國事我家何知焉？〔註2〕

政要之官，乃一國存亡之所繫，關係重大。然當時政要之官，居廟堂之日，
只知便詞諂媚，以求自身榮華；對政事措施之得失利弊，民生經濟之疾苦，
均所不顧。迨疾病歸田里，又專以科名教其子孫，囑其以「老成」自守，切
勿嘵嘵爲急變之言，以免禍身。如此朝臣，如此胸懷，則綱紀陵夷、政績敗
壞，絕非一日之積。自珍深爲喟歎，言曰：「大官不談掌故，小臣不立風節」，
「部中多一趨蹌奔走乞面見長之人，則少一端坐商榷樸實任事之人。」〔註3〕
如此「內外大小之臣，具思全軀保室家，不復有所作爲」，〔註4〕萬一朝廷有

〔註1〕　〈乙丙之際塾議三〉，《全集》，第一輯，頁2～3。
〔註2〕　〈明良論二〉，同上，頁32。
〔註3〕　上句見〈上大學士書〉，《全集》，第五輯，頁321；下句見〈在禮曹日與堂上
　　　　官論事書〉，頁328。
〔註4〕　〈明良論一〉，《全集》，第一輯，頁30。

緩急之舉、憂感之至,「則紛紛鳩燕逝而已,伏棟下求俱壓焉者尠矣。」〔註5〕
自珍惶惶憂感,探弊端之源,遂發現「老成」典型之形成,及便佞媚風之熾
張,實由於清廷之「資格用人」,故又對此提出抨擊。

　　自珍首先對清廷之「資格用人」作一略說。蓋清之仕者始宦之年,或二
十、四十不等,自始宦至入贗官之至極,約須時三十有年,無論賢愚、智不
肖者,皆須循序漸進,鮮有越階晉陞之事。〔註6〕因此,仕宦者往往自其始進
之年,即知安靜守格以積俸俟時,便辭媚上以冀一朝之陞遷;而斷不願嘵嘵
時務,伏棟諫諍,自送前程。自珍嘗譏諷之曰:

> 其資淺者曰:「我積俸以俟時,安靜以守格,雖有遲疾,苟過中壽,
> 亦冀終得尚書、侍郎。奈何資格未至,嘵嘵然以自喪其官爲?」其
> 資深者曰:「我既積俸以俟之,安靜以守之,久久而危致乎是。奈何
> 忘其積累之苦,而嘵嘵然以自負其歲月爲?」〔註7〕

迨到中壽以後,官至尚書、侍郎,功名得償。愚者且勿論,縱是賢智之人,
亦已髮白神憊,全然「老成」之態,即使是當年憤憤然有志於濟世,至此亦
戀棧保身,全求一己之福祿耳。自珍唶歎曰:

> 夫自三十進身,以至於爲宰輔;爲一品大臣,其齒髮固已老矣,精
> 神固已憊矣。雖有耆壽之德,老成之典型,亦足以示新進;然而因
> 閱歷而審顧,因審顧而退葸,因退葸而尸玩,仕久而戀其籍,年高
> 而顧其子孫,儽然終日,不肯自請去。或有故而去矣,而英奇未盡
> 之士,亦卒不得起而相代。此辦事者所以日不足之根原也。城東諺
> 曰:「新官忙碌石駁子,舊官快活石師子。」蓋言夫資格未深之人,
> 雖勤苦甚至,豈能冀甄拔?〔註8〕

在此「資格用人」制度之下,年少俊彥之士,有才不得施展,而居廟堂高位
者,又多「老成」退葸之士。如此,才俊者不登其位,而登其位者又非其才。
資格限人,惡性循環之結果,終至欲求一建大猷、白大事之人,而不可得。

〔註5〕 同註2。
〔註6〕 同書,〈明良論三〉:「今之士進身之日,或年二十至四十不等,依中計之,以
　　　三十爲斷。翰林至榮之選也,然自庶吉士至尚書,大抵須三十年或三十五年;
　　　至大學士又十年而弱。非翰林出身,例不得至大學士。而凡滿洲、漢人之仕
　　　宦者,大抵由其始宦之日,凡三十五年而至一品,極速亦三十年。賢智者終
　　　不得越,而愚不肖者亦得以馴而到。」頁33。
〔註7〕 同前文,頁34。
〔註8〕 同前文,頁33。

自珍悽惶憂憤，遂結語謂資格用人非但不能拔擢眞才，抑且戕傷士大夫之生氣。曰：

> 如是而欲勇往者知勸，玩愒者知懲，中材絕僥倖之心，智勇戢束縛
> 之怨，豈不難矣！至於建大猷，白大事，則宜乎更絕無人也。……
> 其始也，猶稍稍感慨激昂，思自表見；一限以資格，此士大夫所以
> 盡奄然而無有生氣者也。〔註9〕

「資格用人」，是自珍在制度上抨擊了清廷的不知拔擢人才，然自珍揭露之更進者，則是君權獨尊下的人才戕傷。

自珍嘗謂：「一代之治，必有一代之人材任之」。〔註10〕然環顧當世，爲士大夫者不察民隱、不立風教，居上都通顯之位，未嘗道政事、陳設施、談利弊，而徒思窺喜怒以爲節。〔註11〕究其原委，實因士之「無恥」。曰：

> 士皆知有恥，則國家永無恥矣；士不知恥，爲國之大恥。歷覽近代
> 之士，自其敷奏之日，始進之年，而恥已存者寡矣！官益久，則氣
> 愈媮；望愈崇，則諂愈固；地益近，則媚亦益工。至身爲三公，爲
> 六卿，非不崇高也，而其於古者大臣巍然岸然師傅自處之風，匪但
> 目未覩，耳未聞，夢寐亦未之及。臣節之盛，掃地盡矣。〔註12〕

士之無恥是爲國恥，卿大夫之無恥，是爲社稷恥。農工之人之無恥，其辱僅及一身，富者之無恥，其辱僅及一家，而士之無恥，將因其貴爲小官、爲大官，而延一身之辱以至辱社稷天下。故自珍謂之「士無恥，則名之曰辱國；卿大夫無恥，名之曰辱社稷。」〔註13〕如此上下滋延，無恥遍於天下，則國何以立？社稷何以治？士大夫之「無恥」由何而來？自珍曰：

> 當彼其世也，而才士與才民出，則百不才督之、縛之，以至於戕之。
> 戕之非刀、非鋸、非水火：文亦戕之，名亦戕之，聲音笑貌亦戕之。……
> 徒戕其心，戕其能憂心、能憤心、能思慮心、能作爲心、能有廉恥
> 心、能無渣滓心。又非一日而戕之，乃以漸，或三歲而戕之，十年
> 而戕之，百年而戕之。〔註14〕

〔註 9〕　同前文，頁33～34。
〔註 10〕　〈對策〉，《全集》，第一輯，頁116。
〔註 11〕　詳〈明良論二〉、〈明良論三〉，頁31～34。
〔註 12〕　〈明良論二〉，《全集》，第一輯，頁31。
〔註 13〕　同前文，頁32。
〔註 14〕　〈乙丙之際箸議第九〉，《全集》，第一輯，頁6～7。

士之無恥，實由於長時期的遭受斲戮。然則「何人」能於此無形漸力之下，長期縛戮之？自珍尋源探本，遂追究至專制君權之最深切處——君權的過尊，於是接續前言曰：

> 臣節之盛，掃地盡矣。非由他，由於無以作朝廷之氣故也。何以作之氣？曰：以教之恥為先。〔註15〕

至此得知士之無恥，乃原於「朝廷」之無以作之氣，無以教之恥。然「朝廷」何指？自珍又言：

> 禮中庸篇曰：「敬大臣則不眩」，……賈誼諫漢文帝曰：「主上之遇大臣如遇犬馬，彼將犬馬自為也。如遇官徒，彼將官徒自為也。」……皆聖哲之危言，古今之至誠也！……坐而論道，謂之三公，唐、宋盛時，大臣講官，不輟賜坐、賜茶之舉，從容乎便殿之下，因得講論古道，儒碩興起。及其季也，朝見長跪、夕見長跪之餘，無此事矣。不知此制何為而輟，而殿陛之儀，漸相懸以相絕也。〔註16〕

既舉中庸「敬大臣」，又舉賈誼諫文帝，則「朝廷」之指「清帝」甚明。我國古代敬大臣，問政必有賜坐、賜茶之禮遇，故群臣亦相以廉恥互勉，迨後之朝儀乃有三跪九叩之式。賈誼所言，君遇臣以犬馬，則臣以犬馬自為。清既以跪叩之儀要求臣子，則臣子自以干佞媚其君。如此，君不以禮待臣，則臣又焉能以「恥」自持？「非禮無以勸節，非禮非節無以全恥。」〔註17〕追溯本因，全係君權之過尊，遂致士大夫不以恥節自守。自珍對這種君權之獨尊甚為憤懣，中年以後作〈古史鉤沈論〉，又再三斥評：

> 昔者霸天下之氏，稱祖之廟，其力彊，其志武，其聰明上，其財多，未嘗不仇天下之士，去人之廉，以快號令，去人之恥，以崇高其身。一人為剛，萬夫為柔。……榮之亢，辱之始也；辨之亢，誹之始也；……溫而文，王者之言也；惕而讓，王者之行也；言文而行讓，王者之所以養人氣也。……大都積百年之力，以震盪摧鋤天下之廉恥，既殄、既獮、既夷，顧乃席虎視之餘蔭，一旦責有氣於臣，不亦暮乎！
> 〔註18〕

〔註15〕 同上，〈明良論二〉，頁 31。
〔註16〕 同上。
〔註17〕 同前文，頁 32。
〔註18〕 〈古史鉤沈論一〉，《全集》，第一輯，頁 20。

君以跪叩之禮崇高一身，又仇天下之士，去其廉恥以快號令，其目的只在「一夫為剛，萬夫為柔」。長期摧鋤震盪，一朝世變，封疆有急，則士紛紛鳩燕飛逝。至其時，遑論求伏棟俱壓之臣，縱欲得一有氣節之士亦絕矣。

　　以上是自珍就「君權過尊」下，士無恥節而人才不出所發之議論。然士無恥節、人才不出，亦有因君待臣子之刻薄而生者。自珍首舉「制俸之薄」以論之：

> 三代以上，大臣、百有司無求富之事，無恥言富之事。貧賤，天所以限農畝小人；富貴者，天所以待王公大人君子。王公大人之富也，未嘗溫飽之私感恩於人主，人主以大臣不富為最可嘉可法之事，尤晚季然也。〈洪範〉五福，二曰富；《周禮》八柄，一曰富。臣之於君也，急公愛上，出自天性，不忍論施報。人主之遇其臣也，厚以禮，繩以道，亦豈以區區之祿為報？……孟子曰：「無恆產而有恆心，惟士為能。」雖然，此士大夫所以自律則然，非君上所以律士大夫之言也。〔註19〕

三代以上君臣百官無求富之事，然卻不以言富為恥。魯論所稱季氏富於周公，是周公亦未嘗不富。〔註20〕蓋「富」乃是天所以待王公大臣者，未若貧賤乃農佃小人之自限。故孟子所說：「無恆產而有恆心，惟士為能」一語，乃指士大夫之志節不因貧窮而易，卻非如後世所指王公大臣以不富為可嘉可法。自珍立論如此，然環顧當世，見士大夫鮮有溫飽者，縱使是尚書、侍郎亦少有千金之產。衣食足方可與言禮義，今制俸之薄，生活堪虞，求其知恥效國，不亦難乎！自珍有言：

> 今上都通顯之聚，未嘗道政事談文藝也；外吏之宴游，未嘗各陳設施談利弊也；其言曰：地之腴瘠若何？家具之贏不足若何？車馬敝而責券至，朋然以為憂，居平以貧故，失卿大夫體，甚者流為市井之行。崇文門以西，彰義門以東，一日不再食者甚眾，安知其無一命再命之家也？……今久資尚書、侍郎，或無千金之產，則下可知也。〔註21〕

人情之本旨願娛孝其親，贍其室家。而今日俸祿之薄，致使「廩告無粟，廄

〔註19〕同上，〈明良論一〉，頁29。

〔註20〕同前文：「魯論曰：『季氏富於周公』，知周公未嘗不富矣」，頁30。

〔註21〕同上。

告無繄，索屋租者且至相逐，家人嗷嗷然呼」，內外大小臣子皆為逃債避券之人，則欲使其效智力於國之法度、民之疾苦，豈非堪笑。故自珍認為，臣之思全軀保家而不復有所作為，皆係「貧累之也」。然回顧清天子之富，廣擁四海，為其股肱之臣者，卻無千金，甚至再命之家，可能亦有一日僅一食之事。君之侍臣，何其苛酷？〔註22〕

又舉清廷「統御」士大夫以便其控制之術。曰：

> 老子曰：「法令也者，將以愚民，非以明民。」……齊民且然。士也者，又四民之聰明喜論議者也。身心閒暇，飽煖無為，則留心古今而好論議。留心古今而好論議，則於祖宗之立法，人主之舉動措置，一代之所以為號令者，俱大不便。凡帝王所居曰京師，……是故募召女子千餘戶入樂籍。樂籍既棋布於京師，其中必有資質端麗，桀黠辨慧者出焉。目挑心招，掉闔以為術焉，則可以箝塞天下之游士。烏在其可以箝塞也？曰：使之耗其資財，則謀一身且不暇，無謀人國之心矣；使之耗其日力，則無暇日以談二帝三王之書，又不讀史而不知古今矣；使之纏縣歌泣於衺第之間，耗其壯年之雄材偉略，則思亂之志息，而議論圖度，上指天下畫地之態益息矣；使之春晨秋夜為屬體詞賦、游戲不急之言，以耗其才華，則論議軍國臧否政事之文章可以毋作矣。如此則民聽壹，國事便。〔註23〕

自珍認為京師樂籍之設，乃國君為一統人民，並箝塞士之聰明才智者，使其耗精力於歌賦、床第之間，無暇指天畫地議論國事、制肘法度，全係「愚民」之法。如此朝廷，如此政策，非但不知拔擢人才，反戮斲士之志氣至此，則士大夫出而仕者，焉敢論議政事？又如何能求廉恥之士、濟世之才？

綜上所論，自珍認為：臣之有跪叩阿諛之風，乃係君權之過尊；臣之有貪歙因循苟且之風，乃因朝廷俸祿菲薄；而士之無恥、人才不出，又因朝廷資格用人之限。積百年之力震盪摧鋤，於是自珍怒言痛斥：

> 居廊廟而不講揖讓，不如臥穹廬；衣文繡而不聞德者，不如服橐鞬；居民上，正顏色，而患不尊嚴，不如閉宮庭；有清廬閒館而不進元儒，不如闢牧藪；榮人之生而不錄人之死，不如合客兵；勞人祖父

〔註22〕 本段文字之引文具見同上。
〔註23〕 〈京師樂籍說〉，《全集》，第一輯，頁117～118。

－82－

　　而不問其子孫，不如募客作。〔註24〕

居廊廟卻不講揖讓、不進元儒，衣文繡卻不聞德音、不恤功臣。殊不知士之群集，乃朝廷令聞之遠播。今再命之家有一日不再食者，政要之官以阿諛跪叩保身，豪傑之士遠入山澤。士皆無恥、人才不出，此皆「居廊廟」者之責也。

　　自珍這些譏評，在當時誠是大膽之極，被目爲「狂言」。然自珍實深抱掩世之才，具先睹之識，先清季初衰之世，卻已預睹寒風之驟至，而大發怒吼。惟清室逸樂方酣，上君下臣一味相蒙，色笑終日。對自珍之危言，非但不受納，反致讒謗。〔註25〕自珍憔悴悲憂，居官鬱鬱，然而對時政之議評，卻毫不懈怠。自珍自言是：「所見多胸弗謂是，不得不言耳。」〔註26〕如其曾對科舉制度大加評斥：

　　　　今世科場之文，萬喙相因，詞可獵而取，貌可擬而肖，坊間刻本，
　　　　如山如海。四書文祿士，五百年矣；士祿於四書文，數萬輩矣；既
　　　　窮既極，閣下何不及今天子大有爲之初，上書乞改功令，以收眞才。
　　　　〔註27〕

科舉之題不出四書，人才之由此出者已五百年，詞可相獵，貌可擬肖，模擬排比，所收往往非屬眞才。且童子自髫卯即習功令，錮智慧於此進身之階，對兵刑、錢穀之事未之聞，一旦入官職，往往「未嘗學禮樂之身，使之典禮樂」、「未嘗學兵之人，使之典兵」。「古者學而入政，後世皆學於政」，如此耗才士之精神體力於無用之學，政何以治，誠堪憂虞；科舉當改，亦積弊太久矣。〔註28〕

　　自珍又嘗對滿漢之不平等，「隱」言議評。他在〈杭大宗逸事狀〉中言：大宗上書言，清一統已久，用人宜泯滿、漢之見，遭部議擬死，後得乾隆赦免歸里。然後歲乾隆南游，卻有「杭世駿尚未死麼」之問，使大宗自縊。〔註29〕具見清懷柔手法之陰險，待滿、漢之不平等。又在〈書果勇侯入覲〉中言，漢人任宿衛之臣者，輒除大門上侍衛，有材勇，亦不過擢乾清門，已是「崇之極矣」。

〔註24〕同上，〈乙丙之際塾議第二十五〉，頁12。
〔註25〕自珍受謗事，始末未詳，惟〈與吳虹生書二〉及〈癸未編年詩〉中可略見，見《全集》，第五輯，頁348；第九輯，頁466～470。
〔註26〕參考〈上大學士書〉，《全集》，第五輯，頁319。
〔註27〕同上，〈與人箋〉，頁344。
〔註28〕引文具見〈對策〉，《全集》，第一輯，頁116。
〔註29〕〈杭大宗逸事狀〉，《全集》，第二輯，頁161。

〔註30〕此可見滿、漢仕宦之不平等。然最爲明言者,則在〈古史鉤沈論四〉「賓賓」一文中論及清之兵謀、燕私、宿衛、家法不欲異姓參聞。故自珍「賓賓」文旨之深邃,實不僅止於「譏議」二字耳。〔註31〕

　　自珍之時,文字獄雖已少興,然文網仍密,加以其「哀樂過人」,於社會時政之黑暗,感受甚爲敏銳。又以用世心切,仕途蹭蹬,故發爲議論,語多憤恨。然自珍乃一才情至高之人,故其憤恨之語,往往括隱而爲「涼燠」之語,〔註32〕而用「障蔽」之法出之。他有三篇「捕」文,甚妙。

　　　　今者有蜮,蜮一名射工,是性善忌,人衣裳略有文采者輒忌,不忌縗絰。能含沙射人影,人不能見。……捕之如何?法用蔽影草七莖,自障蔽,則蜮不見人影。又用方諸,取月中水洗眼,著純墨衣,則人反見蜮,可趨入蜮群;趨入蜮群,則蜮眩瞀。乃祝曰:射工!射工!汝反吾名,以害吾躬,吾名甚正,汝不得反攻。……如是四徧,蜮死,烹其肝。大吉。述補蜮第一。

　　　　今者有熊羆、鴟鴞、豺狼、是性善愎,必噬有恩者及仁柔者,捕之如何?法用敗絮牛皮,僞爲人形,手執飼具,以示人恩,中實以熾鐵,咆哮來吞。絮韋吞已,熾鐵火起,麕灼其心肝。祝曰:豺狼!豺狼!予恩汝不祥,亦勿戰汝以剛,色柔內剛,誅汝肝腸,汝卒咆哮以亡。……述捕熊羆鴟鴞豺狼第二。

　　　　今有狗蠅、螞蟻、蚤蟹、蚊虻,是皆無性,聚散皆適然也,而朋嚌人,使人憒耗。治之如何?法不得殄滅,但用冰一样,置高屋上,則蠅去。又煉猛火自燒田,則亂草不生,亂草不生,則無所依,無所依,則一切蟲去。祝曰:蚊虻!蚊虻!汝非欲來而朋來,汝非欲往而朋往,吾悲汝無肺腸,速去!吾終不汝殄傷。……述捕狗蠅螞

〔註30〕同上,〈書杲勇侯入覲〉,頁 177。
〔註31〕詳第三章。前人討論自珍「賓賓」思想者,請參看:錢穆,《中國近三百年學術史》,頁 543~545;侯外廬,《近代中國思想學說史》(香港:生活出版社,1947 年)下冊,頁 627~629;陸寶千,〈清代的公羊學〉,收入氏著《清代思想史》(台北:廣文書局,1978 年),頁 261。與此諸人持異議者有周啓榮,〈從狂言到微言——論龔自珍的經世思想與經今文學〉,收入《近世中國經世思想研討會論文集》,(台北:中央研究院近代史研究所編,1984)。
〔註32〕〈涼燠〉:「子之言何數涼而數燠也?告之曰:吾未始欲言也。吾言如治疾,燠疾至,涼之;涼疾至,燠之。」《全集》,第一輯,頁 90。

蟻蚤蟹蚊虻第三。〔註33〕

第一捕是指好諂媚權勢，而誹謗忌才者，第二捕是指剛愎狠戾，忘恩欺柔者，第三捕卻是憐憫那些無知無識，爲人使喚的嘍囉。三捕都是譏詆清廷之吏胥，滿佈人宇，卻無達識，忌才害賢，趨炎附勢，終至一日將被無形之大勢力「捕」斃耳。自珍文字的或涼或煥、或隱或顯，往往似此。自珍不僅具先賭之譏，而且用世心切，屬意深邃，加以文采縱橫，恢宏幽眇，又與《公羊》微言表裡映現，發爲文字，自是立言高妙，含蘊深厚。他有〈尊隱〉一文，用「後史氏」的眼光，對清廷之漸暮，發出狂吼的警告，說：

> 日有三時，一曰蚤時，二曰午時，三曰昏時。……日之將夕，悲風驟至，人思燈燭。……丁此也以有國，而君子適生之；不生王家，不生其元妃、嬪嬙之家，不生所世世豢之家，從山川來，止于郊。……人功精英，百工魁傑所成。如京師，京師弗受也，非但不受，又裂而磔之。……則京師之氣洩，京師之氣洩，則府于野矣。如是則京師貧：京師貧，則四山實矣。……則京師賤；賤，則山中之民，有自公侯者矣。如是則豪傑輕量京師；輕量京師，則山中之勢重矣。如是則京師如鼠壤；如鼠壤，則山中之壁壘堅矣。京師之日短，山中之日長矣。風惡，水泉惡，塵霾惡，山中泊然而和，冽然而清矣。人攘臂失度，啾啾如蠅虻，則山中戒而相與修嫺靡矣。朝士寡助失親，則山中之民，一嘯百吟，一呻百問疾矣。朝士僝焉偷息，簡焉偷活，側焉徨徨商去留，則山中之歲月定矣。……俄焉寂然，燈燭無光，不聞餘言，但聞鼾聲，夜之漫漫，鶗旦不鳴，則山中之民，有大音聲起，天地爲之鐘鼓，神人爲之波濤矣。〔註34〕

自珍一生居京師逾三十載，飽覽社會之黑暗面。他一方面憧憬著承平治道；一方面卻不得不對清廷之腐敗，箴砭再三。他將清之將晚比喻成日之將夕，悲風驟至，故君臣昏貪，不識重器，不知良才。縱有適世之英才出，亦不往京師，而往山野。如此則京師如鼠壤，蠅虻簡偷僝息；然「山中之民」卻已修嫺團結，一嘯百吟，一呻百問疾矣。在此京師粉飾太平、鼾聲睡意，不聞雞鳴之漫漫長夜，寂然無聲，燈燭無光。俄而忽有大音聲起，天地爲之鐘鼓，

〔註33〕 同上，〈捕蜮第一〉、〈捕熊羆鴟鴞豺狼第二〉、〈捕狗蠅螞蟻蚤蟹蚊虻第三〉，頁132～133。
〔註34〕 同上，〈尊隱〉，頁87～88。

神人爲之波濤，而清之朝脈，荒忽飛揚化而爲泥沙矣。這是自珍對暴風雨將臨的預測之言，所謂：「探世變也，聖之至也」。〔註35〕自珍抱掩世之才，具先睹之識，不僅對清廷之弊端，集筆鋒之健以擊斥之，更預睹到「山中之民」將使天地之風雲變色。《公羊》微言之「微」，自珍亦「微」言矣。〔註36〕

學者論政，自雍乾以降即少有涉及者。包、管諸人雖約略言及，然只限於風氣、制度之片面。自珍則從人才培養，風氣廉恥，深究到專制君權的核心，更預爲清之將亡敲喪鐘矣。道咸以降，學者多喜譏議時政，自珍誠開風氣之先。

第二節　經濟重農思想

在晚清諸多社會弊端中，經濟問題實居重要地位。早在嘉慶初期，自珍已注意到此一問題，並提出具體之改革建議，及根本之救治方法。自珍在議評時政時，曾對官吏待遇之薄菲，三致嘆息，並說「內外大小之臣，具思全軀保室家，不復有所作爲」，乃是「貧累之也」。又說古人並不以言富爲恥，周公亦富。〔註37〕可見他已注意到衣食不足的社會，是不能夠談禮義的。況且「據亂世」之政策，即以「食貨」爲首要。〔註38〕於是自珍提出他的經濟「重農求富」論。

自珍首先討論到當時的經濟問題實包含二項內容：一爲食、一爲貨。「貨」的危機的出現，是其來有自的，故可用政策性的改革解決；然經濟問題的根本解決，卻有待「食」的問題的解決。因此「食」又重於「貨」。〔註39〕

先論他對「貨」的主張。自珍首先追究到清季貨幣危機的出現，和朝廷的徵歛及鴉片的輸入，有相當密切的關聯。他說：

> 近年金空虛，大吏告民窮，而至尊憂帑匱。……食誠絀，而貨之不獨盈也又久，不覩伐金者乎？伐者化；不覩挾金市海者乎？市海者潰。有所化，有所潰，有所不反，夫又有所鬱也。今金行名尊而實

〔註35〕同上，〈乙丙之際箸議第九〉，頁7。
〔註36〕自珍〈己亥雜詩〉有「少年尊隱有高文」之句，足見其自得意於此作。
〔註37〕參見〈明良論一〉，《全集》，第一輯，頁30。
〔註38〕詳第四章。有關自珍社會經濟思想之討論，亦參看陸寶千撰，《龔自珍》，見《中國歷代思想家》（台北：台灣商務印書館，1979年）。
〔註39〕〈乙丙之際塾議第十六〉：「有匹婦之憂，……有人主之憂。匹婦之憂，貨重於食，……人主之憂，食重於貨。」《全集》，第一輯，頁7。

耗，用博而氣鬱。耗者莫禁于下，鬱者莫言于上，皆守眉睫之間，
而不見咫尺之外，失金之情者也。〔註40〕

又說：

其潰者，其縱之者咎也；其鬱者，其鑰之者咎也。〔註41〕

自珍認為「貨」之存於天地間，「埋之土中，取之土中，投之水火，取之水火」，
雖有千萬不均，其在天地間則皆均。然則，今日貨幣危機之至於「其敝也，
貝專車不得一匹麻，有金一斛不糴掬粟；又其敝也，丐夫手珠玉，道殣抱黃
金。知黃金珠玉之必無救也。」〔註 42〕其因何在？自珍認為這是「潰」之者
與「鬱」之者之罪也。所謂「潰」乃指「市海者」，市海之意即指鴉片之輸入
造成白銀外流。所謂「鬱」乃指「鑰之者」，鑰之者即指朝廷之徵歛賦稅，藏
幣銀於庫。清之賦收，蓋以銀兩為計，故富者多歛泉貨，而貧者每需以實物
折銀，繳納賦稅，遂使貧者愈貧。其次，鴉片輸入對晚清白銀外流，造成最
嚴重的原因，同時鴉片輸入，也造成中國經濟的入超。故此，自珍提出改革
的辦法：一是流通貨幣。他說：

夫貨，未或絀也，未或毀也。以家計，患其少，以域中計，尚患其
多。……人主者，會天地之間之大勢，居高四呼。博貨之原，則山
川劭之；嗇貨之流，則官司鑰之。……貨在宮中，鬼神守之；貨在
朝野，吏民便之。……百家之城，有銀百兩，十家之市，有錢十緡，
三家五家之堡，終身毋□畜泉貨可也。畜泉貨，取其稍省負荷百物
者之力，便懷袺而已。〔註43〕

又說：

然而古之治金行亦必有道矣。道如何？曰：宮府弗分，受其福，不
受其權，然後察十等之有無而劑之氣。〔註44〕

又說：

近年財空虛，大吏告民窮，而至尊憂帑匱，……是以古之大人，謹
持其源而善導之氣。〔註45〕

〔註40〕同上，〈附：乙丙之際塾議一〉，頁 1～2。
〔註41〕同上，〈乙丙之際箸議第一〉，頁 1。
〔註42〕同上，〈乙丙之際塾議第十六〉，頁 7～8。
〔註43〕同上。
〔註44〕同註 40，頁 2。
〔註45〕同註 41。

貨幣的鑄製，本意即在方便攜帶。倘是朝廷鑰鬱之，不使流通，而鎖於宮中，則金氣不暢，而庶民不便。故自珍主張應「善導其氣」並「調劑有無」，使貨幣流通，以暢金氣。是其「流通貨幣」之主張。

其二曰：嚴禁鴉片。自珍在〈送欽差大臣侯官林公序〉中，對食妖、服妖之民，深致「纓誅」之意，曰：

> 今銀盡明初銀也，地中實，地上虛，假使不漏于海，人事火患，歲歲約耗銀三四千兩，況漏于海如此乎？……鴉片煙則食妖也，其人病魂魄，逆晝夜，其食者宜纓首誅！販者、造者，宜刎脰誅！兵丁食宜刎脰誅！……食妖宜絕矣，……杜之則蠶桑之利重，木棉之利重，蠶桑、木棉之利重，則中國實。〔註46〕

鴉片自十九世紀初輸入中國，至十九世紀二十年代，平均已年入四千箱，白銀流出四、五百萬；至鴉片戰爭時，已逾白銀二千五百萬餘，二十餘年間增加五倍，所造成之經濟危機可知。〔註47〕且吸食鴉片者，病衰體虛、晝夜顛倒，故自珍力主宜纓首誅，是其「刑亂邦須用重典」之意。〔註48〕如此一來，鴉片不入，則農物之利重，農物之利重，則中國之富指日可待矣。

貨幣問題的解決，只是經濟問題現象上的解決，而經濟問題之切要處，卻在「食」。自珍嘗言：「有匹婦之憂。……有人主之憂。匹婦之憂，貨重於食；……人主之憂，食重於貨。」〔註49〕然而「食」之問題的解決，有賴於「求富」，而「天下之大富必任土」，〔註50〕故自珍重食求富的主張，遂建立在「農業」及「土地」問題的解決上。他建立了一套「農宗」制度，將農民依宗法的關係和土地緊密聯接，以促進「農業」並發揮「土地」功效。

自珍首先說明，生民和土地關係的本然性。曰：

> 古者未有后王君公，始有之而人不駭者何？……古之為有家，與其為天下，一以貫之者何？古之為天下，恆視為有家者何？生民不故，上哉遠矣。天穀沒，地穀茁，始貴智貴力，有能以尺土出穀者，以為尺土主；有能以倍尺若十尺、伯尺出穀者，以為倍尺、十尺、伯

〔註46〕〈送欽差大臣侯官林公序〉，《全集》，第二輯，頁169。

〔註47〕參考侯外廬，《中國思想通史》（北京，人民出版社，1957年），第五卷第三編第一節。

〔註48〕同上。

〔註49〕同註39。

〔註50〕〈陸彥若所著書序〉，《全集》，第三輯，頁196。

> 尺主；號次主曰伯。帝若皇，其初盡農也，則周之主伯歟？古之輔
> 相大臣盡農也，則周之庸次比耦之亞旅歟？土廣而穀眾，足以庀其
> 子。〔註51〕

古代未有君王之設，純是天穀養民。後世有君王輔相之設，其初亦皆是農。
因此，自珍認為「天下之大分」，乃「先有下，而漸有上」，所以反對儒者之
「自上而下」的宗法論，曰：

> 儒者失其情，不究其本，乃曰：天下之大分，自上而下。吾則曰：
> 先有下，而漸有上。……是故本其所自推也，……本其所自名也，……
> 儒者曰：天子有宗，卿大夫公侯有宗，惟庶人不足與有宗。吾則曰：
> 禮莫初於宗，惟農為初有宗。〔註52〕

又說：

> 上古不諱私，百畝之主，必子其子：其沒也，百畝之亞旅，必臣其
> 子；餘子必尊其兄，兄必養其餘子。父不私子則不慈，子不業父則
> 不孝，餘子不尊長子則不悌，長子不贍餘子則不義。……農之始，
> 仁孝悌義之極，禮之備，智之所自出，宗之為也。〔註53〕

既然民之初，盡為農，則父之百畝，必傳其子，餘子必尊其兄，其兄必養其
餘子，如此則仁、孝、悌、義之禮生，究其本乃因有「宗」之關係的存在。
因此，自珍認為宗法的出現，是由農業開始，故設計「農宗」之制。分為：
大宗、小宗、群宗、閒民四等，大宗襲父田百畝，小宗田二十五畝，群宗田
二十五畝，閒民無田，卻應佃於上三宗以治田。大宗佃五，小宗及群宗各佃
一。如此則天下雖有無田之民，卻無為盜、患飢之人。自珍深美此制，認為
「農宗」之制，乃「為天下出穀」，而使「衣食之權重，而泉貨之權不重。」
如此「則天下之本不濁，本清而法峻」，食妖、服妖之人皆得而誅，野無游民，
天下無飢民，水土平而財粟足，則天下富矣。〔註54〕

　　自珍不僅在內地著重農業以求富，更言徙民於邊疆以求富。他在〈西域
置行省議〉中說，內地承乾隆太平之盛，人心慣於泰侈，風俗習於游蕩，不
士、不農、不工、不商之人，十將五六，又有餐荼草、習邪說者，終至凍餒，

〔註51〕　〈農宗〉，《全集》，第一輯，頁49。
〔註52〕　同上。
〔註53〕　同上。
〔註54〕　本段引文暨農宗四等之制，皆出自《全集》的〈農宗〉一文。其餘論述並參
　　　　　考同書〈平均篇〉，頁78～80。

亦不肯治一寸之絲、一粒之飯者。不如徙此等之民於西域,使其開墾疆土,屯田以盡田力。如此一損一益,「人則損中益西,財則損西益中」,兩相洽調,足致中國之富。〔註55〕

以上所論自珍經濟思想中,貨幣流通及鴉片禁入,只是針對表面現象的改革;而重農拓疆以求富,才是民生根本的救治之方。故吾人可言:自珍經濟思想是以重農爲本,而以求富爲的。晚清自強運動之內容,除「強兵」之外,更以「求富」爲要,自珍生數十年前,已先言及,其深識遠見可知。

第三節　變法與革命思想

自珍譏議時政,盱衡世局,深感清廷之諸多弊端,皆由於「一束於不可破之例」中,遂使科舉拔擢,不得眞才;資格用人,俊彥難登;法有羈縻,動輒得咎。致使政要之官以至卿士大夫皆於頌德之餘,書畫自娛,而不敢論議政事。自珍將此種現象,譬之爲滿身疥癬的病體,沒有法子治療,衹好把四肢綁在獨木之上束縛著,停著不動,一任滿身疥癬之腐敗自然蔓延,而病者卻冥心息慮,且自美其名曰:「奉公守法」。他批評說:

> 人有疥癬之疾,則終日抑搔之,其瘡痏,則日夜撫摩之,猶懼未艾,手欲勿動不可得,而乃臥之以獨木,縛之以長繩,俾四肢不可以屈伸,則雖甚癢且甚痛,而亦冥心息慮以置之耳。何也?無所措術故也。〔註56〕

人之有疾,尚且終日抑搔之,國之有疾,又焉可以長繩縛之、冥心息慮而置之,反倒自謂是「奉公守法」卻不思救治?自珍又諷刺地用《公羊》三世的微言分析亂世與治世之相彷彿,說:

> 世有三等,三等之世,皆觀其才:才之差,治世爲一等,亂世爲一等,衰世別爲一等。衰世者,文類治世,名類治世,聲音笑貌類治世。黑白雜而五色可廢也,似治世之太素;宮羽清而五聲可鑠也,似治世之希聲;道路荒而畔岸墮也,似治世之蕩蕩便便;人心混混而無口過也,似治世之不議。左無才相,右無才史,閫無才將,庠序無才士,隴無才民,廛無才工,衢無才商,抑巷無才偷,市無才

〔註55〕詳〈西域置行省議〉,《全集》,第一輯,頁106。
〔註56〕同上,〈明良論四〉,頁34。

駔，藪澤無才盜，則非但尠君子也，抑小人甚尠。〔註57〕

自珍這段文字實在高妙！他說明衰世的諸多現象，和治世相仿。如「黑白雜而五色廢」，似治世之「太素」；「宮羽渻而五聲鑠」似治世之「希聲」，「人心混混無口過」，似治世之「不議」。又說，非但朝中無才相、才史，縱使是野隴衢巷，亦無才偷、才盜；真是非但少「君子」，連「小人」亦少。絃外之音，已直指清之將墮、衰亂不遠。自朝至野，一味混蒙，終將有「大薄蝕，大崩竭，起於膠固」耳。〔註58〕自珍睠睠憂感，不得不為變法之倡。

自珍於年三十八〈上大學士書〉中即言：「自珍少讀歷代史書及國朝掌故，自古及今，法無不改，勢無不積，事例無不變遷，風氣無不移易。」〔註59〕蓋自珍既治《公羊》，深取其《春秋》改制之義，有「禮樂三而遷，文質再而復」之說，〔註60〕喜言「天用順教，聖人用逆教。逆猶往也，順猶來也。……亂，順也；治亂，逆也。」〔註61〕然而環視當今弊端之積，皆由於「順」教之極而不知用「逆教」救之之故。遂倡言變法。曰：

> 律令者，吏胥之所守也；政道者，天子與百官之所圖也。……為天子者，訓迪其百官，使之共治吾天下，但責之以治天下之效，不必問其若之何而以為治。……約束之，羈縻之，朝廷一二品之大臣，朝見而免冠，夕見而免冠，議處、察議之諭不絕於邸鈔。部臣工於綜核，吏部之議群臣，都察院之議吏部也，靡月不有。府州縣官，左顧則罰俸至；右顧則降級至，左右顧則革職至。……官司之命，且倒懸於吏胥之手。彼上下其手，以處夫群臣之不合乎吏胥者，以為例如是。……夫聚大臣群臣而為吏，又使吏得以操切大臣群臣，……猶不能以一日善其所為。……使奉公守法畏罪而遽可為治，何以今之天下尚有幾微之未及於古也？天下無巨細，一束之於不可破之例，則雖以總督之尊，而實不能以行一謀、專一事。〔註62〕

自珍認為，律令為吏胥所守，只是些固定的條文與案例，但是導民治國訂定律令，則是天子、百官之職責。今卻一束於律令，使百官之行議，動輒得咎，

〔註57〕 同上，〈乙丙之際著議第九〉，頁6。
〔註58〕 同上，〈壬癸之際胎觀第四〉，頁16。
〔註59〕 〈上大學士書〉，《全集》，第五輯，頁319。
〔註60〕 〈古史鉤沈論四〉，《全集》，第一輯，頁28。
〔註61〕 同上，〈壬癸之際胎觀第五〉，頁16～17。
〔註62〕 同上，〈明良論四〉，頁34～35。

而議察、議處之上諭不絕，百官稍有不慎則降級、革職。如此倒懸官司之命於吏胥之手，朝臣縱有英才，亦不敢專謀一事、專行一責，唯恐稍有左右之顧即觸犯律令遭受議處。如此之百司政官，又如何能挺身而出議論政事以圖國謀策？自珍思之，惟「更法」方能求其弊。曰：

> 今日雖略仿古法而行之，未至擅威福也。仿古法以行之，正以救今
> 日束縛之病。矯之而不過，且無病，奈之何不思更法。……聖天子
> 赫然有意千載一時之治，刪棄文法，捐除科條，裁損吏議，親總其
> 大綱大紀、以進退一世。……內外臣工有大罪，則以乾斷誅之，其
> 小故則宥之，而勿苛細以繩其身。將見堂廉之地，所圖者大，所議
> 者遠，所望者深。〔註63〕

法之更革，切忌以瑣屑科條而拘才，大罪得誅，但小過則宥。朝臣有權，方可行其專責、謀諸政事，也唯有圖大之眞才，才能國治。倘是固拘於一祖之法而不知權變，則後世之「破壞條例者」，將有更甚於今耳。曰：

> 權不重則民不畏，不畏則狎，狎則變。待其敝且變，而急思所以救
> 之，恐異日之破壞條例，將有甚焉者矣。〔註64〕

自珍此言，實已警告清廷，法之積弊，終須有所更變，今日不變，自將有另一勢力出而「變」之耳。這後者的「變」字的意思，實已暗寓朝代「替革」。

自珍此一「變法」之說，倡言於二十至二十三。至其年二十四、五時，雖乃汲汲爲一姓勸豫，然「革」之觀念已漸形成：

> 夏之既夷，豫假夫商所以興，夏不假六百年矣乎？商之既夷，豫假
> 夫周所以興，商不假八百年矣乎？……則拘一祖之法，憚千夫之議，
> 聽其自陊，以俟踵興者之改圖爾。一祖之法無不敝，千夫之議無不
> 靡，與其贈來者以勁改革，孰若自改革？抑思我祖所以興，豈非革
> 前代之敗耶？前代所以興，又非革前代之敗耶？何莽然其不一姓
> 也？天何必不樂一姓耶？鬼何必不享一姓耶？奮之，奮之！將敗則
> 豫師來姓，又將敗則豫師來姓。易曰：「窮則變，變則通，通則久。」
> 非爲黃帝以來六七姓括言之也，爲一姓勸豫也。〔註65〕

這段文字應分二層意義來看，自珍一方面言奮之奮之，且舉《易經》窮變通

〔註63〕同前文，頁35～36。
〔註64〕同前文，頁35。
〔註65〕〈乙丙之際箸議第七〉，《全集》，第一輯，頁5～6。

久乃「非爲六七姓括言之，爲一姓勸豫」；這「爲一姓勸豫」，就已明白指出，只要清廷能更法救弊，自能長存於天地，所謂黃帝以來六、七姓之更換，未必是上天所樂爲的。然而另一方面，卻又不得不舉出歷史上積弊不改的朝代的下場以警告清廷。如商之「革」夏，周之「革」商，甚至指出清之興起，亦是「革」前代之弊，而終言「與其贈來者以勁改革，孰若自改革。」這「贈來者以勁改革」的「革」字，已顯示出「積重難返」的唯一辦法，只有「改朝換代」了。尤其他在悲懣才士遭戮、求治不得遂轉而「求亂」時，說：

> 才者自度將見戮，則晝夜號以求治，求治而不得，悖悍者則晝夜號以求亂。夫悖且悍，且暝然瞑然以思世之一便己。……然而起視其世，亂亦竟不遠矣。〔註66〕

「起視其世、亂不遠矣」，自珍似乎已預見到了這將來的「改革者」。他在〈尊隱〉一文裡，形容得更爲具體，所謂一旦「山中之民」以大音聲起，天地神人爲之助力，則京師鼠壤之地，終將「崩蝕」而王運去矣。〔註67〕

自珍這種「贈來者以勁改革」，「後之破壞條例者」及「山中之民」的警語，無疑地是暗喻著將來的革命者，尤其他中年在〈農宗答問〉一文論及「不限田」之事，表現得更爲激烈，其〈答問第一〉說：

> 古豈有限田法哉？貧富之不齊，眾寡之不齊，或十伯，或千萬，上古而然。……大抵視其人之德，有德此有人，有人此有土矣。天且不得而限之，王者烏得而限之？……三代之季，化家爲國之主，由廣田以起也。〔註68〕

上古之世即無限田之法，有德者即有人，有人者即有土。因此三代之季，能化一家之主爲一「國」之主的，都是有德廣田之人。〈答問第四〉又說：

> 問：既立農宗，又不限田，如此天下將亂。恐天下豪傑，以族叛，以族徙，以族降散，則如何？
> 答：此亡國之所懼，興王之所資也。〔註69〕

在上一答問說明的是：有德廣田之人，乃是化一家之主爲一國之主的基本條件。因此這一答問說明「不限田」的目的，乃是因爲「土地」的廣狹，是無

〔註66〕同上，〈乙丙之際箸議第九〉，頁7。
〔註67〕詳參註34引文。
〔註68〕〈農宗答問第一〉，《全集》，第一輯，頁54。
〔註69〕同上，〈農宗答問第四〉，頁55。

德「亡」國者之所「懼」，卻是有德「興」國者之所「資」。這一亡一興之間，自珍「革命」的思想實已呈現。尤其〈答問第五〉說：

> 問：天下已定，獨天下諸有田之大宗，不內租稅，奈何？內租稅而近京師，患其藏甲逼宗室，又奈何？
>
> 答：此視興王之德與力矣。全德不恃力，莫肯不服，其次用力。……力又不能徒之，則楚以三戶亡秦。〔註70〕

全德之王興，民莫肯不服。倘興王之德不足以御民，則須藉助於武力。若是力又不足以御之，則「楚以三戶亡秦」。一姓之德不足以得民卻妄爲國主時，則「改革者」出矣！「山中之民」之大音聲作矣！而自珍所謂「亂亦竟不遠矣」、「楚以三戶亡秦」，更無疑是預言終將有「革命者」出耳。自珍識見之深遠大膽可知。果然，自珍卒後十年，太平天國洪楊之亂與起，蔓延七省，費時十五年方才平定。這無疑是近代「革命」的先聲！〔註71〕

　　綜觀自珍之經世思想，以其對專制君權的譏評，及首倡變法、暗寓革命，最具時代意義。尤其當嘉道之際，舉國方酣酣承平，自珍已儼然若不可終日，察微之深，識見之遠，衆醉獨醒，當世莫之能匹。

〔註70〕同上，〈農宗答問第五〉，頁 55。

〔註71〕認爲自珍具有「革命」之思想者，侯外廬，《近代中國思想學說史》，頁 628；陸寶千，〈龔自珍的社會政治學術思想〉，《中華文化復興月刊》，十一卷 3 期（1978）；朱傑勤，《龔自珍研究》（台北，台灣商務印書館，1966），頁 10～23。持反對看法者，錢穆，《中國近三百年學術史》，頁 533；孫廣德，〈龔自珍的經世思想〉，收入《近世中國經世思想研討會論文集》；及前舉周啓榮，〈從狂言到微言〉一文。

結　論

　　綜上所論：「一以貫之」是自珍學術思想之總綱。由此總綱，其經、史學得以貫通，經世思想亦得以發揮。

　　自珍雖是段玉裁的外孫，自幼即習文字音韻之學，然其早年持論已留心治道人心，故對乾嘉專尚考覈的治學態度有所不滿，而欲爲聖人「文質兼備，本末兼具」之學。自珍嘗謂：「聖人之道，一以貫之，有制度名物以爲之表，窮理盡性以爲之裏；訓詁實事以爲之跡，知來藏往以爲之神」。故他批評樸學專尚考覈的工夫，只是「道問學」，只是聖人之道之「階」，而非聖人之道之全體。但自珍並非反對乾嘉樸學，他極客觀地承認乾嘉樸學的價值，並對樸學家治經態度的謹嚴，及仁孝忠悌的修爲表示欽崇。他只是一再強調聖人之道須是本末兼具，循本至顛，切不可偏執一端。他曾說：「聖人之道，循問學之階以上達於性道治天下。」故此自珍對樸學家但治詁訓，對凡言及性道與治天下者，皆「拱手避謝，但稱以俟來者」的態度有所不滿。而謂：文字詁訓「足以慰好學臚古者之志，不足以慰吾擇於一之志。」遂宣稱不能寫定群經，而轉其志爲「擇於一」，欲循問學之階以上達於「性道治天下」。

　　自珍既以「性道治天下」爲其學術思想之極致，故治經重其「大義」，治史尊「史之心」。其所謂經之義，並非文字之義，而是「微言大義」；其所謂史之心，並非文字褒貶，而是「史事活用爲鑑之精神」。自珍雖有「治經重義」、「治史尊心」二說，然其經、史之間，及經之義、史之心之間，是相互貫通，二者爲一的；並在此貫通下，使自珍「上達於性道治天下」的思想，更聚焦於「經世」。

　　欲明自珍經、史貫通之意，須先明瞭其「尊史」之旨。自珍嘗謂：「史存

周存，史亡周亡」，史之存亡乃國之存亡之所繫。而史之所存，不僅存當代之典章制度，更為後世革窮救弊之借鏡；三代諸王多備存數代之禮樂，其意即此，故倡尊史。而其所謂之尊史，並非尊史之文字，而是「尊史之心」。自珍尊史之心之意，乃在欲讀史者有「善入善出」的態度，能對歷代興革之利弊，制度之得失深入觀察瞭解，而後又能以高情至論出之，並審析當世之勢，作為施政救弊之定奪。也就是說在入出史事之際，擷取到史的精神，使成為今日施政之借鑑。

至於經、史相貫通之說，自珍嘗謂：「三尺童子，瞀儒小生，號為治經則道尊，號為學史則道詘，此失其名。」欲正其名，得先探溯於經、史之源。自珍首先說明：「三代以上，無文章之士，而有群史之官。」舉凡一切語言文字、典籍禮樂皆存於史；又說「經之名，周之東有之。」故後儒所稱之六經，皆是三代之史。這就是他「五經皆史」的主張。

明白自珍「尊史之心」之意，又明白自珍「五經皆史」之論，則對其經、史一貫之主張，便更能了然。蓋自珍「五經皆史」之意，乃是將史學含括了經學，用治史的態度治經，說明經之義，要在史的精神上予以發揮，方才是得到經書真精神之所在；否則經之義，只是文字之義，而非聖人一以貫之之意。因此自珍所謂之經，即是史；所謂之經之義，即是史之心，二者相互貫通。而其貫通之指歸為何？自珍又言：「出乎史，入乎道」。自珍此處之「道」，即是聖人「一以貫之」之道，亦即是「上達於性道治天下」之道，簡言之即是「經世」之道。自珍認為經學與史學，都必須在實際的政事上發揮興革救弊之「用」，才可稱作是得到經、史的真精神；若是只致力於文字、史事，僅可視為得聖人之道之「階」，只是本而不是「顛」。故自珍經、史相貫通之旨，乃是欲循問學之階上達於「致用」的目的。這就是自珍的「經世思想」。

然自珍之「經世思想」，擴充成一具體且積極之經世內容，則有待於「公羊思想」的活用。自珍嘗從劉逢祿治公羊春秋。常州學派治經刊落名物，獨尋微言大義於語言文字之外。自珍既治公羊，又喜言三世，遂以「三世」觀比附群經，認為五經皆有據亂、升平、太平之治亂階段；又將「三世」觀與聖人終始治道相配合，將據亂、升平、太平三世，與「始乎飲食、中乎制作，終乎聞性與天道」之終始治道的次第相配合，使成為「食貨者，據亂而作也。祀也、司徒、司寇、司空也，治升平之事。賓師乃文致太平之事」，用以說明三世治亂之政事次第：據亂世，政事以食貨為首要；升平世，政事以制作為

首要；太平世則賓師文致生而上合於天命性道。又徧引群經證明此說，認爲五經皆含有此一終始治道之次第。如此則五經皆有三世，而三世又各有其所宜專重之政事。至此，自珍遂將五經治道之次第——食貨、制作、聞性與天道；與三世治亂之次第——據亂、升平、太平緊密配合，而使其經世思想成爲「具體」且「積極」的高度可行性。亦即是使得治道隨食貨、制作的次第，而能循據亂、反平、上達於太平。此即是自珍「公羊思想」，在其「經世思想」上，所做的貢獻。

　　自珍公羊學，不僅在其自身學術思想之發展上有一特殊意義，在常州學派的發展上，亦居有突出的地位。常州公羊學始於莊存與，樹立於劉逢祿，至龔、魏而後方廣衍天下，儼然匯成晚清學術主流。此其間自珍所居之地位非常重要。蓋常州公羊學在莊存與時，僅只是重取微言大義，既不斥左、穀，亦不爭今、古文之眞僞；至劉逢祿始明白排斥左、穀，獨尊公羊，又有意上復今文群經；迨至魏源則主張上復西漢今文詩、書，排斥東漢古文詩、書，謂其爲僞作。流衍所至，遂有晚清今、古文經之爭。再者，莊、劉、魏諸人治公羊，有一特色，即是特重「條例」，尤以劉氏爲最，全用歸納的方法，整理辨析公羊之義例。然孔子作春秋，有其「經世」之志。今莊、劉諸人以條例治春秋，是但得春秋文字之義，而非眞能發揮公羊微言之精神。自珍之治春秋，既不鑿鑿於條例之辨析，亦不爭今、古文經之眞僞，更未高倡上復西漢今文經之主張，獨獨善刺取春秋之微言大義，並加以靈活運用於評議時政上。如以三世觀解五經，以三世觀言治道，而使經之文字之義，與實際民生制作密切配合，又舉公羊微言以譏詆時政，完全改變以往論公羊於典籍的態度，使成爲論公羊於時政。晚清今文學家，每喜引公羊之微言以論政，此一風氣，自珍實開啓之。自珍之公羊學對常州學的發展而言，是大大地推進了一步。一言以蔽之，即是：轉「論學」爲「論政」。

　　自珍對公羊學的取舍，是有其「別識心裁」的。他並不汲汲於建立一套條例清晰的體系，亦不爭今、古文之眞僞；而是採取直捷擷取的方式，將公羊中的二、三「微言」，眞接比附在他個人的「經世思想」上，使其經世思想有更具體積極的內容。這在他三世觀的活用，及五經大義終始論中，顯然可見。

　　自珍學術思想之極致是「經世」，而其經世思想之具體表現，則在「議政」。自珍生嘉道清勢日陵，衰象漸呈之際，又抱曠世之才，具先睹之識，兼居京

師約三十載，對當時朝廷士大夫之習氣，及法令之苛繁，資格用人之限才；造成「老成」當道，君權獨尊，朝綱不振，人才不出等弊端，深感憤懣，遂放言譏詆。他認爲士大夫的無恥，是因爲君待臣之無禮；政要之官的貪歛，是因爲朝廷制俸太過菲薄；而人才不出、媚風熾張，都是因爲君權過尊，造成的斷傷。他譏刺清廷三跪九叩的朝儀，言：君以犬馬待臣，則臣以犬馬自爲。自珍意將清廷之弊端，歸罪於專制君權的過尊，及君待臣之苛酷，這種言論在當時眞可謂驚世駭俗。自珍用世心切，察微識深，遂盱衡世局首倡「變法」，並謂歷來朝代之更革，皆可謂是以變法救前朝之弊。自珍倡導變法之初，猶汲汲爲一姓勸豫，期望清廷能自振朝綱，然而事實上，清之積弊已深，又不思救治；加以自珍仕途蹭蹬，壯志難伸，遂一轉其變法之志，悖悍求亂，而有待於「山中之民」的興起，儼然指清之王運將去。果然，自珍卒前一年鴉片戰爭爆發，卒後十年太平天國洪楊之亂起，清之王運衰竭，無力自振，「去」竟不遠矣。自珍議政理論的發揮，是其經世思想的具體表現，也是他身處嘉道初秋之世，發表的最具時代意義的言論。

綜上所論，自珍學術思想之總綱是「一以貫之」，也就是「循問學之階，以上達於性道治天下」。聖人之道的極致在「性道治天下」，自珍以此自任。首先，他在「五經皆史」的思想下貫通經、史之學，建立了一己的經世思想；其次，援引公羊「三世」微言比附五經之終始治道，使其經世思想富有積極的具體內容；同時在實際的政論上，發揮了他的經世思想。清儒自雍乾以來即少談政治，嘉道以還堅冰乍解，始稍有論及者；然最能深切揭露清廷之弊端，倡言變法以救危亡者，自珍實爲開風氣之一人。綜觀自珍之學術思想及其具體表現，誠可謂是循本而至顚矣。

自珍學術思想之貢獻誠屬多方面。其公羊思想的活用，不僅使常州學邁進一大步，亦開啓晚清今文家援經議政之風。而「諸子周史之小宗」論，探源吾國學術源流、提高子學地位；晚清子學之再興，自珍亦有功焉。及其自身雖受文字音韻之家學，及今文公羊之師承，卻能裁決取舍，不偏執問學之一端，亦不落入今、古文之爭；而能盱衡世局，審析時勢，在治道人心之切要處建立一己之經世思想，發揮極具創意之經世理論。在乾嘉世極日亟、學風轉易之關鍵上，自珍思想所具之時代意義誠不可忽視。

引用及參考書目

一、文獻類（依作者朝代、姓氏筆畫先後排序）

1. 〔漢〕董仲舒，《春秋繁露》（台北：台灣中華書局，1966 年）。
2. 〔晉〕范甯集解，《穀梁注疏》（台北：藝文印書館，1965 年）。
3. 〔晉〕杜預集解、竹添光鴻會箋，《左傳會箋》（台北：廣文書局，1961 年）。
4. 〔清〕方東樹，《漢學商兌》（台北：台灣商務印書館，1968 年）。
5. 〔清〕包世臣，《安吳四種》（台北：文海出版社，1968 年）。
6. 〔清〕包世臣，《藝舟雙楫》（台北：台灣商務印書館，1977 年）。
7. 〔清〕全祖望，《鮚埼亭集》（台北：台灣商務印書館，1967 年）。
8. 〔清〕江藩，《國朝漢學師承記》（台北：台灣台灣中華書局，1965 年）。
9. 〔清〕阮元編，《皇清經解》（台北：復興書局，1972 年）。
10. 〔清〕汪中，《述學內外集》（《四部備要本》，台北：台灣中華書局，1971 年）。
11. 〔清〕宋翔鳳，《過庭錄》（台北：廣文書局，1971 年）。
12. 〔清〕洪亮吉，《洪北江詩文集》（台北：台灣商務印書館，1968 年）。
13. 〔清〕章學誠，《章氏遺書》（台北：漢聲出版社，1973 年）。
14. 〔清〕章炳麟，《檢論》（台北：廣文書局，1970 年）。
15. 〔清〕梅曾亮，《柏梘山房文集》（台北：華文書局，1970 年）。
16. 〔清〕惲敬，《大雲山房文稿》（台北，台灣商務印書館，1965 年）。
17. 〔清〕莊存與，《味經齋遺書》（台北：台灣大學文聯藏，光緒八年刊本）。
18. 〔清〕翁方綱，《復初齋文集》（台北：文海出版社，1974 年）。
19. 〔清〕陳立，《公羊義疏》（台北：台灣台灣中華書局，1966 年）。

20. 〔清〕潘衍桐訂,《兩浙輶軒續錄》(台北:中央研究院傅斯年圖書館館藏,光緒十七年浙江書局刊本)。

21. 〔清〕劉逢祿,《左氏春秋考證》(台北:復興書局,1972 年)。

22. 〔清〕戴震,《戴東原集》(《四部叢刊本》,台北:台灣台灣商務印書館,1967 年)。

23. 〔清〕戴震,《原善》(《叢書集成三編》台北:藝文印書館,1971 年)。

24. 〔清〕魏源,《海國圖志》(台北:成文出版社,1967 年)。

25. 〔清〕魏源,《古微堂內外集》(台北:文海出版社,1969 年)。

26. 〔清〕顧炎武,《原抄本日知錄》(台北:文史哲出版社,1979 年)。

27. 〔清〕龔自珍,《定庵全集》(台北:台灣台灣中華書局,1970 年)。

28. 〔清〕龔自珍,《龔自珍全集》(台北:河洛圖書出版社,1975 年)。

二、現代專書（依作者姓氏筆劃排序）

1. 中華書局編,《清史列傳》(台北:台灣中華書局,1964 年)。

2. 王國維,《人間詞話》(台北:台灣開明書店,1971 年)。

3. 王爾敏,《晚清政治思想史論》(台北:華世出版社,1976 年)。

4. 日佐伯富著、鄭樑生譯,《清代雍正朝的養廉銀研究》(台北:台灣商務印書館,1976 年)。

5. 皮錫瑞,《經學通論》(台北:台灣商務印書館,1973 年)。

6. 皮錫瑞,《經學歷史》(台北:河洛出版社,1974 年)。

7. 朱傑勤,《龔定盦研究》(台北:台灣商務印書館,1972 年)。

8. 余英時,《論戴震與章學誠》(香港:龍門書局,1976 年)。

9. 余英時,《歷史與思想》(台北:聯經出版事業公司,1976 年)。

10. 余英時等,《中國哲學思想論集》(台北:牧童出版社,1976 年)。

11. 李定一等編纂,《中國近代史論叢》(台北:正中書局,1975 年)。

12. 李劍農,《中國近百年政治史》(台北:台灣商務印書館,1975 年)。

13. 阮芝生,《從公羊學論春秋的性質》(台北:國立台灣大學文學院,1969 年)。

14. 屈萬里,《詩經釋義》(台北:華岡出版部,1967 年)。

15. 屈萬里,《尚書釋義》(台北:華岡出版部,1972 年)。

16. 周予同,《經今古文學》(台北:台灣商務印書館,1965 年)。

17. 金毓黻,《中國史學史》(台北:漢聲出版社,1973 年)。

18. 孟森編著、吳相湘校讀,《清代史》(台北:正中書局,1974 年)。

19. 胡適,《章實齋先生年譜》(台北:台灣商務印書館,1973 年)。

20. 侯外廬主編，《中國思想通史》（北京：人民出版社，1957 年）。

21. 侯外廬，《近代中國思想學說史》（重慶：生活書店，1947 年）。

22. 徐世昌等編纂，《清儒學案》（台北：國防研究院、中華大典編印會，1967 年）。

23. 馬宗霍，《中國經學史》（台北：台灣商務印書館，1976 年）。

24. 康有爲，《康南海先生遺著彙刊》（台北：宏業書局，1976 年）。

25. 梁啓超，《中國學術思想變遷之大勢》（台北：台灣中華書局，1972 年）。

26. 梁啓超，《中國近三年百學術史》（台北：台灣中華書局，1975 年）。

27. 梁啓超，《清代學術概論》（台北：台灣商務印書館，1975 年）。

28. 陸寶千，《龔自珍》（台北：台灣商務印書館，1979 年）。

29. 陳柱，《公羊家哲學》（台北：力行書局，1970 年）。

30. 閔爾昌纂錄，《碑傳集補》（台北：文海出版社，1971 年）。

31. 錢穆，《中國近三百年學術史》（台北：台灣商務印書館，1972 年）。

32. 錢鍾書，《談藝錄》（香港：龍門出版社，1965 年）。

33. 戴君仁，《春秋辨例》（台北：中華叢書編審委員會，1964 年）。

34. 繆荃孫纂錄，《續碑傳集》（台北：文海出版社，1971 年）。

35. 蕭一山，《清代通史》（台北：台灣商務印書館，1976 年）。

三、單篇論文（依作者姓氏筆劃排序）

1. 王壽南，〈龔自珍先生年譜〉，《大陸雜誌》，十八卷 7、8 期，1959 年 4 月

2. 牟潤孫，〈龔定菴與陳蘭甫——晚清思想轉變的關鍵〉，《新亞生活》，1962 年 4 月 27 日

3. 杜維運，〈清乾嘉時代之歷史考證學〉，《大陸雜誌特刊》，第二輯，1962 年。

4. 何佑森，〈龔定菴的思想〉，《故宮文獻》，一卷 1 期，1969 年 12 月。

5. 吳康，〈晚清今文經學及其代表康有爲之思想〉，《孔孟學報》，第 11 期，1966 年 4 月

6. 林斌，〈龔定盦評傳〉，《暢流》，三七卷 10 期，1968 年 7 月。

7. 周啓榮，〈從狂言到微言——論龔自珍的經世思想與今文學〉，《近世中國經世思想研討會論文集》，1984 年

8. 孫甄陶，〈龔自珍的認識〉，《大學生活》，一卷 5、6 期，1955 年 9 月、1955 年 10 月。

9. 孫廣德，〈龔自珍的經世思想〉，《近世中國經世思想研討會論文集》，1984 年。

10. 陸寶千，〈清代公羊學之演變〉，《廣文月刊》，一卷 4 期，1969 年 3 月

11. 陸寶千，〈龔自珍的社會政治學術思想〉，《中華文化復興月刊》，十一卷 3 期，1978 年。

12. 張存武，〈龔定盦的建設新疆計劃〉，《思與言》，二卷 1 期，1964 年 5 月。

13. 錢穆，〈龔定菴思想之分析〉，《國學季刊》，五卷 3 期，1935 年。

14. 錢穆，〈晚清諸儒之學術與學風〉，《新亞生活》，二卷 5 期。